中国情境下领导风格、团队伦理气氛与员工偏差行为关系研究

刘冰　齐蕾　著

山东大学出版社
SHANDONG UNIVERSITY PRESS
·济南·

图书在版编目(CIP)数据

中国情境下领导风格、团队伦理气氛与员工偏差行为关系研究 / 刘冰，齐蕾著.—济南：山东大学出版社，2024.3

ISBN 978-7-5607-7894-5

Ⅰ.①中… Ⅱ.①刘… ②齐… Ⅲ.①企业领导－领导行为－关系－职工－行为分析－中国②企业伦理－关系－职工－行为分析－中国 Ⅳ.①F279.23②F270-05

中国国家版本馆 CIP 数据核字(2023)第 212773 号

责任编辑 李艳玲
封面设计 王秋忆

中国情境下领导风格、团队伦理气氛与员工偏差行为关系研究
ZHONGGUO QINGJING XIA LINGDAO FENGGE TUANDUI LUNLI QIFEN YU YUANGONG PIANCHA XINGWEI GUANXI YANJIU

出版发行 山东大学出版社
社　　址 山东省济南市山大南路 20 号
邮政编码 250100
发行热线 (0531)88363008
经　　销 新华书店
印　　刷 济南乾丰云印刷科技有限公司
规　　格 720 毫米×1000 毫米 1/16
　　　　 17 印张 300 千字
版　　次 2024 年 3 月第 1 版
印　　次 2024 年 3 月第 1 次印刷
定　　价 66.00 元

前 言

在当今全球化的背景下,中国作为世界上最大的经济体之一,其独特的管理实践和情境吸引了全世界的研究者和实践者的关注。习近平对科研人员提出要求,“把论文写在祖国的大地上,把科技成果应用在实现现代化的伟大事业中”,这是广大科技工作者应当肩负的重要责任,也是成长成才的内在要求。领导风格、团队伦理气氛以及员工偏差行为之间的关系是组织行为学和人力资源管理领域的重要议题。因此,我们团队开始了在中国情境下深入探索领导风格、团队伦理气氛以及员工偏差行为三个因素之间的关系之旅,以期为理解中国独特的组织行为现象提供新的视角和见解。

这是一本关于领导风格和员工偏差行为关系的学术探究之作。本书与其他有关领导力和员工行为的书籍相比,其特征比较明显,所提及的员工偏差行为是指员工在工作中表现出的不符合组织期望的行为,在组织中普遍存在,通常会损害组织的利益。中国企业家调查系统(CECSS,2019)的一项报告显示,有超过60%的企业遭受过员工财务违规行为,这些行为包括虚报财务报表、隐瞒公司收入等,不仅会给企业带来经济损失,还会对企业的声誉和信誉造成损害。人力资源和社会保障部(2019)的一项调查表明,有超过20%的员工曾经在工作中实施过不当行为,这些行为包括虚假报销、违规操作等,不仅会影响企业的经济效益,还会对企业的内部管理造成负面影响。“员工偏差行为”概念一经提出,即成为组织行为学领域的热点话题。近年来,该研究重点逐渐转向了其影响因素和作用机制等方面。

《史记·滑稽列传》曰:“子产治郑,民不能欺;子贱治单父,民不忍欺;西门豹治邺,民不敢欺。”尽管三人领导风格迥异,但其领导力有效性都得以完美展现。在当今中国,各领域发展变革的速度、广度、深度和力度前所未有,领导力的重要性愈加凸显，且在中国传统文化中，领导的权威和影响力是管理成功的关键因素之一。因此，本书试图从领导风格视角，在中国情境下探究不同类型领导风格对员工偏差行为的影响及其作用机制。

团队伦理气氛是指团队成员对于什么是道德行为和如何处理伦理问题的共同认知和价值观。它是由领导者与团队成员之间的互动和影响所形成的，并影响着员工的行为表现。在中国的组织中，团队伦理气氛对于员工的道德行为和组织的道德形象影响巨大。例如，强调集体主义、忠诚和诚信的伦理气氛能够促进员工的合作和贡献，提高组织的竞争力和声誉。然而，在某些情况下，员工可能会受到不道德行为的诱惑，如欺诈、贪污或挪用公款等。因此，从团队伦理气氛视角出发探究领导风格对员工偏差行为的影响是非常必要的。

基于"领导风格—团队伦理气氛—员工行为"的逻辑，本书首先对研究中涉及的关键变量——真诚型领导、伦理型领导、威权型领导、包容型领导和服务型领导五种领导风格，员工亲社会违规行为、员工反生产行为和员工沉默行为三种员工偏差行为以及团队伦理气氛，从概念内涵、维度测量和相关研究角度进行了系统的回顾综述；随后在文献综述的基础之上提出五个研究的理论模型（其中前三个针对员工偏差行为，后两个针对员工积极行为），并采用问卷调查的方法进行了假设检验，得出以下结论：

第一，关于真诚型领导、团队伦理气氛和员工亲社会违规行为之间的关系研究。本书认为真诚型领导会对员工亲社会违规行为（效率导向、同事导向和客户导向）产生积极影响，团队伦理气氛（工具型、关怀型、法规型和独立型）在其中起到不同的中介作用。具体而言，关怀型团队伦理气氛在真诚型领导和效率导向、同事导向及客户导向亲社会违规行为之间起中介作用；工具型、法规型团队伦理气氛在真诚型领导和同事导向亲社会违规行为之间起中介作用；独立型团队伦理气氛在真诚型领导和效率导向及客户导向亲社会违规行为之间起中介作用。

第二，关于伦理型领导、团队伦理气氛和员工反生产行为之间的关系研究。本书认为伦理型领导能有效抑制员工反生产行为，团队伦理气氛（工具型、关怀型、法规型和独立型）在其中起到不同的中介作用。具体来说，工具型、关怀型和法规型团队伦理气氛在伦理型领导与员工反生产行为之间起中介作用，独立型团队伦理气氛在伦理型领导与员工反生产行为之间不起中介作用。

第三，关于威权型领导、工具型团队伦理气氛和员工沉默行为之间的关系研究。本书认为威权型领导导致更多的员工沉默行为，工具型团队伦理气氛在威权型领导与员工沉默行为之间起中介作用；团队信任调节了威权型领导与工具型团队伦理气氛之间的关系。团队成员之间信任感越低，威权型领导对工具型团队伦理气氛的正向作用越强；反之，则越弱。

第四，关于包容型领导、关怀型团队伦理气氛和员工建言行为之间的关系研究。本书认为包容型领导的各维度（开放性、易接近性、可用性）均能够有效促进员工的建言行为（抑制性建言、促进性建言），关怀型团队伦理气氛在包容型领导（开放性、易接近性、可用性）与员工建言行为（抑制性建言、促进性建言）之间起中介作用。

第五，关于服务型领导、团队伦理气氛和员工创新行为之间的关系研究。本书认为服务型领导能够有效激发员工的创新行为，服务型领导显著负向影响工具型团队伦理气氛，显著正向影响关怀型、法规型团队伦理气氛，对独立型团队伦理气氛没有显著影响；关怀型、法规型、规则型与独立型团队伦理气氛跨层次显著正向影响员工创新行为，工具型团队伦理气氛对员工创新行为不具有显著影响；关怀型、法规型与规则型团队伦理气氛在服务型领导和员工创新行为之间起中介作用。

总体来看，通过对中国不同行业和地区的多个组织进行实地调查和分析，研究结果整体表明，领导风格对团队伦理气氛有着显著的影响，而团队伦理气氛又对员工偏差行为有着显著的作用。此外，我们还发现了一些调节变量对领导风格和员工偏差行为关系的影响，如团队信任等。这些发现为理解中国情境下领导风格、团队伦理气氛与员工偏差行为的关系提供了新的视角和见解。在未来的研究中，一方面可以进一步探究哪种领导风格更容易导致员工偏差行为的发生，另一方面可以引入更多的情境变量，使研究更为丰富；此外，还应当更深入本土化的研究，开发适宜我们国内管理情境的量表。

希望本书能引发更深入的讨论和研究，以推动对中国独特的管理现象的全面理解和应用。本书也可以作为研究生、学者和实践者的重要参考，希望帮助他们更好地理解中国情境下领导风格、团队伦理气氛与员工偏差行为的关系，并提供干预和改进这一关系的策略。以上希望，哪怕实现微末，于我们而言已足矣！

作　者

2023 年 8 月

目　录

第一章　导　论

一、研究背景及问题提出

近年来,银行员工倒卖客户资料、快递公司员工暴力分拣和偷拆客户包裹等丑闻频频见诸新闻媒体,并呈增长趋势。无疑,员工的上述偏差行为会极大地损害公司形象和利益。目前,如何有效地避免或纠正员工偏差行为已经成为学术界和实务界共同关注的话题。在我国,由于传统文化的影响,员工的偏差行为可能较多地受到所在团队领导风格和伦理气氛的影响。然而,目前国内学术界在认识和理解领导风格与团队伦理气氛对员工偏差行为的作用机制方面仍不够深入。

关于员工偏差行为的学术研究,目前主要存在以下几个问题:①缺少一个通用的定义。有的学者认为员工偏差行为是消极的、对组织不利的,但另一部分学者提出可以从积极和消极两个方面来区分员工偏差行为。对员工的单一性偏差行为进行分析的较多,缺乏有效的整合和系统的实证研究。②缺乏一个整合性的结构和通用的测量工具。目前,国内仅有的几篇对员工偏差行为的研究文章并没有开发基于中国情境的测量工具,西方量表能否适应中国情境还需进一步探讨。③缺乏对影响因素和作用机制的深入探讨。现有的文献表明,情境因素和个体差异都会导致员工偏差行为的发生,在诸多影响因素中,领导风格最为关键。但目前关于这方面的研究尚处于起步阶段,对于领导风格对员工偏差行为的作用机制研究还需要深入。以往相关文献显示,伦理气氛能够对员工行为产生影响,且如果团队中存在的伦理气氛类型有所不同,其对员工偏差行为产生的影响也各有不同,但目前鲜有学者对团队伦理气氛和员工偏差行为的关系进行研究。

在这种情况下，怎样才能切实减少员工偏差行为的影响，从源头上防止其产生或在其产生后加以纠正，成为对学术研究和管理实践而言都较有价值的一个问题。目前，已经有相当多的学者注意到研究员工偏差行为的重要性。梳理近几年的员工偏差行为的相关文献，发现大多数学者引入了文化或心理契约方面的变量。也有学者尝试引入领导风格，探究其给员工偏差行为带来的影响。但这仅仅是初步的理论探讨，没有在中国情境下的实证研究作支持。为了进一步丰富该领域的研究，本书引入领导风格作为前因变量，探究在中国情境下领导风格对员工偏差行为的影响。

领导者是一个团队的核心人物，对团队成员起到榜样作用，会潜移默化地影响员工，成为员工模仿的对象。他们的言论和行动都会令员工的思想和行为发生相应的改变。本书旨在探究领导风格对员工偏差行为的作用机制，以及检验团队伦理气氛在其中是否起到中介作用。

二、研究目的和意义

本书试图构建中国情境下领导风格、团队伦理气氛、员工偏差行为三者之间的模型，并进一步探讨领导风格、团队伦理气氛对员工偏差行为的影响机制和情境因素。其价值和意义主要体现在以下两点。

(1)理论上，本书有助于我们在中国本土环境下更加深入地理解员工偏差行为的解释变量及其作用机制，进而填补部分研究空白，丰富目前学界在该领域的研究。本书整体上基于中国情境，以领导风格作为起始点，探究其对员工偏差行为的影响。这将员工偏差行为前因从目前的组织文化和心理契约两方面因素加以拓展。本书在团队层面上开展研究，并创造性地引入团队伦理气氛这一变量，通过理论和实证两种方式检验其在作用机制中是否起到中介作用，完善了对于作用机制的相关研究。

(2)实践上，本书唤起企业对员工偏差行为防微杜渐的意识，并根据作用机制的研究结果，从领导者的个人领导风格和团队伦理气氛两方面给出改进意见。对于领导而言，在人员的招聘与筛选、培训与发展、考核与反馈的各环节，要结合企业实际情况塑造合适的领导风格，从制度流程的设计上严格把关，在招聘等关键节点上加以控制，采取人岗匹配、工作再设计等措施增强管理效能，以减少员工偏差行为。对于团队而言，团队内部营造积极向上的伦理气氛是极其重要的，企业应该采取宣传和培训等手段对员工加以引导，让员工树立正确的价值观念，以减少员工偏差行为的产生和由此带来的不利影响。

三、研究思路和方法

本书整体研究思路如下：首先，搜集整理学者在这一领域的研究文献，选择典型企业进行实地考察和访谈，基于我国制度和文化背景开发员工偏差行为和团队伦理气氛的相关量表，并完善现有理论模型；其次，通过多种方式搜集所需数据，并采取适当的数据分析方法对现有理论模型进行实证检验；最后，根据理论分析和实证研究所得结论，进一步探讨本书对中国企业人力资源管理尤其是团队管理的实践启示。具体步骤如图 1-1所示。

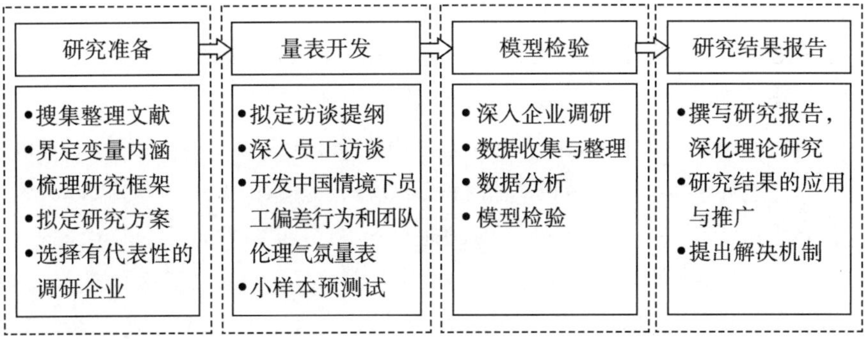

图 1-1　研究路线

本书主要采用的研究方法有如下几种：

(1)文献研究法。本书进一步深入研究经典和最新文献，完善和细化现有理论模型。

(2)访谈调查法。本书在文献研究的基础上，针对所要研究的问题分别对涉及企业人员和领域内专家学者进行深度访谈。访谈内容主要围绕领导风格、员工偏差行为等展开。该方法的应用主要集中于正式设计调查问卷之前，通过访谈确立最终研究内容和研究模型。

(3)问卷调查法。本书选取 150—200 家有代表性的企业，搜集相关数据，采用相关分析、回归分析及多层线性模型等统计手段，对理论模型的主要假设进行验证。

(4)实证研究法。本书运用问卷调查法获得的数据，基于大样本调查结果，通过相关统计软件(SPSS 和 MPlus)进行统计分析(包括因子分析、信度分析、相关性分析、回归分析、跨层次分析等)，并最终对概念模型进行验证。

该方法的使用主要集中于实证分析和假设检验部分。

四、研究对象及概念界定

本书试图构建中国情境下领导风格、团队伦理气氛、员工偏差行为三者之间的模型，并进一步探讨领导风格、团队伦理气氛对员工偏差行为的影响机制和情境因素。

(1)员工偏差行为。Warren(2003)将员工偏差行为分为建设型员工偏差行为和破坏型员工偏差行为两种。对组织或个体来说，前者会产生正面积极作用，后者则会对组织成员产生负面消极作用。综合之前学者对于员工偏差行为的前因研究，大致可以分为情境和个人差异两种不同的因素。情境因素主要包括工作压力(Halim et al.,2011)、组织挫败感(Spector,1982)、缺乏对工作环境的控制(Bennett,1998)、对破坏规则的弱惩罚性(Hollinger & Clark,1982)、减小规模等组织变化(Baron & Neuman,1996)等。个人差异因素，如员工的人格特质和统计学特征(Ferris et al.,2009)、员工个性和情商(Yunus et al.,2012)也会影响员工偏差行为。Duffy et al.(2002)研究发现，如果员工感觉领导暗中损害自己的工作，那么他就极有可能做出对组织不利的偏差行为。随着学术探究的不断深入发展，学者们发现领导风格也会对员工偏差行为产生深刻影响(Mayer et al.,2012)。更多学者认为，同以往影响员工偏差行为的因素相比，领导风格对员工偏差行为的影响更为关键(Than & Mitchell,2010; Restubog et al.,2011)。

(2)领导风格。领导风格能够影响个体对团队目标的贡献并在目标实现过程中起协调作用(Kelloway,2013)。按照大类来划分，领导风格有建设型领导风格和破坏型领导风格两类。进一步细分的话，建设型领导风格又包含伦理型、变革型、包容型等方式，而破坏型领导风格则可以细分为专制型和辱虐型等方式(Skogstad et al.,2007; Owens,2012)。不同的领导风格对员工以及团队的影响不同，领导方式能够影响组织相关产出(员工态度、绩效和动机等)(Kelloway et al.,2012)、员工福利(Kelloway et al.,2013)。Kaiser(2008)通过元分析发现，领导风格从个体和团队两个层面对员工和团队的绩效表现有显著影响。另外，陈国权(2009)研究发现，企业家的三种导向(变革导向、关系导向、工作导向)领导行为均对员工学习能力和组织绩效有显著影响。

(3)团队伦理气氛。“团队伦理气氛”这一概念最早由 Victor 和 Cullen

于1988年首次提出，同时他们还提出了最受学界认可的划分类型，即将团队伦理气氛划分为独立型、工具型、关怀型、规则型和法律规范型（法规型）五种类型，但并没有对同一组织中的子团队可能有不同的伦理气氛这一问题进行阐述。以往研究表明，组织外部环境、组织形态和管理导向是影响伦理气氛的重要因素（Martin and Cullen，2006；Mayer et al.，2009）。中国传统文化（Lu，2008）、领导风格（Mayer et al.，2009）也会对伦理气氛产生一定的影响。现有的关于伦理气氛的研究大多集中在心理气氛层面或者个人伦理气氛感知层面，并没有在团队层面对伦理气氛进行研究。本书针对团队伦理气氛的研究可以弥补以往研究的不足。

五、研究框架和主要内容

本书具体研究框架如图1-2所示。

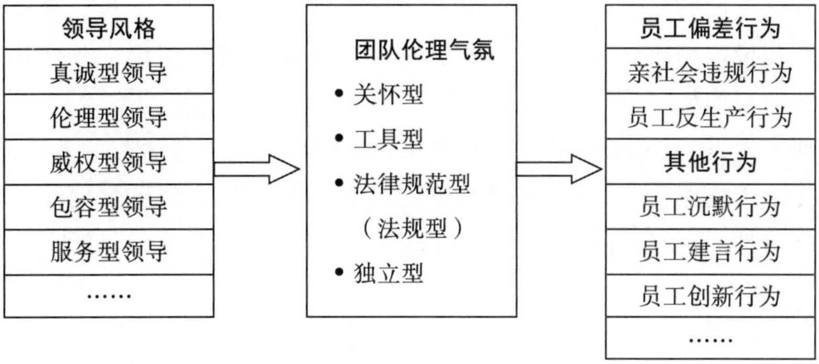

图1-2　中国情境下领导风格、团队伦理气氛与员工偏差行为研究框架

研究一：探究中国情境下在团队伦理气氛中员工亲社会违规行为是如何受到真诚型领导影响的。以真诚型领导为自变量，本书探究在领导对待下属较为真诚的情况下，下属是否愿意做出符合组织利益但是却违反组织规定的行为。同时检验团队伦理气氛的不同类型能否在这一影响机制中起到中介作用。

研究二：探究中国情境下在团队伦理气氛中员工反生产行为是如何受到伦理型领导影响的。本书主要针对伦理型领导是否影响团队伦理气氛，进而对员工反生产行为产生影响进行研究。在已有文献中，已经证实了主效应的存在，即伦理型领导显著影响员工反生产行为，且组织气氛作为中介变量在领导风格与决策结果间发挥作用也被之前学者的实证研究支持

(Kuntz et al.,2013)。因此,本书通过逻辑演绎以检验团队伦理气氛所扮演的中介变量角色是不是合理的。

研究三:探究中国情境下威权型领导通过团队伦理气氛对员工沉默行为的影响。在本书中,以威权型领导作为自变量,员工沉默行为作为因变量,引入工具型伦理气氛作为二者的中介变量,对此进行检验分析。

研究四:探究中国情境下包容型领导通过团队伦理气氛对员工建言行为的影响。本书在仔细梳理前人文献的基础上,发现"领导行为如何能够有效影响个体行为"这一问题领域的研究还比较薄弱,因此针对此不足,本书构建了以团队伦理气氛为中介变量的作用机制模型,试图厘清三者间是否真正存在这一作用机制。

研究五:探究中国情境下服务型领导通过团队伦理气氛对员工创新行为的影响。本书搭建了跨层次的研究框架,服务型领导和团队伦理气氛均属于团队层面的变量,而员工创新行为则属于个人层面的变量。服务型领导能够积极影响团队创新行为,团队伦理气氛在此过程中起中介作用。本书运用跨层模型对该问题进行了研究。

研究六:探究员工偏差行为引导和纠正机制。在上述研究的基础上,探索纠正员工偏差行为的路径,并根据建设型偏差行为和破坏型偏差行为进行有针对性的引导,寻求有效的解决方法。

六、小结

本书的主要观点可概括为以下几点:

(1)员工偏差行为因其对组织和个人的影响而受到越来越多的重视,无论是积极意向引发的亲社会违规行为,还是消极意向引发的反生产行为,都会对组织绩效和发展产生重大影响。

(2)领导风格通常被认为是下属日常举止表现的关键影响因素,且对员工偏差行为有重要影响。具有建设型领导风格,如伦理型领导、谦卑型领导和真诚型领导,会促使积极意向的员工偏差行为的产生;具有破坏型领导风格,如辱虐型领导、专制型领导,会促使消极意向的员工偏差行为的产生。

(3)领导风格在作用于团队伦理气氛过程中会受到领导有效性、信任等情境因素的影响,领导有效性与信任的增强使得领导风格对团队伦理气氛的影响相应也得到了增强;员工偏差行为在受到团队伦理气氛影响时,也会受到气氛强度和员工忠诚度调节作用的影响。当气氛强度和员工忠诚度这二者增强时，会影响中介变量与因变量间的关系，即团队伦理气氛对员工偏差行为的影响更显著。

(4)领导风格会对员工偏差行为产生影响，团队伦理气氛在此影响过程中起中介作用。领导风格、团队伦理气氛能够作用于员工偏差行为并对其产生影响，同时领导风格与团队伦理气氛之间存在相关关系，领导风格也能显著影响团队内部的伦理气氛，而不同类型的伦理气氛最终对员工偏差行为产生的影响也不尽相同，综上可得团队伦理气氛在整个影响机制中起到了中介作用。

本书力求在以下几个方面作出贡献：

(1)结合中国情境开发团队伦理气氛量表和员工偏差行为量表，并丰富中国情境下相关领域的研究。

(2)创新理论模型，将领导风格、团队伦理气氛和员工偏差行为纳入一个框架内进行研究，探究两个前因变量对员工偏差行为的影响。

(3)加深员工偏差行为的研究，从建设性和破坏性两个角度寻求应对机制。

(4)突破传统研究方法，在进行跨层次实证研究的基础上，引入实验室研究和案例研究方法。

第二章 相关文献综述

本章主要对书中涉及的真诚型领导、伦理型领导、威权型领导、包容型领导和服务型领导这五种领导理论，亲社会违规行为、员工反生产行为和员工沉默行为这三类员工偏差行为以及团队伦理气氛，从概念内涵、维度测量和相关研究角度进行了系统的回顾综述，从而更好地对本书涉及的核心变量研究进展进行把握，发现研究不足，启发后续研究，为本书第四章到第八章的研究奠定坚实的文献基础。

一、领导理论研究综述

（一）真诚型领导

1.真诚型领导的内涵

“真诚”是个较为古老的概念，早在古希腊亚里士多德生活的年代就已经出现。近年来，在领导风格领域出现了一种新的类型，即真诚型领导，逐渐被人们知晓，人们开始围绕其展开理论探讨，并在长时间的企业管理实践活动中加以确认（Gardner, Cogliser, Davis & Dickens,2011）。虽然学界研究真诚型领导的时间不长，但是对于其概念的界定已经出现多种表述，学者们对 Avolio 等提出的“真诚型领导”概念较为认可。Avolio 等（2005）认为，真诚型领导较之其他类型更为积极正面，强调领导者个人善于运用正面的影响，使下属对自我认知的程度有所加强，改善自我调节行为，最终有益于领导者本人和其下属的全方位发展与进步。这种对真诚型领导概念的阐述着眼于该种领导风格的因与果（即起源与结果），认为乐观正面的心理是真诚型领导产生的源泉，它有利于领导本人及其下属对自我有更加深入的了解，进而对个体的行为产生相应影响。这种领导风格建立在对自己深入认识的基础之上，以真诚的价值观、人生观为准绳，以真诚沟通为表达方式，在语言和行动中践行自己所坚守的价值观。在这种氛围下，领导与下属之间的互动变得更加积极，有利于增强下属对领导的信任，进而增强下属对领导的追随力。

美国是当代管理学研究的前沿阵地，美国学者对真诚型领导展开了进一步研究。Walumbwa 等(2008)在 Avolio 等(2005)和 Ilies 等(2005)提出的关于真诚型领导的内涵的基础上，根据调查研究，对其进行进一步阐述。Walumbwa 等认为，真诚型领导在对下属产生影响的过程中，能够形成积极的伦理气氛，自身的道德准则和价值观会要求其不断进行自我提升，妥善处理所接收到的信息，最终实现自我和下属员工的发展。

在对真诚型领导进行探究的过程中，出现了对其不同的命名，例如真实型领导或者诚实型领导等[如詹延遵等(2006)；韩翼和杨百寅(2011)；陈为新和汪纯孝等(2013)]。我国管理学界紧跟世界性学术研究热点，在研究的广度和深度上有了很大的提升，涌现出一批代表人物。以谢衡晓(2007)为例，他以品德绩效维系(CPM)为理论依据，以中国企业为研究对象，认为真诚型领导可以被划分为五个维度，并对该种领导风格的维度研究提出了新论证。

2.真诚型领导的维度与测量

Ilies 认为，真诚型领导包含两个层面：第一个是以自我观念为核心的思想层面，第二个是以精准处理信息、平衡加工和真诚行动为主要构成要素的行为层面。

以 Shamir 和 Eilam(2005)等的研究成果为基础，Walumbwa 将真诚型领导划分为四个维度，并据此开发了对应的研究量表。根据他的理论，真诚型领导可以分为关系透明(领导通过传递真实的自我认知与想法来和员工或者他人交流沟通)，自我意识(领导者个人对自己有深入的认知，能够准确定位自身的优缺点及公众形象)，内化道德观(领导者在处理事情的过程中不以外部因素为转移，能够坚持按照自己的价值观与道德观来办事)，平衡处理(领导者决策的作出基于充分的信息以及民主意见的征询)四个维度。

我国学者对真诚型领导的量表开发也进行了积极探索。谢衡晓以中国企业为调查样本，通过科学调查研究，开发修订了立足于中国情境的量表。与上文提到的量表有所不同的是，谢衡晓认为真诚型领导由五个维度构成，分别将其表述为：正直无私，领导特质，诚实不欺，下属导向，循规蹈矩。可以看出，上述两量表之间存在相似之处，都涉及领导因素和领导者的道德因素。

那么，真诚型领导的核心维度是哪一个呢？Caza 等（2010）以及 Moriano 等（2011）认为，真诚性是真诚型领导最突出的特质，也是与其他领导风格区别最大的地方。真诚性应该贯穿领导行为的全部维度。学者们认为，应该从宏观上将其作为整体来看待，细分维度之后再进行研究则难以体现真诚性，与真诚型领导的核心相背离。以 Hannah（2011）和 Wong（2010）等为代表的学者基于这一观点，认为不应该过度研究此领导风格的维度划分。

3.真诚型领导的相关研究

“真诚型领导”这个概念自提出以来即引起了学术界的关注，到目前仍存在较大的研究空间。我国针对真诚型领导的研究还比较少，国外的相关研究虽然较为丰富，但仍需进一步深化。我们在研读文献的基础上，对学界认可度较高的真诚型领导的相关研究进行了梳理，如表 2-1 所示。

表 2-1　真诚型领导的相关研究汇总

代表性人物		研究结论概述
前因变量	Avolio 等（2005）	采用真诚型领导风格的领导者，其领导行为受下属、自身实践和经历以及内部与外部的平衡等因素影响
	Jensen 和 Luthans（2006）	针对中小创业企业开展研究，发现真诚型领导会受到个人的工作目标、乐观程度和毅力等因素的影响
	Peus（2012）	真诚型领导的影响因素包含领导自身的知识水平与自我认知
结果变量	Avolio（2004）	研究了真诚型领导的作用，下属态度、行为以及下属对领导的信任程度等都会受真诚型领导影响
	Gardner 等（2004）	下属的心情、对领导的信任、对工作持之以恒的程度等受真诚型领导影响
	Hmieleski 等（2011）	重点讨论了在真诚型领导氛围下，员工、领导、认知等因素间的关系及作用方向
Walumbwa 等（2012）		构建中介模型，探究真诚型领导如何激发员工积极性来影响其工作绩效

续表

代表性人物	研究结论概述
Wang 等(2014)	从员工的角度,研究其积极心理资本在真诚型领导与工作绩效之间的中介作用
谢衡晓(2007)	验证了真诚型领导的三个结果变量,分别是员工对组织的认同程度、绩效水平以及工作满意度
周蕾蕾(2010)	研究真诚型领导的结果变量——员工 OCB(Organization Citizenship Behaviors,组织公民行为)
刘芳等(2010)	研究真诚型领导的结果变量——员工绩效
韩翼和杨百寅(2011)	真诚型领导的结果变量为员工心理资本及其创新行为,调节变量为团队伦理气氛
罗瑾琏等(2013)	以知识团队为调查对象,验证真诚型领导对团队创造力的影响程度

真诚型领导于 2006 年进入我国学者的研究视野(詹延遵、凌文辁和方俐洛,2006),著名心理学教授凌文辁带领团队最先对该种领导方式进行梳理,并且基于中国管理情境进行量表开发,对其影响结果进行了初步探究。韩翼和杨百寅(2009)、王一争等(2013)对包含真诚型领导在内的诸多领导风格进行了综述式梳理,对相关研究进行了比较,验证了真诚型领导与一些变量间的影响关系。

(二)伦理型领导

1.伦理型领导的内涵

“伦理型领导”这一概念由 Enderle 于 1987 年第一次提出,他给出的定义是:当领导者在管理实践活动中遇到道德问题时,遵循公认的社会伦理和道德规范,按照既定的流程进行决策的领导方式。

Heifetz 在 1994 年基于丰富的案例资料和管理经验,从领导—员工关系的视角重新审视了伦理型领导。根据他的观点,伦理型领导侧重于领导者对于员工的帮助和培养,包括培养员工攻坚克难、解决问题的能力,培养员工在多变环境下的适应能力,培养员工在面对各种抉择时的处理能力,借此为员工提供强有力的工作支持。

Kanungo(1998)进一步指出,利他之心是伦理型领导价值观的核心,在此风格下员工利益成为领导者的行为导向。

2001 年，Northouse 指出伦理型领导必备的三大特质：首先，领导者为人必须诚实可靠，平等待人；其次，领导者必须树立服务意识，先人后己，以增进员工福祉为己任；最后，领导者必须有虚怀若谷的胸襟，乐于听取员工意见，并给予认可和鼓励，在遇到问题时善于集思广益。

2003 年，Aikman 针对医务工作者团队开展了相关调查。在此次调查中发现，伦理在医务系统中有着突出的重要性，而且得到了切实执行。这些伦理方面的价值观包括诚信、公平以及尊重等。在领导实施伦理型领导风格时，医疗系统对医务工作者伦理方面的要求能够得到更好的落实。

2005 年，Trevino 和他的研究团队开展了涉及不同行业的社会调研，并对相关经理人进行了访谈。经过归纳总结，他认为伦理型领导包含两个方面的内涵：一方面，要求领导者具有诚实、追求公平、尊重他人等个性品质，这些个性品质能够使决策更加符合伦理的要求；另一方面，在道德伦理允许的空间框架内，伦理型领导能够采取一定的措施对组织及下属产生伦理方面的影响。

2005 年，Meda 设计了规范化、标准化的访谈提纲，对伦理型领导风格的特质内涵进行了归纳，包含激励员工道德行为、榜样领导以及道德模范等三个方面。

2005 年，Brown 等学者基于社会学习理论，对伦理型领导重新作出了概念界定：伦理型领导是领导者与下属双方动态互动的过程，领导者以自身的榜样示范效应，引导下属的行为符合社会伦理标准。

Zhang 等(2013)对 Brown 的研究观点表示认同和支持，认为伦理型领导的影响过程具有全面性。首先，就领导者个人而言，其具有相关的道德品质，并且要求自己在工作和生活中加以践行；其次，领导者也将这种品质通过言传身教和示范作用对下属产生影响，使下属的行为符合伦理以及道德规范的要求，并由此作出改变。

综合近 20 年来学者们所给出的不同定义与内涵，本书认为伦理型领导包含以下方面的内容：第一，伦理型领导要求领导者个人具备一定的素质，如守信、自律、公正、利他等，同时要求领导者能够作出正确决策并促进其实施；第二，领导和下属之间是一个互动的过程，领导对下属具有示范作用，下属受到潜移默化的影响，逐渐适应这种氛围，并培养自身的道德品质，最终使自己的行为更加符合伦理道德的要求。

我们根据研究主题并结合具体的研究情境，采用 Brown 对伦理型领导所作的界定，认为伦理型领导作为一种领导风格，通过领导者的示范效应以及言传身教实现上下级之间的互动，使员工在思想上树立起遵守社会道德标准的意识。为了让员工采取相应行为，可用引导或强制等方式。

2.伦理型领导的维度与测量

(1)单维度测量量表

Brown 在 2005 年设计了针对伦理型领导的单维度测量量表，将 48 个题目压缩为 10 个题目，使量表更加简明扼要并符合信度效度检验。测量题目有“我的主管领导会对下属违反道德标准的行为予以规范”，“我的主管领导会作出公正和平衡利益的决定”，等等。

(2)二维度测量量表

Khuntia 和 Suar 于 2004 年设计了新的伦理型领导问卷，该问卷由 22 个题目构成，可以划分为两个维度：一是授权，二是动机与性格。

(3)三维度测量量表

De Hoogh 和 Den Hartog 于 2009 年在 Brown 的测量量表的基础上开发了三维度量表，这三个维度分别为道德公平、共享权力、角色划分。

我国学者也对伦理型领导的量表开发进行了积极探索，黄杰(2011)立足中国情境，以上述三维度量表为基础，开发了包含利他主义、集体鼓励和正直性三个维度的测量量表。

(4)四维度测量量表

Resick 等(2006)开发了四维度量表，这四个维度分别是正直性、鼓励、集体激励和利他性。在对其进行方差分析之后，发现在不同的文化背景下，各个维度表现出差异。

以上研究具体梳理情况如表 2-2 所示。

表 2-2 伦理型领导的测量

	研究者	具体维度划分
单维度	Brown(2005)	未划分具体维度
二维度	Khuntia 和 Suar(2004)	授权、动机与性格
三维度	De Hoogh 和 Den Hartog(2009)	道德公平、共享权力、角色划分
	黄杰(2011)	利他主义、集体鼓励和正直性
四维度	Resick 等(2006)	正直性、鼓励、集体激励和利他性

3.伦理型领导的相关研究

1)伦理型领导的前因变量

在对相关文献作了全面梳理后,本书发现伦理型领导风格的前因变量可以分为个人因素和组织因素两类。

(1)个人因素

这一类型的前因变量包含社会责任感、人格特质以及道德归因水平等。Den Hartog 等(2009)的研究指出,社会责任感的高低是能否采取伦理型领导风格的重要影响因素,社会责任感越高,领导者对个人道德的要求程度可能越高,越具有公平感。Rubin 和 Munz 等(2005)研究了大五人格①对伦理型领导的影响。研究发现,宜人性对伦理型领导的塑造具有促进作用。Turner 等(2002)研究指出,道德归因对伦理型领导存在直接影响,高道德归因水平能够正向影响高伦理型领导的形成。

(2)组织因素

这一类型的前因变量包含情境因素和组织的伦理文化等方面。研究发现,伦理道德强度是诸多情境因素中起关键作用的一个,道德强度主要表现在两方面:一是社会中主流伦理被人们认可的程度,二是不符合伦理规范的行为导致的危害的严重程度。Brown 和 Trevino(2005)在研究中指出,组织的伦理文化对员工自身的言行具有正向影响,在这一过程中,组织承诺水平也会得到提升。

2)伦理型领导的结果变量

目前关于伦理型领导结果变量的研究,可归结为员工的工作意向和态度以及员工的绩效产出和行为两方面。

(1)员工的工作意向和态度

在对员工工作意向和态度的研究中,有组织认同、员工满意度、工作投入程度和组织承诺等测量变量。研究表明,伦理型领导更关心员工,关注员工的个人成长和发展,在工作中更注重与员工建立平等互助的关系;同时,员工获得一定的认同与重视,更愿意为组织作出应有的贡献。在领导与员工的交互中,逐渐形成一种良性互动机制。

---

① 有五项人格因素是最核心、最稳定的人格特质,被称为"大五人格",即外倾性(善于言谈、社会交往和自信的程度)、随和性(随和、合作和可信任的程度)、责任性(对工作的责任感、可靠性、坚持不懈和成就导向)、情绪稳定性(平静、热情和安全的程度)和开明(好奇的、智慧的、有想象力和创造性的、有艺术细胞的)。

Trevino 等(2000)认为,采取伦理型领导风格的上级会保护员工的利益,增强员工的心理归属感,同时上级会肯定和尊重员工在工作中的付出和贡献,通过公平合理的奖励机制给予员工认同,使得员工不断提升组织认同感和归属感,自身价值得到体现和肯定。

Brown 等(2005)提出,具有伦理型领导风格的领导者所具备的一系列特点,如正直、诚信等,有助于增强员工的工作投入,提高员工的组织参与感;同时,Brown 为组织运作提出一系列对策与建议。

De Hoogh 等(2009)的研究结果显示,采取伦理型领导风格的领导者会正向影响员工对于组织的认同和信任,同时影响员工在工作中的付出强度和自愿程度。

Neubert 等(2009)认为,伦理型领导会增强员工对于组织和自身工作的认同。

Toor 等(2009)提出,伦理型领导会影响员工对于领导的感知和评价,并且对员工自愿付出的加班时间和工作强度有显著影响。

(2)员工的绩效产出和行为

一方面,目前的研究主要应用社会交换理论来阐述伦理型领导对员工的绩效产出和行为的影响,也就是说,采取伦理型领导风格的领导者在对待自己的下属时会非常公平客观,了解员工的利益和需求,由此员工会对领导产生高度的信任感和崇敬之情,自愿达成更好的工作效果和更高的工作目标。

另一方面,伦理型领导的这一影响也会从个体和群体的角度发挥作用。就个体的角度而言,Piccolo 等(2008)提出,伦理型领导会增强员工对于自身工作的热爱,使得员工更加积极主动地为工作作出一定的牺牲和贡献,从而有利于个人绩效和组织绩效的提高。就群体的角度而言,张永军(2013)通过研究证实,伦理型领导也有助于减少员工的负面行为。这项研究以社会学习理论为基础,认为伦理型领导会影响下属的工作风格,领导普遍采取的伦理观念和实践会潜移默化地影响下属,使得下属降低反生产行为发生的可能性。

相关研究具体如图 2-1 所示。

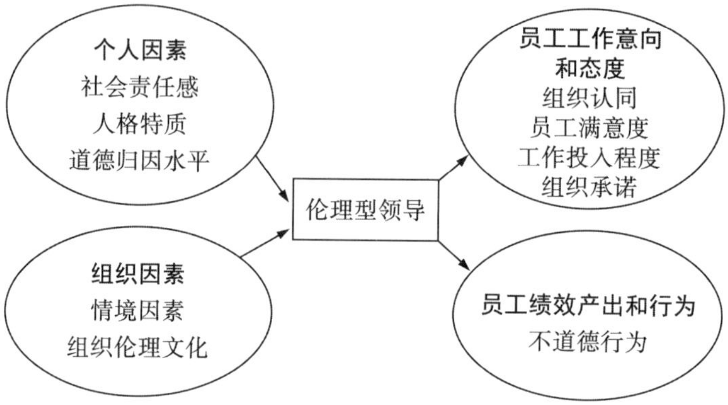

图 2-1　伦理型领导的前因变量和结果变量

(三)威权型领导

1.威权型领导的内涵

随着中国经济的迅速发展,近年来也涌现出了一大批实力雄厚的标杆企业,世界的目光逐渐转移到了东方。家长式领导这种在中国传统文化背景下发展起来的领导风格也日益凸显,受到学术界重视。Sliln(1976)研究发现,中西方领导者的领导风格迥异。台湾学者郑伯壎等(1995,2000,2003)结合中国传统文化,在总结了中国企业管理的实践活动之后,提出了"家长式领导"的概念。采取这种领导方式的领导者仁慈且德行高尚,但同时又纪律严明,强调下属无条件地服从。由此,郑伯壎把家长式领导划分为仁慈型领导(领导者表现出如家长般的仁慈)、德行型领导(领导者个人极为自律,有良好的道德品质)及威权型领导(领导者要求严厉,同时有绝对权威)三个维度。其中,威权型领导理论有以下三个来源。

1)人格"冰山理论"

"冰山理论"认为,个体只有冰山一角的人格显露在外,而大多数的人格是隐藏起来的。威权型领导通过控制真实情绪和想法的表露,让自己保持神秘感,使员工难以形成准确认知,以达到保持权威性和震慑员工的目的。

2)中国法家思想

法家思想提倡组织内部有高权力距离。在此思想的熏陶下,领导者希望组织内部形成稳定而有明显等级的秩序,领导者在组织内享有崇高的地位,并且依靠地位差距来保证权威(卢瑞容,2000)。唐士其(1991)提出,领导者玩弄权术以实现对下属的控制,强迫下属无条件、无保留地执行命令,保证权力掌控在自己手中。

3)封建帝王制度

中国经历了几千年封建帝王的统治,官本位的思想影响深远。在以往研究的基础上,郑伯壎等(2000)正式提出“威权型领导”这一领导风格。根据他们的理论,这一风格的主要表现是强调无条件服从和崇尚权威,领导者密切监控下属的一举一动,决不允许自己的地位受到动摇。

根据郑伯壎的观点,可以把威权型领导的外在表现归纳为以下几个方面:①领导集权程度极高。领导者通常大权在握,掌控一切,组织的运行高度依赖于领导者个人。领导者基本不向下属授权,下属没有自由发挥的空间,只是单纯地执行领导者的指令。②领导者漠视下属的能力,下级的能力、业绩在领导者眼中似乎不值一提,没有得到褒奖和重视的必要。③下属眼中的领导者是疏远而严肃的,缺乏亲和力,领导者不会在下属面前有情感的流露,不会与下属有过多的沟通交流。④领导者以绩效为评价标准,如果下属达不到其所期望的绩效标准,领导者就会训斥下属,甚至还会采取某些措施加以惩罚,而不会考虑下属的个人感受。

2.威权型领导的维度与测量

1)威权型领导的维度

追溯这一领导风格的由来,与中国古代的封建制度密不可分。封建制度以皇帝为核心,皇帝统治整个国家,所有人必须绝对服从,否则皇帝可以进行包括剥夺生命在内的任何处罚,即使大臣也不例外。由此形成了强有力的中央集权,皇帝依靠权谋操控其他人(Chan,1963;Bellah,1970)。但是至今学者们仍没有对威权型领导的内涵达成共识,主流观点大体上可以分为两类。

一类观点源自古代法家思想。他们提出威权型领导应涵盖下属对领导者的绝对忠诚和无条件、无保留地执行指令,领导者通过对下属的密切监控和操控其信息沟通渠道来维持在组织中的崇高地位。另一类观点认为密切监控下属、控制下属等内容过于消极,已经与当今时代脱节,因此应予以去除。结合时代背景,当今的威权型领导的重点应该是领导者唯以工作绩效来评价下属,要求公司的有关规定得到全员性的贯彻落实。

郑伯壎(1995,1996)将专权和尚严作为测量威权型领导的两个维度。2009年,周婉茹等人的研究结果证实了专权维度和尚严维度给下属带来的心理感受是有差异的。郑伯壎进行了一系列以威权型领导为对象的补充性研究,按照其结论可以将威权型领导进一步细化为严峻、教诲、隐匿、威服和专权五个维度。

Farh 于 2008 年梳理了已有的研究,删除了关于专权和漠视下属能力的部分,加入了遵守规章制度的部分。这一改动使威权型领导更好地融入了家长式领导的范畴。

Chen 和 Leung 于 2012 年提出了将威权型领导划分为教诲规劝和独裁两个维度的新方式。前者强调领导者对于员工的教育和帮助,以此达成组织的绩效目标;后者重点在于维护领导者个人的绝对权威,组织内不允许异己者存在,领导者的意图必须得到贯彻落实。

Chiang 于 2012 年依据决策的流程环节,将威权型领导划分为决策制定和决策执行两个维度来考察。具体来说,在决策制定环节,以领导者的个人意见为指导思想,缺乏民主化的讨论,强化了领导者的权威;在决策执行环节,下属必须一丝不苟、不加变通地按指令执行,使领导者的决策得以落实。

2)威权型领导的测量

现阶段学界对于威权型领导的定义及结构没有形成统一的意见,所以在进行问卷调查时采用的量表也有所不同。在所有被采用过的量表中,受到最多认可、使用最多的是家长式领导三元测量量表(paternalistic leadership scale)。该量表由郑伯壎于 2000 年开发,共有 13 个题项,如“开会时,都会按照领导的意图作最后的决定”“领导采用严格的管理方法与手段”。这个量表可以有效地测量出威权型领导。

周婉茹开发了包含专权和尚严两个维度的威权型领导量表,共 18 个题项。测量“专权”维度的题项有 8 个,如“领导对我的反对意见不愉悦”等;测量“尚严”维度的题项有 10 个,如“领导要求我严格执行规章制度”等。2012 年,Chen 和 Leung 提出了教诲规劝和独裁的划分方式,并配套开发了包含“我的领导要求我当前的绩效标准不能比以前的低”等 12 个题项的量表。

3.威权型领导的相关研究

1)威权型领导的自变量

目前学界认为,威权型领导主要受到领导个人性格和外部文化因素的影响。郑伯壎认为,威权型领导大体上源自法家思想。吴宗佑等人在 2008 年通过研究证实,从领导者个人出发,其个人的威权取向对威权型领导行为有显著正向影响。Kiazad 等人于 2010 年提出马基雅维利主义对威权型领导的产生有着显著影响，在该因素占比较高的情况下，领导者更有意愿去控制员工，领导风格体现为威权型。

2）威权型领导的结果变量

威权型领导集权程度很高，在组织内部形成尊卑分明的秩序。领导者花费很多精力来监控下属行为，将自身在组织内部的权威看得无比重要，且看重下属是否不折不扣地执行了自己的指令，但却漠视下属所取得的成绩。下属感受不到归属感，严重的话还会产生逆反心理，抗拒管理行为，减少工作投入，导致绩效欠佳。

（1）从个体角度探讨威权型领导对因变量的影响

2001年学者邱盛林进行的研究表明，威权型领导对领导者管理质量产生负向影响，会破坏团队内部融洽的氛围，使团队成员间发生矛盾，进而演化为团队冲突，导致下属削弱对组织的认同感和信任感，同时也会相应地使组织公民行为发生的可能性降低。郑伯壎（2003）、Liu和Wang（2015）提出，威权型领导对员工的绩效表现产生显著负向影响，员工满意度在这个过程中起负向作用。除此之外，威权型领导要求员工无条件服从，不能抒发个人的意见，长此以往，会给员工的心理带来极大的消极影响，可能使员工存在心理创伤、情绪失控等情况（吴宗祐等，2002；赵安安，2005）。

（2）从组织角度探讨威权型领导对因变量的影响

郑伯壎、吴宗祐等的研究结果显示，威权型领导程度越高，员工的组织承诺感就越低。但是李超平（2007）和郑伯壎（2010）的相关研究中并没有发现二者存在影响关系的证据。经后续讨论发现，将威权型领导作为家长式领导中的一个维度，控制仁慈型领导和德行型领导时，威权型领导与组织承诺不存在明显的相关关系。然而对威权型领导单独进行探究后结果会变得不同，此时威权型领导会对组织承诺产生显著的消极作用。这个研究说明，德行型领导、威权型领导、仁慈型领导这三个维度之间互不兼容，即不存在各类型共存在一个领导者身上的可能性。

（四）包容型领导

1.包容型领导的内涵

Ryan（2005）是第一位把“包容型领导”这一概念引入管理学中的学者，他认为包容型领导更能认可和肯定下属在工作上的付出，以及对组织作出的贡献。同时，具备包容特质的领导更倾向于倾听来自下属的意见，虚心接受下属的建议。

基于上下级的从属关系，Nembhard 和 Edmondson(2006)认为包容型领导是上级与下级以一致的目标为驱动，继而形成的合作双赢的关系，二者形成互相依存的关系；同时，下级在这种关系中对于领导的追随意向是非常重要的影响因素。

Carmeli 等(2010)按照表现方式的不同，将包容型领导与其他领导方式区分开来，认为采取包容型领导方式的上级在与下级相处的过程中会表现得更为开放和开明，并且总是准备好为下级提供力所能及的帮助和指导。

从价值创造的维度出发，Precey(2011)认为采取包容型领导方式的上级更易接受下级的各种行为。上级由于表现得更容易接近而深得下级的欣赏和追随，因此有利于上下级关系的维护和组织的建构发展。

基于上下级互动的观点，李燕萍等(2012)提出在包容型领导氛围的影响下，上级更加了解如何通过放权的方式来让下级获得更强的参与感和影响力，因此，下级对于上级的影响和对于组织的贡献得以被重视和强化。

分析以上观点，本书在包容型领导的研究上采用 Carmeli 等(2010)的观点，认为包容型领导是关系型领导的一种，基于表现方式的不同，采取包容型领导的上级在与下级的交互中表现得更为开放和开明，总是能够积极地解决下级的问题，为下级提供力所能及的帮助和指导，表现得更易接近。

2.包容型领导的维度与测量

Carmeli 等(2010)认为，包容型领导这个变量包含多个维度，在经过因子分析后，提出了该变量的三个维度，即开放性(openness)、易接近性(accessibility)和可用性(availability)。这种三维度的观点被后来很多的研究证实，逐渐被学术界认同。基于中国情境的特点，李燕萍等(2012)认为包容型领导可划分为三个维度，即包容员工的观点和失败、认可并培养员工、公平对待员工。

关于包容型领导变量的测量，目前被学术界广为接受的是由 Carmeli 等在 2010 年开发的量表，这个量表开发的基础工作是 Nembhard 和 Edmondson(2006)关于领导包容的阐述。此量表共由 9 个题项组成，由员工来作答，以此来获取员工对于包容型领导的感知程度。

3.包容型领导的相关研究

目前，包容型领导的研究在国内外均处于萌芽发展期，这一领域很快将获得蓬勃发展。知网的统计数据显示，到 2016 年年初为止，国外关于包容型领导的研究有 8 篇，具体为 2006 年 1 篇、2009 年 1 篇、2010 年 2 篇、2012 年

1篇、2013年1篇以及2015年2篇；同时国内关于包容型领导的研究有13篇，具体为2010年1篇、2014年5篇以及2015年7篇。

1)包容型领导的前因变量

关于“包容”这一主题，国外最先开始的是关于“包容教育”的研究(Ryan, 2006)。西方的教育学专家针对学生多样化的背景采取有区别的教育方法，在此基础上引入了“包容教育”的概念，并逐渐发展出一套与之相匹配的教学思路和教学方法。

组织行为研究的相关文献表明，包容型领导风格的发生不仅与领导行为、组织背景和组织结构特点有关系(Kearney & Gebert, 2009)，而且组织中个体、团队、组织三个层次的特点都会对包容型领导风格产生明显的影响。比如个体的工作方式、公平的组织氛围、团队内和团队间的交流与沟通等，都会对包容型领导风格产生或大或小的作用(Day & Antonakis,2013)。

从双方互动的角度来看，上下级之间的关系也会在一定程度上影响着包容型领导风格的形成(Wasserman et a1.,2008)。领导的可接近性会激发下属的参与感和积极性，有利于增强双方的良性互动，由此更有助于包容型领导风格的产生(Carmeli et a1.,2010; Hollander,2012;朱瑜和钱姝婷,2014)。

2)包容型领导的结果变量

Carmeli(2010)等以员工创新行为为结果变量，以心理安全感作为中介变量，探索了包容型领导与其之间的相关关系，结果发现包容型领导对员工创新行为有显著影响。

Hirak等(2012)以医院为研究样本，试图研究包容型领导与工作单元绩效之间的关系。结果显示，包容型领导与工作单元绩效之间存在正相关关系，同时员工心理安全是中介变量。

马跃如等(2014)以国内企业为调查样本，研究包容型领导的负面作用。研究结果发现，包容型领导有利于降低员工的离职倾向，同时员工的心理所有权和犬儒主义均可以作为中介变量。

景保峰(2015)证实了包容型领导与员工创造力之间的正相关关系，同时包容型领导通过员工的内在动机和心理可得性产生影响。

高建丽和孙明贵(2015)的研究发现，包容型领导的三个维度均与员工创新行为有相关关系，同时心理资本在这三个维度中均被证实起到显著的中介作用。

Mitchell 等(2015)以多元化的团队为研究样本,发现包容型领导与团队绩效之间具有正相关关系,同时以团队身份认知为调节变量,另一个调节变量——地位感知在此过程中也起到了调节作用。

根据这一领域的既有研究成果,本书对包容型领导的前因、结果、中介、调节各变量进行了梳理,如图 2-2 所示。

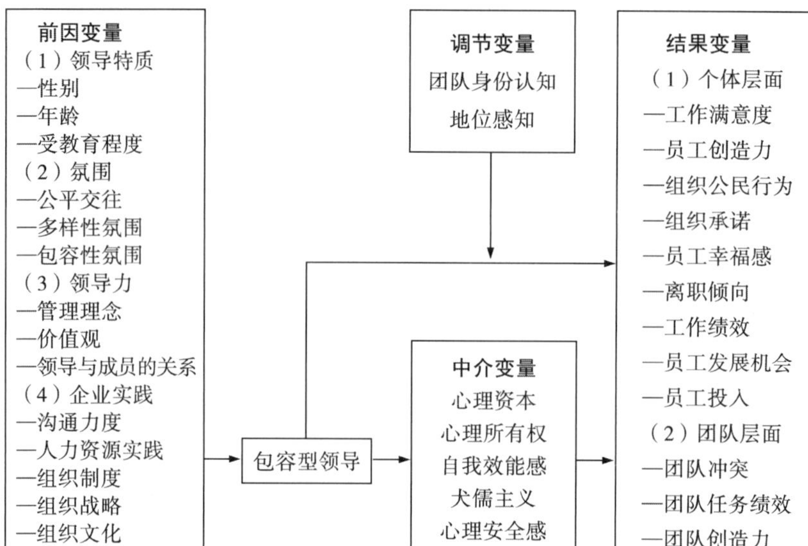

图 2-2　包容型领导相关研究框架

(五)服务型领导

1.服务型领导的内涵

1970 年,Greenleaf 创新性地提出领导领域的一个新概念,即"服务型领导"。Greenleaf 认为,采取服务型领导风格的上级将下属和顾客作为第一要素,时时刻刻准备着为他人提供服务,这里的"他人"不仅包括顾客,也包括身边的下属。这种风格的领导以满足他人的需要为工作目标,在工作中给予下属充分的信任和自由,同时乐意为下属提供服务和帮助,为下属树立榜样。然而,当时学术界大多数学者却认为,领导作为上级,与"服务"这样的字眼是背道而驰的,两者互相矛盾,因此这一概念自提出之后一直没有得到应有的重视和发展。如今,随着时代的发展和领导学研究的进步,这一领导风格逐渐显现出自身的特征和价值。

服务型领导的价值在组织行为学领域得以重新显现,是受益于 Senge

(1995)的研究。该学者对“服务型领导”的概念给予了全新的梳理和诠释,提出采取服务型领导风格的上级不仅会给予员工高度的信任和发挥能力的空间,而且会充分肯定员工在工作中的付出和贡献,将公平和民主作为评定员工贡献的第一原则。

Laub(1999)认为,采取服务型领导风格的上级普遍情商较高,会从员工的角度出发来考虑问题,关心员工的利益和个人发展。这种风格的领导不仅懂得如何认可员工的个人价值,而且了解如何将员工的个人价值发挥到最大限度,寻求员工个人发展与组织发展的双赢结果。Laub 还认为,服务型领导在认可人才的基础上,懂得给予员工更多的话语权,充分理解员工个人的需求和利益。这种对于人才的重视和珍惜,会使得更多的员工倾向于在工作中发挥最大的潜力。

Hunter(2013)认为,“服务型领导”是一个有层次的概念。他通过研究将其划分为三个层次,即技术、影响力和人格,并提出服务型领导首先自身要具有团结他人的意识,能够使员工团结一致为共同使命而奋斗。同时,服务型领导懂得利用个人的魅力和影响力,使团队成为一个更高效的整体。

综合国内外研究,本书将服务型领导定义如下:服务型领导是基于员工的利益和需求,在各项工作中充分给予员工尊重和信任,时刻准备为员工提供力所能及的服务和帮助,将员工的切身利益放在首要位置,为员工发展提供指导,将团队中个体的力量凝聚到一起并发挥到最大功效的一种领导风格。

2.服务型领导的维度和测量

1)服务型领导的维度划分

最早对服务型领导的维度进行划分的是 Graham(1991)。在此基础上,Greenleaf(1997)将服务型领导这一变量划分成 12 个维度。此后,学术界均采用 Greenleaf 的维度划分,并各自进行了概念的扩展研究。国外学者的相关研究如表 2-3 所示。

表 2-3 国外学者对服务型领导维度的划分

	维度
Graham(1991)	精神的、道德的
Greenleaf(1997)	主动性、倾听和理解、想象力、妥协能力、接纳和移情、直觉、预见未来、自我意识、说服他人、概念化能力、愈合和服务、建立社区

续表

	维度
Spears(1998)	倾听、同理心、治愈、自我觉醒、说服、构想、远见、管家精神、员工成长承诺、社区建立
Laub(1999)	重视他人、培养他人、构建社区、展示真诚、执行领导力和分享领导力
Page & Paul(2000)	特征维度、关系维度、过程维度
Russel & Stone(2002)	功能性属性:远景、诚实等; 伴随性属性:沟通、可行性、胜任力等
Sendjaya(2003)	主动为别人服务、真实的自我、契约关系、道德层面的责任感、超越精神、感染力
Wheeler(2006)	利他主义、情绪抚慰、智慧、说服引导、社会责任感
Hale(2007)	服务垂范、礼让贤能、共谋愿景

国内学者也对服务型领导的维度划分进行了研究,如表 2-4 所示。

表 2-4　国内学者对服务型领导维度的划分

	维度
黄仁庆(2001)	共感带、自我认知、远见卓识、全局观念、管家精神、愿意培养他人、建设
郑起山(2002)	倾听、移情、愈合、觉醒、劝导、远见、构想、管家精神、员工成长承诺、建立社群
尹大均(2004)	共感带、全局观念、成长、道德性、团队
汪纯孝、凌茜、张秀娟(2009)	尊重员工、关心员工、帮助员工发展、构思愿景、平易近人、甘于奉献、清正廉洁、开拓进取、指导员工工作、承担社会责任、授权
苗青(2009)	服务垂范、礼让贤能和共谋愿景
孙健敏和王碧英(2010)	情绪抚慰、理性说服、利他导向、智慧启迪、社会责任
徐冬洁和赵国祥(2010)	尊重员工、关心员工、帮助员工发展、构思愿景、平易近人、甘于奉献
李朝阳、郑传均、阮超、周明建(2010)	情绪抚慰、为社区创造价值、概念技能、授权、帮助下属成长和成功、把下属放在第一位、行为道德、关系以及服务
李圣植和王重鸣(2011)	利他动机、服务导向、指导说服、组织、管家精神
王菲菲和姚春序(2011)	授权、服务、愿景

2)服务型领导的测量

20 世纪 90 年代末期,在确定了服务型领导的维度划分后,学者们开始了对这一变量测量方法的探索。本书在总结这一领域的相关文献后发现,西方学者对服务型领导测量工具的研究成果颇丰,因此本书对运用最为广泛和最典型的量表进行了总结。

在变量维度划分的基础上,Laub(1999)针对服务型领导变量的测量,首次提出领导行为评估模型。这一模型总共测量了 6 个方面,包括尊重、授权、促进员工发展、坦诚相对、领导和参与社区建设,共计 28 个题项。

Page 和 Wong(2000)在文献研究与管理实践相结合的基础上,提出了服务型领导的量表,主要包括个性特征、工作特点、与员工的关系、对组织绩效的贡献这 4 个方面,总共有 33 个测量题项。

Dennis 和 Winston(2003)在之前学者研究的基础上,进一步发展了这一变量的测量量表,将其重新划分为 3 个维度,包括服务、授权和愿景激励,共有 23 个测量题项。

Ehrhart(2004)也开发了一套测量服务型领导的量表,包括 7 个维度,如与员工建立良好的关系、将员工利益放在第一位等。每个维度分别由 2 个题项来测量,7 个维度共计 14 个题项。该量表也得到了验证。Walumbwa 等(2010)在一项研究中,针对肯尼亚的一个跨国公司进行了样本调研。结果发现该量表的信度处于可接受水平。

Sendjaya 等(2008)开发了一套测量服务型领导行为的量表,主要包含 6 个测量维度,具体有道德责任、自愿从属、变革型感染力、诚信、超越精神、盟约关系等。Sendjaya 和 Cooper(2011)在一项学术研究中使用了该量表,研究结果显示其具有比较好的结构效度。

Liden 等(2008)针对服务型领导的量表进行了一番探索,最初提出一个包含 9 个维度的量表,主要测量维度有关注员工情感、领导的道德责任感、将员工利益放在第一位等,测量题项共计 85 个。而后,Liden 等将复杂的量表简单化,最终抽取出 28 个有效题项,同时将 9 个维度缩减为 7 个维度,主要包括帮助员工成长和发展、遵守道德规范等。这份量表由 Hu 和 Liden(2011)在一项针对中国企业的样本中得到了验证。结果证明,这份量表的信效度水平较高。

针对服务型领导变量的测量,国内的研究成果也不断涌现,本书总结了几项比较有代表性的成果,列举如下。

汪纯孝等(2009)开发了一套适用于中国情境的测量量表,这套量表包括两份:一份是用于测量高层管理人员的,另一份是用于测量中层管理人员的。测量高层管理人员的量表包括甘于奉献、开拓进取等 6 个维度,测量中层管理人员的量表包括尊重、平易近人、甘于奉献等 7 个维度。

孙健敏和王碧英(2010)等在对中国企业进行调研时,采取了 Liden 等(2008)对服务型领导维度划分的建议,利用收集来的数据进行信效度分析和检验。结果表明,在中国情境下的量表主要概括为 5 个维度,包括利他主义、情绪抚慰、智慧、社会责任感和说服引导。

3.服务型领导的相关研究

现有文献已经研究出成熟的服务型领导测量量表,并划分出比较完善的维度,但是未对其实证研究进行完善。本书梳理了相关实证研究,总结了其前因变量和结果变量。

1)前因变量

(1)领导者的个体才能。西方学者 Greenleaf 提出,如果一名员工信任自己的领导,那么这种信任是对领导个体才能的肯定。领导者能否成功,关键取决于他是否具有通过领导下属来更好地完成团队任务的专业技能和凝聚团队、使团队取得进步的领导能力(Kouzes & Posner,1990)。Farling 在 1999 年对影响服务型领导有效性的重要因素的实证研究中得出三个因素,分别是领导者的变革能力、领导者的规划能力、领导者的伦理道德水平。总结现有发现我们得出结论:当领导者拥有很强的个体才能时,往往能提供给团队更有效的服务型领导。

(2)领导者的人格魅力。Costa & McCrae(1985)和 Judge & Bono(2000)都曾得出“领导者具备宜人性的人格魅力,那么他会表现出更多关心员工和帮助员工的行为”的结论。而 Spears 于 1998 年开发的量表中的两个测量维度,也是关心员工和帮助员工。结合这两个研究结论,我们可以推断,具有宜人性人格魅力的领导者会更容易形成服务型领导风格。如果领导者具有利他性的人格特质(站在他人角度看问题、服务他人等),那么可以说这个领导者具有宜人性的人格特质,推动服务型领导风格的形成。Judge 和 Bono 在 2000 年的研究中直接得出结论:宜人性正向影响服务型领导的形成。综合上述结论,当领导者具有宜人性、以员工为本的人格魅力时,服务型领导风格更易形成。

(3)领导者的个人价值观。领导者的个人价值观往往体现在其工作态度和行为上。Washington 于 2006 提出，移情和正直是影响服务型领导的两个价值观维度，同时他也对这两个维度进行了分析：如果一个领导者具备移情品质，他会在作出决策之前设身处地为他人考虑，会时常与员工沟通交流，把员工感受放入自己的考虑范围之内；如果一个领导者具备正直的品质，那么他的领导能让团队员工之间更加信任彼此，员工也更加依赖团队，对团队有更多的归属感。根据这一研究结论可以明确，移情和正直的价值观会促进服务型领导风格的形成。阮超在 2010 年的研究也验证了这一结论，并由此提出领导者的价值观、人格品质等个人因素有利于服务型领导风格的形成。

2)结果变量

现有研究表明，服务型领导能同时引起个体层面(员工态度、员工行为、员工绩效)和组织层面(组织技能和绩效)的变化。

(1)员工态度。团队中连接领导和成员的一条重要纽带是彼此信任。在服务型领导的管理风格下，员工更容易对组织、领导产生依赖和信任，并会产生很强的归属感(Farling，1999)。服务型领导能使组织氛围变得公平公开公正，同时也使团队能更好地满足员工需求(Mayer，2008)。2009 年，国内学者通过实证研究证实了服务型领导能更好地预测员工满意度。

(2)员工行为。Bandura 在 1986 年的研究中，以社会认知理论为基础，得出结论：员工会研究和学习团队领导的行为，并转化为自己的行为。Ehrhart(2007)研究发现，服务型领导显著正向影响组织公民行为。

(3)员工绩效。Neubert(2008)调研了 250 名工作人员，发现服务型领导透过员工“越轨”行为可以对员工工作绩效产生显著影响。Jaramillo(2009)研究发现，销售领域的服务型领导能提高员工绩效。Walumbwa(2010)使用跨层次研究方法认为，服务型领导可以通过公平和服务的气氛来正向影响组织公民行为。国内学者李朝阳在 2010 年提出，服务型领导负向影响员工反生产行为。

(4)组织技能和绩效。Irving 等(2005)和 Hu(2011)都认为，企业中的服务型领导正向促进团队的工作绩效。Joris(2011)研究得出结论，团队属于服务型领导风格时，团队绩效工资水平更高。沈舒琪(2010)研究了制造业企业中的团队并得出结论：服务型领导水平越高，员工个人绩效越高。Perterson(2012)对企业首席执行官(CEO)进行研究，同样发现具有服务型领导风格的 CEO，企业绩效更好。

本书梳理总结了服务型领导的实证研究，具体如图 2-3 所示。

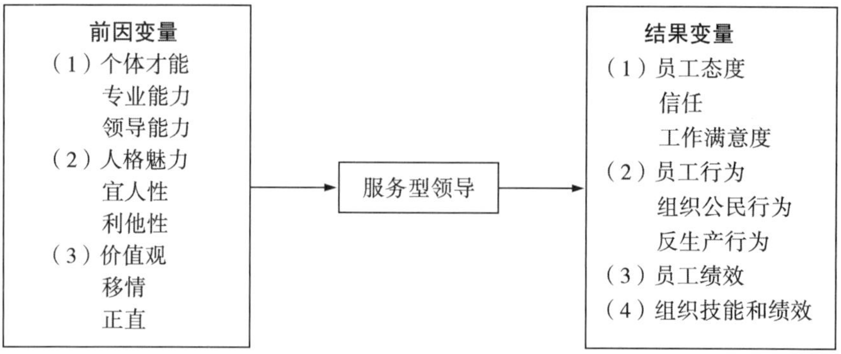

图 2-3　服务型领导实证研究框架

二、员工偏差行为理论综述

（一）亲社会违规行为

1.亲社会违规行为的内涵与界定

“亲社会违规行为”是一个较新的管理学概念，2006 年被 Morrison 提出。Morrison 通过梳理既往研究发现，一般情况下，当员工处于愤怒情绪之中、具有自利导向或者是与企业目标相背时，容易违反组织的正式规则。但是事实上，员工做出相关行为，有可能是基于积极的行为动机，Morrison 将其定义为“亲社会违规行为”（pro-social rule breaking behavior），即员工出于维护组织利益或者其他利益相关者的利益的考虑，有意地违背组织的禁令、政策或者规则（指的是组织内部制定的规则，而不是国家的法律法规）的行为。值得注意的是，这一行为强调了有意为之，偶然的、随机的、无意的行为都不属于亲社会违规行为的范畴。

Vardaman 等（2014）认为，“亲社会”是亲社会违规行为的重点，那么什么是亲社会行为呢？亲社会行为是由 Brief 和 Motowidlo 提出的，他们认为这是一种超越职责范围的行为，而这种行为是为了帮助他人做出的。通过概念我们可以看出，亲社会违规行为和亲社会行为在帮助的对象上存在差异，前者是为了维护组织的利益，而后者则是为了维护个体的利益。除此之外，二者的另一个区别是，前者是有意做出的违规行为。

有学者认为亲社会违规行为是积极偏差行为的一种（Warren，2003）。

偏差行为可以用积极和消极的标准来区分。亲社会违规行为与积极偏差行为还略有不同，相比之下，前者更加强调个体违背组织所制定的正式的政策或者规则，而不是简单的行为规范。

2.亲社会违规行为的类别与测量

Morrison 通过电话访问的形式测量了 24 个被试样本，其中自利的行为占到了 40%，这些行为包括公话私用、老板外出时迟到早退等；剩余的行为均属于亲社会违规行为。基于此，Morrison 对亲社会违规行为进行了类别划分，分别为效率导向、同事导向和客户导向。就占比而言，效率导向占比最高，说明做出亲社会违规行为的原因大多是为提高组织的效率；然后是同事导向，大多表现为上级对下级的关照和帮助。大部分亲社会违规行为产生的动机是领导者为了给予下属帮助，不惜违反组织内部的规章制度。Morrison 对亲社会违规行为发生的情境作了进一步区分。他通过对 112 个样本的调查研究发现，效率导向的亲社会违规行为会发生在组织已有的规则严重制约了工作进度时。当组织的规则对员工行为产生过分限制的时候，上级为了授予下级更多的工作自主权，往往违反组织规则，从而导致同事导向的亲社会违规行为的发生。当客户的利益受到既有规则的限制而有可能造成损失的时候，员工往往做出客户导向的亲社会违规行为。

通过对 179 名个体进行调研，Dahling 等学者开发了亲社会违规行为的量表。这一套量表由 13 道题项构成，包含了 Morrison 对亲社会违规行为的效率导向、同事导向、客户导向的三个维度划分，在实证研究中表现出了令人满意的信度与效度。由于亲社会违规行为的概念研究历时不长，因此国内外的成果还相对较少。通过文献检索与梳理可以发现，国内学者围绕亲社会违规行为开展的学术研究主要为规范性的实证研究，在测量量表方面，主要使用 Dahling 等开发的 13 题项量表，取得了预期研究效果。

3.亲社会违规行为的影响研究

个体在做出亲社会违规行为时有一个选择的过程，即在遵守或者违背组织制定的正式规则二者之间进行选择。这一选择在很大程度上是艰难的：一方面，员工若遵守组织的正式规则，就能免于违反规则而带来的惩罚，但是会受到良心的谴责；另一方面，如果违反组织的正式规则，虽然能够使组织和他人的利益得到维护，但自己可能会受到相应的惩罚。

那么，哪些因素能够对亲社会违规行为产生影响呢？Morrison 对此开展了研究。他首先假设了一些可能会对亲社会违规行为产生影响的因素，然后通过对168名MBA学员进行验证，得出的结果是：员工的同事导向行为、自主权以及担风险能力能够影响亲社会违规行为，主动性人格、工作意义等因素对亲社会违规行为的影响则不显著。

Mayer等(2007)研究了亲社会违规行为和LMR(领导—成员关系)之间的相关性。研究发现：二者表现出正相关关系，并且这种关系受到员工所感受到的领导对其的支持的中介作用，同时受到员工所感受到的政策公平性的调节作用。但是需要特别指出的是，客户导向的亲社会违规行为并没有表现出与LMR具有显著的相关关系，倘若员工感受到的是组织政策的不公平性，也不会做出客户导向的亲社会违规行为。

Dahling等研究者对反生产行为(PWB)、责任心、对他人亲社会违规行为的感知、工作要求等因素与亲社会违规行为的关系进行了研究，结果显示：①虽然反生产行为与员工亲社会行为显著负相关，但是上文已论述了二者在结构上的差异性，所以不能将二者混为一谈；②责任心负向影响员工的亲社会违规行为；③对他人亲社会违规行为的感知能够正向影响亲社会违规行为；④工作要求没有与亲社会违规行为表现出显著的相关性。

通过上文对Morrison、Mayer以及Dahling等学者研究成果的概括梳理，我们可以发现，他们大多研究的是导致亲社会违规行为发生的前置因素，并未涉及亲社会违规行为的影响结果。因此，接下来，我们对其结果变量进行简要梳理。

Bryant等(2010)研究后提出，员工做出的亲社会违规行为，在一定情况下结果是消极的；当领导者做出类似的行为时，企业的管理流程可能随之变得冗余，管理效能降低。考虑到这一点，就要求领导者在面临是否做出亲社会违规行为的抉择时保持理性思考。Bryant等学者研究发现，管理者的亲社会违规行为与员工的组织公平感和工作满意度等存在负向相关性，进而使员工对管理者以及组织产生怀疑。Bryant等学者的研究还揭示了亲社会违规行为结果的不确定性，尤其是管理者的亲社会违规行为对组织而言更有害。

Vardaman等(2014)围绕亲社会违规行为作了以下研究：①人格特质等因素与亲社会违规行为的关系。研究发现，自尊、自我效能感、内控型等与该行为具有正相关关系，而神经质、外控型则与该行为负相关。②团队伦理气氛与员工亲社会违规行为的关系。研究发现，工具型伦理气氛、关怀型伦理气氛都显著正向影响该行为。当员工行为准则与团队的行为准则存在不一致时，独立型伦理气氛正向影响亲社会违规行为；反之，当个人准则与团队的行为准则相符时，独立型伦理气氛对该行为产生消极作用。规则型伦理气氛消极作用于员工的亲社会违规行为。当员工行为准则与组织制度不相符时，法规型伦理气氛与亲社会违规行为显著正相关；反之，当个人准则与组织制度一致时，法规型伦理气氛与亲社会违规行为负相关。由此说明，当伦理气氛与亲社会违规行为负相关的时候，会负向影响个人因素与亲社会违规行为的关系。但是上述成果都是基于理论研究得出的，Vardaman 等学者并未通过实证加以论证。

（二）员工反生产行为

1.员工反生产行为的内涵与界定

最先对员工反生产行为进行研究的学者是 Bennett 和 Robinson(2000)，他们将其定义为：员工在自己主观意识的驱使下，做出违反组织既有规定（包含成文的和不成文的）的行为，这些行为使组织或他人利益受到损失。

Sackett 和 Devore 也对反生产行为给出了定义，认为这是一种下属不考虑组织利益，有意做出的使组织受损的行为。

Vivian 和 Tung 对于反生产行为的界定是从绩效的角度着手的，认为这是一种员工有意识做出的使组织或他人绩效受损的行为。

Spector(2001)做了更加细致的定义，他认为这是一种能够将员工在工作场所内产生的负面影响全部涵盖的行为，这些负面行为包含偷工减料、偷窃、消极工作等。

张建卫和刘玉新将员工反生产行为的概念界定为：员工故意违反组织内部成文或不成文的规定，同时损害组织或他人利益的行为。

王琛和陈维政对反生产行为的定义与上述定义类似，不同点在于强调这一行为影响了成员效率，进一步降低了组织的整体效率。

蔡宁伟在 2011 年的研究中，多角度阐释了反生产行为的内涵：①从行为主体来看，这是员工主动做出的行为；②从行为本质来看，反生产行为都是负向行为，有的不合情理，有的则违反规章制度及法律；③从财产方面来看，反生产行为都会给组织或他人带来财产损失。

2.员工反生产行为的分类

Hollinger 和 Clark(1982)将反生产行为分为两类，这是对该种行为最早的分类记录。这两类分别为：①财产偏差，这一类行为主要包括偷窃、财物破坏以及在未经允许的情况下肆意给予商品折扣等，是一种财务滥用的行为；②生产偏差，这一类行为主要包括工作偷懒、迟到、早退、缺勤等，主要体现为在未经许可的情况下擅自缩短工作时间。

学者 Bennett 和 Robinson 在上述分类的基础上进行了更加深入的探索，提出了更为完备的分类方法，即二维度、四象限的分类方法。二维度是指组织或者个体的行为以及上述行为的严重性。四象限分别为：①人际侵犯，即通过言语攻击或者身体对抗等方式对待同事；②生产偏差，即未经允许肆意在工作中降低产品或服务的质量等；③财产偏差，即未经允许擅自破坏或损坏公有财产；④政治偏差，即在人际沟通过程中故意泄露他人隐私，或不分场合地指出别人的劣势。

Bennett 和 Robinson 在 2000 年的文章中进一步优化了对反生产行为的分类表述，认为需要重点关注这一行为的对象，将其分为人际偏差和组织偏差两类，即从对象的角度将其区分为个人反生产行为和组织反生产行为。

Spector 和 Fox 在 2006 年的研究中，采用“五分法”对反生产行为进行了分类，具体包括偷窃(财务滥用)，消极怠工(工作时间和负荷达不到组织要求)，退缩(在工作中偷懒，不愿意主动承担任务)，人身攻击(口头上或肢体上攻击同事)以及蓄意破坏、损害公司公共财产五种。

3.员工反生产行为的测量

Bennett 和 Robinson 于 2000 年设计了由 19 个题目构成的反生产行为量表，从两个方面对反生产行为进行测量，其中关于组织反生产行为的题目有 12 个，其余的 7 个题目用来测量个人反生产行为。

Fox 和 Spector 基于“五分法”开发了由 33 个题目构成的测量量表。其中，偷窃维度有 5 个题目，如在没有得到许可的情况下偷偷拿取单位的物品；消极怠工维度有 3 个题目，如工作效率低等；退缩维度有 4 个题目，如在没有得到许可的情况下早退；人身攻击维度有 18 个题目，如不承认别人的工作成绩等；蓄意破坏有 3 个题目，如故意采取行动使单位的财产受到损失等。

Gruys 和 Sackett 于 2003 年开发了由危险操作、吸毒酗酒等 11 个维度共 66 个题目构成的测量量表。

Yang 等学者开发了中国情境下的反生产行为测量量表，由“在工作中，该成员嘲笑其他人”等 20 个题目构成。

4.员工反生产行为的相关研究

员工反生产行为能对员工绩效产生重要影响。为了获得更好的绩效，就需要细致地剖析员工反生产行为的来龙去脉，了解其前因变量，有针对性地作规避处理，以减弱或消除反生产行为的不利影响。Baron 和 Neuman 是最先对此领域进行探索的学者，他们于1996年提出将反生产行为前因归结为四类，涵盖两个层面：宏观层面上是受社会整体环境和组织环境的影响，个人层面上是由个体感知评价和个体相关因子所决定的。而Lee的研究结果显示，工作知觉和人际情感与该行为之间存在显著的正相关关系。2002年，Martinko等学者进一步将前因变量归纳为组织情境因素（组织公平、员工心理契约）和个人特质因素（情绪稳定性等）。Vivian和Tung等学者于2003年基于产生影响的不同主体，提出了包含环境、组织、工作和个人四因素的划分方式。Marcus和Schuler（2004）的实证研究证实员工反生产行为会受到两对因素（个体—环境、促进—抑制）不同程度的影响，给后来的研究者带来了很大启发。

在总结前人研究的基础上，本书从个性特质和组织情境两个角度进一步探究产生反生产行为的前因。个性特质指的是员工个人的人格特质，比如员工是否容易产生消极情绪，员工是否能够很好地控制住自己的情绪。而组织情境是从组织的角度来探讨反生产行为，包括组织内部的员工能否感知到公平，个体和组织间关于发展与需求满足的一致性，组织内部的伦理气氛类型，组织内部成员之间的关系和结构。

1）个性特质因素

（1）负面情绪

如果聚焦于反生产行为的作用机制，就会发现工作压力对于反生产行为有重要影响。工作压力对于员工来说无法避免，而这种员工感知到的工作压力容易滋生个人的负面情绪，会导致反生产行为的发生，即负面情绪在这个过程中起到了中介作用。负面情绪的种类较多，包括愤怒、失落、自责等，且极容易与外界环境发生交互作用，二者存在正相关关系。在环境的影响下，负面情绪很难在短时间内排解，长此以往，就会导致反生产行为的发生。现阶段已经有研究以愤怒和嫉妒为例，检验了该作用关系确实存在。Judge和Scott（2006）研究显示，员工在感知到遭受了组织内不公正的对待时，其负面情绪更容易导致反生产行为。Miles和Spector（2002）指出，愤怒情绪的水平与员工反生产行为的产生联系密切。

（2）自控力

相当一部分文献提及自控力也是该行为的重要影响因素之一。Fox和Spector（1999）提出，如果员工自控力较强，那么其就能较好地控制住自己的情绪和行为，也就不太可能产生反生产行为。此外，Spector的研究结果还显示，对缺乏自控力的员工进行调查发现，这些员工普遍发生过反生产行为。因此他提出，挫折感可以通过自控力影响反生产行为的作用机制，自控力在其中起中介作用。

2）组织情境因素

（1）组织公平感

组织不公平会显著正向影响员工的反生产行为，其作用机制是依靠员工心理压迫感来实现的。依据 Martinko 和 Gundlach(2002)的研究结果，员工组织公平感的感知主要来自组织是否一视同仁地对待员工，此时归因由内到外，进而导致该行为的发生。如果员工觉得自己遭遇到了不公平对待，就会有自我补偿的倾向，即通过个人行动来平衡心中的不公平感，诱发反生产行为，诸如用言语攻击同事或工作懈怠。很多研究已经证实，当员工感受到组织的不公平时，相应地会有生气、妒忌等负面情绪的产生，最终会导致损害公司利益的反生产行为以释放这些负面情绪(Skarlicki，1999)。

（2）心理契约

Turnley 等学者于 1999 年通过对企业高管的研究证实，心理契约与工作投入呈明显正相关关系；倘若员工的心理契约较低，反映在工作表现上即责任心较差，工作懈怠。2003 年，Johnson 和 Kelly 基于美国银行业情境下的实证研究显示，心理契约程度与员工出勤率呈显著正相关关系。

但心理契约对员工反生产行为影响方式的差异性值得注意，其既有直接影响，也有间接影响。间接影响是有一个第三变量起中介作用，有些心理契约不是直接作用于员工的反生产行为，需要中介变量。例如，违反心理契约使成员对组织的认同感和信任感降低，继而影响工作态度，最终导致了反生产行为。

（3）企业伦理气氛

近几年，组织气氛领域的研究逐渐深入，学者们探索出细致划分组织伦理气氛的方法，而后将反生产行为与组织伦理气氛类型之间的关系作为下一个突破点。Trevino 等针对不符合伦理行为的研究发现，员工的个人行为是否符合社会的伦理道德标准，受到组织内部伦理环境的影响。伦理气氛是伦理环境的外在表现，综合起来看，企业伦理气氛间接地影响员工的伦理道德标准。1993 年，Murphy 针对营销人员的实证研究支持了这一观点。

（4）组织架构

Donnellyh 和 Ivancevic(1975)基于销售市场类员工的实证研究证实，在越扁平、层级越少的组织中，员工对组织越满意，工作满意度可以起到积极作用，因此可以提高员工的出勤率。

2014 年，根据刘文彬、井润田等学者的观点，扁平化程度和复杂化程度呈负相关关系。组织结构越复杂，往往事务处理流程越烦琐，员工的工作焦虑感也就越强，员工对于工作本身的认可度不高，因此会产生反生产行为。

员工反生产行为的影响因素具体如图 2-4 所示。

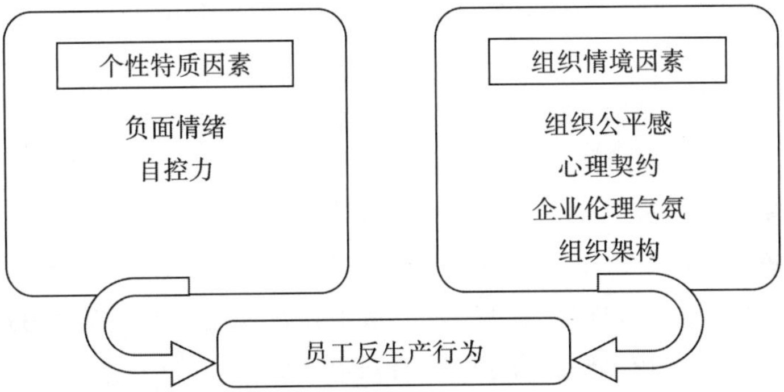

图 2-4 员工反生产行为的影响因素

(三)员工沉默行为

1.员工沉默行为的内涵

Rosen 和 Tesser 于 1970 年率先开始了对员工沉默行为的研究。在调研过程中，他们得出结论：对组织中的工作任务，大部分成员都很关注，与自己关联密切的尤其如此。不过，出于担心个人意见会产生消极作用的考虑，员工并不乐于在公开场合表达意见，特别是当面对的是自己的领导时，成员更倾向于沉默。Rosen 和 Tesser 把这种情况叫作“沉默效应”。Athanassiades 于 1973 年发现，员工认为领导会否决自己的想法，自己表达的观点难以引起领导的注意，这是员工在面对领导时保持沉默的原因。Noelle-Neumann 于 1974 年提出，当成员的观点被大部分人认同时，成员就乐于公开发表个人的想法；但是当成员的观点不被大部分人认同时，即便成员认可自己的想法，他也会选择沉默。一旦沉默产生，便会以螺旋的状态发展，“沉默的螺旋”描述的就是这类情况。

尽管研究者们开展了对员工沉默行为的探讨，但是其定义一直是空白点。Morrison 和 Milliken 于 2000 年定义了员工沉默行为：成员觉察到了组织所面临的问题，他虽有办法解决难题，但认为自己的想法没有价值，被认可的可能性比较低，所以决定保留自己的意见，选择沉默。Harlos 于2001 年对员工沉默行为的概念进行了解析：成员在可以解除组织面临的困境时依旧保持沉默。

2.员工沉默行为的维度和测量

1)员工沉默行为的维度

Pinder 于 2001 年将员工沉默行为划分为默许性沉默与无作为性沉默。成员因为各种因素而对个人的想法不作表达，这是默许性沉默，是消极的。成员为了保障自身的安全与利益，害怕个人的见解会对自身不利，从而保持沉默，这是无作为性沉默。

Dyne 在 2003 年基于成员内在动机，从三个维度解释了沉默行为，并被学界普遍认可：成员对个人的看法缺乏被认可的信心，从而沉默以对，此为带有消极色彩的默许性沉默；成员害怕个人的建议会对自身不利，以自保为目的沉默以对，此为防御性沉默；成员从组织的利益出发，有意识地以沉默来保证某些信息的安全，此为亲社会性沉默。

我国的郑晓涛等人于 2008 年将员工沉默行为分为默许沉默、漠视沉默以及人际恐惧沉默三种。

2)员工沉默行为的测量

Dyne 等学者于 2003 年率先开发了测量员工沉默的量表，选取他评的方式，共有防御性沉默、默许性沉默和亲社会性沉默三个维度，包含 15 个题目，被学界普遍认同。另外，Xu 等学者于 2003 年从沟通渠道出发，开发出包含 27 个题目的量表。我国的郑晓涛于 2008 年从国情出发开发的量表，信度、效度同样很高。

3.员工沉默行为的相关研究

1)员工沉默行为的前因变量

个体因素和环境因素作为前因变量，影响员工沉默行为。个体因素包括性别、自尊和对政治的感知等，环境因素包括同事、上级的行为表现以及社会文化等。

在个体因素方面，沉默行为受到成员性别很大的影响。Gilligan 于 1982 年提出，相较于男性，女性更能够考虑到其他成员的感受，所以女性在大部分时候会沉默以对。Buzzanell 在 1994 年的研究中也发现了这一情况。Lepine 和 Dyne 在 1997 年提出，沉默行为受到成员自尊的重要影响，成员的自尊感低的话，更有可能沉默以对。成员在提出建议时，如果被认定为对公司的和谐不利，或者被上级和其他同事批评讽刺时，成员的自尊便受到伤害，从而选择沉默以对。Jeffrey 和 Linn 在 2001 年提出，沉默行为受到成员神经质的作用；具有更高神经质的成员会频繁紧张、焦躁，这类成员会因担心个人受伤害而选择沉默以对。

在环境因素方面，沉默行为受到公司内部条件的影响。Argyris 于 1977 年提出，如果公司的“潜规则”不认可“发表看法”这种行为表现，那么成员大多选择沉默以对。Redding 于 1985 年提出，部分公司排斥成员发表看法的举动，认为这是在挑战公司权威，会对成员进行暗示，从而使成员沉默以对。Dutton 等在 1997 年提出，成员发表观点时是有选择的，成员依照个人对公司的了解程度，发表可被公司认同的观点和看法；对于不被认同，甚至被排斥的观点和看法，成员将会沉默以对。Laeeque（2014）和 Dileep（2015）等学者提出，成员的组织承诺较高的话，其将更乐于发表意见，因而沉默程度较弱。Morrison 和 Milliken 在 2000 年和 2001 年提出，沉默行为受到领导的重要影响。如果领导将成员表达个人观点的行为视作对其权威的挑衅的话，其将采取措施阻止负面意见的表达。郑晓涛在 2006 年提出，沉默行为受到作为社会文化一部分的人情关系与集体主义的影响。在集体主义观念盛行的国家和地区，如果发表相反的观点被当作不利于和谐的行为，那么基于这种文化，成员会选择沉默。

2）员工沉默行为的结果变量

Bowen 等学者于 2003 年提出，员工沉默行为是个体层面的行动，但其也会带来群体效应，不利于公司和个体的发展。

（1）员工沉默行为作用于个体层面

Morrison 和 Milliken 于 2000 年提出，沉默行为会让成员感到缺少控制、不被重视和认知失调。贾宁娟于 2009 年提出，沉默行为使员工的沟通需求不被满足，更可能导致罢工情绪的产生。李焕荣与唐红瑞在 2011 年提出，成员的罢工情绪受到沉默行为的显著影响，这种情绪会随时间愈演愈烈，最终导致成员离开公司。Elliot 和 Devine 于 1994 年提出，成员个人的价值不被重视时，其就会沉默以对。基于此，成员认知自己的价值时就会发生偏差，从而导致认知失调。

（2）员工沉默行为作用于组织层面

March 于 1991 年提出，成员与公司的沟通会被沉默行为切断，公司无法从成员那里获得反馈，从而抑制了公司的创新力和对市场的适应能力。

Nemeth 于 1997 年提出,公司进行创新的重要源泉和动力是成员的观点与建议,成员往往有很多奇特的观点,一旦沉默以对,公司创新的动力来源就被切断了,这对公司是极为不利的。Bandura(1986)提出,沉默行为抑制了成员的自信心,增加了成员的心理负担,导致公司绩效下降。

三、伦理气氛理论研究综述

(一)伦理气氛的内涵

组织气氛指的是组织整体的认知和价值评判以及与环境交互等特点,不同的组织有迥异的组织气氛,这是重要的区别特征。1981 年,“伦理气氛”这一概念由 Murphy 首次提出,然后 Victor 和 Cullen(1987)继续对该领域深入研究。根据他们的观点,伦理气氛是组织内部针对伦理道德的持续性的流程和政策。在此影响下,员工行为发生改变,会逐渐向组织内部的标准靠拢。Agarwal 和 Malloy 于 1999 年丰富了该内涵,将“伦理气氛”界定为员工对组织内公认的伦理道德标准的感知,他们清晰地认知与之对应的行为标准。McDonald(2009)提出该概念不止涵盖员工对组织的感知,还应涵盖员工对其他员工的伦理感知。2005 年,Grover 和 Enz 认为伦理气氛是因人而异的主观感受,伦理气氛的有无对于组织成员的行为会产生很深刻的影响。归纳来说,组织伦理是内核,伦理气氛是其外在表现,员工会对此产生感知,判断自身行为是否符合组织伦理道德标准的要求,以及按照组织伦理去处理问题。伦理气氛大致涵盖以下方面:第一,员工个体可以感知组织伦理气氛,并判断组织伦理的标准,使自己的行为符合该标准的要求;第二,员工在制定问题解决方案时,会有伦理角度的考量,以符合标准;第三,伦理气氛的本质和内核是组织共同的价值观,是整体的价值评判标准,可以间接体现员工的价值评判标准。

工具型伦理气氛是伦理气氛众多类型中的一种,会影响员工产生利己导向,以自我利益作为主要价值评判标准和日常行为的出发点,同时漠视同事和组织的利益(Victor & Cullen,1988)。该伦理气氛的影响是负面的,容易诱发不道德行为,因此在该领域成为研究热点(Kuntz et al.,2013)。

综观已有研究,大部分聚焦在组织层面,团队层面乏人问津。关于此问题,Wimbush 等(1994)的研究结果显示,团队层面的伦理气氛大致相同。也有学者指出,不同的团队内部存在着有一定差异的伦理气氛(Mayer et al.,2010)。

2001 年,Malloy 等学者的研究结果显示,组织伦理气氛本质上是一种主观直觉判断,其对象是组织内成员的行为。组织内大多数成员就价值评判标准达成共识，并以此共识来衡量员工的具体行为，判断某个行为是否符合伦理标准，并拟定符合该标准的问题解决方案。

通过梳理该领域文献，参照 Malloy 作出的概念界定，本书认为伦理气氛是指组织成员对于伦理道德标准、伦理行为标准、非伦理行为的归因和处理等问题的稳定性认知和评判标准，并以此指导成员的价值观和行为方式，使其符合公认的标准。当成员行为均稳定趋向标准时，就可以影响团队或组织整体的价值观和行为方式，也就是说形成了伦理气氛。

团队伦理气氛在国内也受到了学界关注，刘文彬、井润田、李贵卿等人(2014)的实证研究发现，成员人格特质与反生产行为存在相关关系，团队伦理气氛在此过程中起调节作用。刘云和石金涛(2009)提出，气氛这一变量与环境因素有交互，因此在不同的环境中便有了不同的气氛。根据环境类别可以区分出组织和团队层面的两大类气氛。刘冰、张晓田、袁雨晴(2015)针对中国情境下企业的团队伦理气氛的类型进行了研究，结果显示，国内企业的团队伦理气氛可以分为四种，分别为规则型、独立型、利益型和关怀型。本书在团队环境的背景下，主要探究团队伦理气氛，研究其在领导风格和员工行为间起到的中介作用。

(二)伦理气氛的类型与测量

1.伦理气氛的类型

Victor(1987)基于因素分析方法将伦理气氛细分为工具型、关怀型、法律法规型、规范型、独立判断型五种类型。工具型伦理气氛强调成员的自利导向，成员以自身利益为价值评判的标准，并采取行动追求自身利益。关怀型伦理气氛强调成员间关系融洽和睦，互相关心，达成利益上的共赢，增进公共福祉。法律法规型伦理气氛强调以法律指导组织及成员的行为和价值判断。规范型伦理气氛，顾名思义，就是将组织的规章制度置于崇高位置，以此指导成员的行为和价值准则。独立判断型伦理气氛强调以个人的想法和道德标准作为团队成员行为方式的出发点。

Victor(1990)等在深入研究后，在原有的五因素结构的基础上发展出六因素结构，用规则导向将原有的规范型和法律法规型进行了整合，另外区分出了效率和专业主义这两种导向。

Agarwal 等学者于 1999 年针对与“公司”这种营利组织不同的非营利组织进行了研究，指出在这类组织中伦理气氛有五种类型，与公司组织大致相同，只是依据实际情况、从个人和社会角度将关怀型伦理气氛进行了细分，另外增加了适者生存型伦理气氛。

2006 年，范丽群、周祖城基于道德标准导向的不同，探索出了另一种划分伦理气氛的方式。具体可将伦理气氛分为三类，分别是道德规范、利己主义、法律制度。该研究丰富了伦理气氛类型划分的分析视角。余志远于 2009 年针对餐饮业的实证研究，有力地支持了五类型的伦理气氛划分方式。

2.伦理气氛的测量

Cullen 和 Victor 在 20 世纪 90 年代前后曾先后研发出三个版本的伦理气氛测量量表，问卷题项也不断增多，从 80 年代末的 25—26 个题项问卷到 90 年代的 36 个题项问卷。问卷在差异化情境下的许多研究中均获支持，目前被各国学者广泛应用，说明其信度和效度较高。

学者李波在 2008 年结合中国企业管理情况，修订了原有量表，开发了包含 36 个题项的组织伦理气氛调查问卷。

现阶段学者们在测量伦理气氛时，主要采用 Cullen 和 Victor(1988)开发的 26 个题项量表以及 Likert(李克特)五点量表。本书测量的关怀型伦理气氛主要采用了此量表中的 7 个题项。

(三)伦理气氛的相关研究

学界目前主要集中于伦理气氛的自变量、情境因素、因变量三者之间关系的研究。本书据此作了梳理，结果如表 2-5 所示。

表 2-5 伦理气氛的相关研究汇总

	研究结论概述
Upchurch & Ruhland(1995)	研究了伦理气氛和领导方式，发现在管理实践活动中，关怀型伦理气氛备受管理者推崇，相比于规则型伦理气氛应用也更为普遍
范丽群、石金涛(2006)	不同类型的伦理气氛对道德行为会产生不同的影响，而伦理气氛的强度在此影响过程中起调节作用
Ötken & Cenkci(2012)	家长式领导可以通过信任对组织伦理气氛产生一定程度的影响；此外还强调，在家长式领导下，员工更倾向于遵守企业规章制度和管理规范，同时也会承担分内的职责
晁罡、熊吟竹、王磊、李登月(2013)	聚焦于组织伦理气氛对员工工作满足感和“越轨”行为会产生哪些影响；具体来说，组织伦理气氛下的法规、关怀、独立判断和公司利益四个导向均显著影响员工工作满足感

续表

	研究结论概述
刘文彬、井润田、李贵卿(2014)	团队伦理气氛作为情境变量,能够调节人格特质与员工反生产行为间的关系,作为组织情境要素,在个体特质与行为之间产生调节作用
王永跃、叶佳佳(2015)	研究工具型伦理气氛对员工沉默行为的影响,发现工具型伦理气氛能够正向影响员工沉默行为,同时犬儒主义在工具型伦理气氛与员工沉默行为之间发挥中介作用;传统性在犬儒主义与沉默行为之间发挥调节作用
刘彧彧等(2015)	验证了伦理气氛的调节作用,在道德强度与伦理决策行为意向的正相关关系中,伦理气氛由于类型不同而发挥不同的调节效应

梳理学者们的成果发现,伦理气氛对员工工作表现及绩效产出、组织承诺等均具有深刻影响。学者 Cullen 和 Victor 曾提出一个针对伦理气氛的研究模型,被沿用至今,相当多的学者针对其前因和结果变量展开了研究。

1.伦理气氛的前因变量

伦理气氛主要受到个体、组织及社会环境三种因素的影响。包括个人因素(个人道德标准和领导行为等)和个人人口统计学变量(年龄、性别等)等在内的个体因素中,领导行为是较为重要的前因变量。Dickson 等学者于2001 年的研究结果显示:创始人个人的伦理道德标准对组织的伦理道德标准有重要影响;在组织刚成立之时,组织的伦理道德标准的形成是以创始人个人的伦理道德标准为基础的;在组织发展壮大的过程中,数量不断增多的员工也受到创始人伦理道德标准的影响。此外,领导者对组织伦理气氛的产生也具有相当重要的作用。领导者个人的道德认知水平在影响伦理气氛的过程中起调节作用。

组织影响因素涵盖组织内部的管理架构与规章制度、组织采用的人力资源管理政策、组织所处的行业竞争环境等。1998 年,Dickson 的研究结果证实了组织架构会对员工在伦理方面的认知和行为产生一定影响。另外,企业所处的生命周期阶段也有显著的影响(Belak & Mulej,2009)。

社会环境因素也会对组织的伦理气氛造成影响。Victor 在 1988 年提出,社会中一些不成文的规范对伦理气氛亦有显著影响。Jackson 在2000 年指出,由于文化和历史渊源的差异,不同地区所形成的社会规范也有很大不同，造成了伦理标准有较大差异，最终导致伦理行为的差异化。

2.伦理气氛的结果变量

组织内部是关怀型和规则型伦理气氛时，组织整体及内部成员的伦理行为会受到积极影响，这一结论被很多实证研究证实。而工具型伦理气氛则会负向影响组织及成员与伦理相关的行为（Wimbush & Shepard，1994；方妙玲，2004）。伦理气氛对组织内部成员的影响并不局限在这一方面。Dickson（2001）的研究结果显示，伦理气氛由于影响组织对伦理问题的认知，因而会影响组织处理问题的流程，进而影响组织能否实现程序公平和分配公平，还会影响员工的伦理认知以及在伦理方面的愿望和想象，最终影响员工的工作表现和绩效产出或组织公民行为。林欣润（2008）认为，伦理气氛会积极影响员工个人的伦理准则，提升员工行为的专业规范，同时可以促进员工产生更多的组织公民行为。Wickham 在 1996 年提出，组织伦理气氛也会增进成员对组织的归属感与认同感，有利于提高组织的绩效水平。

本书在整合国内外有关研究的基础上，归纳出伦理气氛的研究框架，具体如图 2-5 所示。

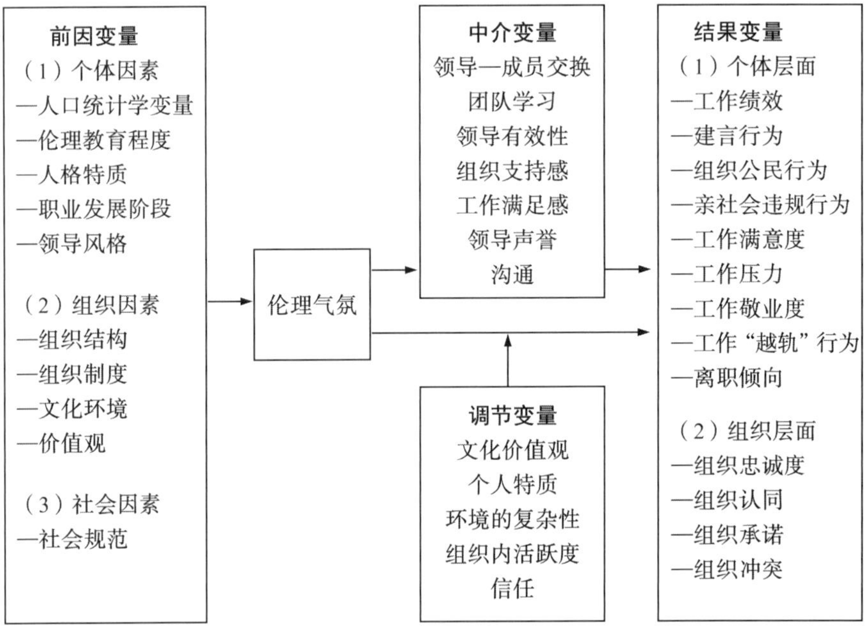

图 2-5　伦理气氛相关研究框架

第三章　研究设计

本章介绍了书中采用的问卷调查法和实施过程。首先，介绍了问卷设计的具体内容，包括问卷发放方式、问卷填答对象、问卷格式设计等；其次，给出了变量测量内容与选择，包括自变量、因变量、中介变量、调节变量和控制变量，均采用成熟量表；最后，说明了问卷发放的环节，包括预测试与正式测试，在预测试部分详细说明了问卷编码的操作形式，在正式测试部分详细说明了问卷填答的次数、配对情况、发放范围、发放过程以及回收过程。

一、问卷设计

我们采取纸质问卷和电子问卷相结合的调查方式，本着提高研究准确性的目的，主要进入企业发放纸质问卷。问卷有团队领导问卷和企业员工问卷两种，前者由领导填写，后者由下属填写。因为反生产行为是负向的，调查结果可能会受到“面子”等因素的影响，导致团队成员难以表达真实想法，所以要求领导根据下属反生产行为发生的次数来对下属的行为表现进行评估；另外，出于避免同源误差的考虑，领导风格和团队伦理气氛问卷由下属完成。

为提高被调查者的配合度和填写内容的真实度，本书对问卷的格式进行了精心设计。卷首格式为“礼貌话语＋研究方向＋科研用途＋保密事项＋致谢”，以此告知关联事项，最大限度地缓解被调查者的顾虑。为消除被调查者先填写个人信息而产生的戒备之心，本书将题项放在了人口统计信息之前。由于员工填写的问卷题量较大，为使调查过程更加方便，本书依照内容的可接受度进行题项排序，容易接受的在前，不容易接受的在后。

本书所用量表源于西方，经过众多研究的广泛运用，信度、效度都很高。

我们立足中国情境，筛出不符合国情的题项后得到最终量表。由于目前缺乏测量团队伦理气氛的成熟量表，而组织是由团队构成的，所以我们借鉴Cullen和Victor于1998年开发的组织伦理气氛问卷，以组织伦理气氛理论作为基础，综合团队的实际情况和其伦理气氛类型，开发出团队伦理气氛问卷。

为方便被调查者理解题项，我们对设计好的问卷进行了3次完善，分别就格式、结构和题项进行了改动。另外，本书充分考虑了所要调查的企业的行业特殊性，就涉及的专业术语采取个性化表达(例如，将“领导”改成“项目负责人”等)。问卷开发过程广纳群言，使问卷臻于完善。

现阶段，问卷调查法被广泛应用到科研上。问卷设计质量的好坏，直接关系到本书假设的验证结果和理论完善的成功与否。设计问卷的时候，所面临的需求不同，对现有量表和设计新的量表的要求也就不同。因为现有量表得到学者们的广泛使用，且信度、效度较高，所以本书采用现有的成熟量表。

与其他科研方法相比较，问卷调查法有自身的优点和缺点。优点在于收集数据效率高，处理数据非常方便；缺点在于存在偏差，这种偏差来自社会称许性。Paulhus于2002年提出，被调查者在描述自己时，偏向于正向评价，不承认自身不能得到称许的态度和行动，这样就导致了被调查者不会去表达真正的态度和行动，从而致使信度、效度不高。韩振华等于2002年研究了社会称许性偏差存在的原因，包括组织成员的价值观和社会普遍接纳的价值观之间存在不同，来自敏感的、忌讳的和面子的问题，以及对压力的感知等。本书在进行设计时，利用下列方法减轻该偏差给研究结果带来的影响：①量表方面，尽量选取发表在顶级期刊并且被广泛引用的现有成熟量表，以此保证调查过程有可靠的理论支撑。②题项上，采用正反相结合的方法，同时改变题项的排列次序。③评价方式上，领导和下属展开互评，降低数据收集的主观性。④下发问卷上，培训被调查者，说明数据仅用于科研，别无他用；同时做好编号和密封工作，尽最大努力赢得被调查者的信任。

关于团队中领导风格和伦理气氛的认识，下属更为准确，可信度也更高；关于团队中下属的行动和表现，领导的感知更为准确。为避免同源误差，本书开发了两份问卷。下属完成问卷1，问卷1包括以下三个方面：①参与本次调研的下属的人口统计学信息，②领导风格的测量量表，③团队伦理气氛的测量量表。领导完成问卷2，问卷2包括以下两个方面：①参与本次调研的领导的人口统计学信息，②下属行为的测量量表。除被调查者的人口统计学信息外，本书选取Likert五点计分法来测量变量，从高到低为：“5”

代表完全同意，“4”代表比较同意，“3”代表一般同意，“2”代表比较不同意，“1”代表完全不同意。

本书的研究对象是公司中的团队，团队有两种：一种是因为部门而设立的团队，另一种是因为项目需要而设立的团队。我们对参与调研的团队作了下面的规定：①该团队存在领导；②成员总数超过 2 人；③成员共事超过半年，至少一起完成过一次团队任务；④领导与下属关联密切，地理区位相隔不远；⑤成员不属于组织的高层，多为基层和中层员工。

二、变量测量

本书包含五种变量，分别是自变量、因变量、控制变量、调节变量和中介变量。本书选取已经发表于权威期刊的成熟量表，确保信度、效度满足条件。为提高内容效度，我们提前进行了调查，并且依照被调查者和科研目的的差异性，对题目表达和问卷格式进行了完善。最终成果见附录 1 至附录 5。

三、预测试

为测试量表题目内容表述是否清晰，信度、效度达标与否，本书开展了预测试。发放问卷时，以团队为单位将问卷放入信封内，其中问卷 1 和问卷 2 都是 5 份。在此之前，需要给信封标注 1，2，3……的号码，同时也要给信封里的问卷 1 和问卷 2 赋予号码，信封 1 中各问卷的号码分别是“问卷(1)1-1”“问卷(1)1-2”“问卷(1)1-3”“问卷(1)1-4”“问卷(1)1-5”“问卷(2)1-1”“问卷(2)1-2”“问卷(2)1-3”“问卷(2)1-4”“问卷(2)1-5”。信封 2 里面各问卷是“问卷(1)2-1”“问卷(1)2-2”“问卷(1)2-3”“问卷(1)2-4”“问卷(1)2-5”“问卷(2)2-1”“问卷(2)2-2”“问卷(2)2-3”“问卷(2)2-4”“问卷(2)2-5”。以此类推。为了使领导和下属的问卷方便进行配对，下发问卷的时候，领导为自己的下属指定号码。收到信封 1 的团队，则下属 A 编码为 1-1，完成“问卷(1)1-1”，下属 B 编码为 1-2，完成“问卷(1)1-2”，下属 C 编码为 1-3，完成“问卷(1)1-3”，下属 D 编码为 1-4，完成“问卷(1)1-4”，下属 E 编码为 1-5，完成“问卷(1)1-5”。按照下属的号码，团队领导依次完成“问卷(2)1-1”“问卷(2)1-2”“问卷(2)1-3”“问卷(2)1-4”“问卷(2)1-5”。本书的被调查者为某银行数个网点团队中的成员。本书利用 SPSS 16.0 对回收的问卷进行信效度分析。

四、正式测试

为了使量表中各题目易于理解、容易填答，避免表述不清，我们开展了一定范围内的问卷前测(pilot test),以提高数据收集的准确性。本书从企业的团队中收集数据,研究对象为团队领导及其下属,组织的人力资源部门对该过程给予了很大的支持和帮助。本书对组织中的团队展开研究,其成员具有确定的身份,领导为下属分配任务、确定流程,下属服从领导,两者拥有相对稳定的关系。

为降低同源误差,我们在不同时间开展了两次问卷调研,通过“领导—下属”互评来收集数据,下属先对领导的行为和所在团队的伦理气氛展开评价,三个月后,领导再评价下属的行为。为提高问卷的客观性,我们先向被调查者说明调研目的,然后组织被调查者进行填答。通过这个流程,被调查者有效理解了问卷的内容,可以准确填答,对问卷回收和数据收集极为有利。我们全程参与问卷的分发和收集,提高了有效问卷的数量和准确性。

经预测试发现,有几个题目表述不清晰,我们进行了相应修改,比如把“该员工在报销时弄虚作假”修改成“该员工在报账时弄虚作假以得到更多的钱”。为提高问卷的严谨程度,我们对多维度的量表进行了因子分析,剔除不合理的题目。为了明确是否有必要开展后续的因子分析,本书开展了KMO与Bartlett球形度检验。在本书中,KMO的数值符合要求,Bartlett球形度检验显著,因此后续的因子分析可行。

基于上述条件,本书开展了团队伦理气氛的探索性因子分析,提取因子采用了主成分分析法,将各题目进行旋转,去掉发生交叉载荷的因子。

正式测试时,我们在北京、上海、深圳、南京、济南、青岛六个城市分发问卷。基于公司差异的存在,每个公司发放不同数量的问卷。被调查者来自金融、通信、房地产和建筑等多个行业,涉及多地区、多行业和多岗位,能够有效开展研究。

为提高被调查者可靠性和数据准确性,我们采取了如下的方法:①填答前,向被调查者讲清楚本次调查结果的应用场所与一些要注意的问题;②填答时,悉心解答被调查者的问题;③力求被调查者当场完成问卷,当场收回问卷,如有其他情况致使不能当场收回问卷的,派专人敦促被调查者填答并收回问卷。填答完成的问卷收入编好序号的档案袋中。序号编写与预测试阶段的方法相一致。各团队中选3—5名下属完成问卷1,对应的领导完成3—5份问卷2。

第四章　真诚型领导对员工亲社会违规行为的作用

本章基于社会学习理论构建了真诚型领导通过团队伦理气氛(独立型、工具型、关怀型和法规型)影响员工亲社会违规行为(效率导向、同事导向和客户导向)的理论模型。对领导—成员配对数据分析结果显示,真诚型领导与员工亲社会违规行为以及效率导向、同事导向、客户导向三种类型的亲社会违规行为均有显著的正相关关系;真诚型领导显著影响团队伦理气氛,其中负向影响法规型团队伦理气氛,正向影响工具型、关怀型和独立型团队伦理气氛;工具型、关怀型和独立型团队伦理气氛分别正向影响效率导向、同事导向和客户导向三种不同类型的亲社会违规行为;法规型团队伦理气氛负向影响效率导向、同事导向和客户导向三种不同类型的亲社会违规行为;关怀型团队伦理气氛在真诚型领导和效率导向、同事导向及客户导向亲社会违规行为之间起中介作用;工具型、法规型团队伦理气氛在真诚型领导和同事导向亲社会违规行为之间起中介作用;独立型团队伦理气氛在真诚型领导和效率导向及客户导向亲社会违规行为之间起中介作用。因此,从实践角度来看,尽管某些亲社会违规行为以维护企业利益为目的,但需要特别注意的是,亲社会违规行为过多时可能会对企业规范化、制度化管理产生不利影响,应当予以控制,管理者应当发挥积极的表率作用,在团队中树立良好的形象和威严,不可借维护集体利益的名义经常性地违背团队和组织规则。

一、理论分析与研究假设

(一)研究模型

我们构建了如图 4-1 所示的模型。本书从真诚型领导的不同维度出发,对成员不同导向型的亲社会违规行为的影响及作用机制进行研究，对团队伦理气氛是不是二者的中介变量进行检验。

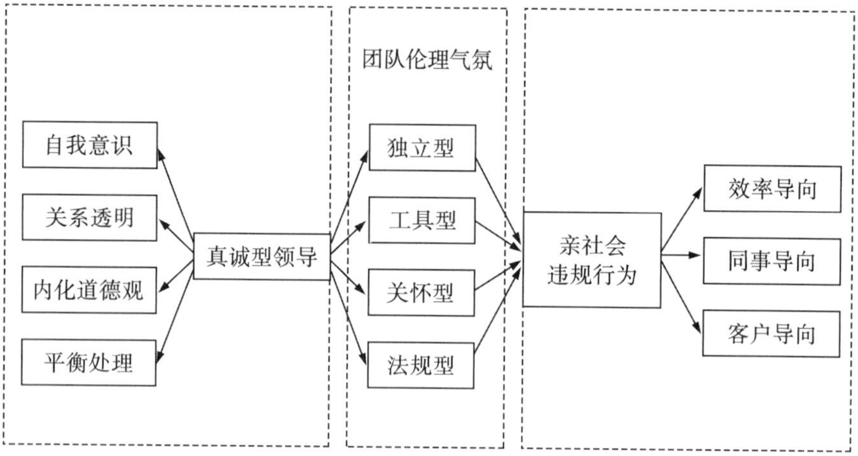

图 4-1　研究模型

（二）研究假设

1.直接效应：真诚型领导与员工亲社会违规行为

Gardner 等学者研究了真诚型领导理论，认为组织成员的行为受到领导风格的影响。Avolio 等（2003，2004）探讨组织成员积极性和文化受到真诚型领导风格影响的过程。

Avolio 等发现，真诚型领导正向影响成员对组织的认同感，这样能够增强成员对所在公司和领导的信任，最终提高成员的满意度、积极性、敬业度和归属感。

Gardner 等从自我与身份理论出发，探讨成员工作态度和行为与真诚型领导的关系。领导是下属的榜样，基于此，成员会为了改善自己的行为而效仿领导，从而提高自我调节意识。

Brown 等（2005）探讨了组织成员的行动表现与真诚型领导的关系，发现组织成员的行动受到领导自我认识的显著影响。

谢衡晓（2007）立足中国企业，以凌文辁的品德绩效维系理论（CPM）为基础，探讨了中国情境下真诚型领导的前因变量和结果变量，提出组织认同、组织成员满意度、成员间的利他行为与角色绩效都受到真诚型领导的明显作用。

Rachel 探讨了团队绩效、信任和心理资本与真诚型领导的关系，提出真诚型领导正向影响团队绩效、信任和心理资本。

Walumbwa 等(2008)提出,领导的组织公民行为和成员的工作投入情况受到真诚型领导的明显作用。

陈为新等(2013)提出,组织成员的态度、行动和敬业度受到真诚型领导的明显作用。

综合以上论述,我们提出如下假设:

H1:下属的亲社会违规行为受到真诚型领导的明显作用。

H1a:下属效率导向的亲社会违规行为受到真诚型领导的明显作用。

H1b:下属同事导向的亲社会违规行为受到真诚型领导的明显作用。

H1c:下属客户导向的亲社会违规行为受到真诚型领导的明显作用。

2.中介效应:团队伦理气氛

对于领导风格对组织成员行动的影响机制,社会学习理论认为,领导风格相同,则其下属的伦理气氛相似,进而作用到下属的行动上。范丽群和石金涛(2006)基于伦理气氛,探讨了领导风格和组织成员行动表现的关系,指出组织成员的行动受到伦理气氛的作用。刘松博等(2013)发现领导风格作用于伦理气氛,伦理气氛又作用于组织成员的行动表现。

1)真诚型领导与团队伦理气氛

真诚型领导对组织文化、气氛的作用机制不容忽视(Suzanne et al, 2012)。Bandura(1986)基于社会学习理论,指出领导为下属起到了榜样的作用,下属能够效仿领导的行动表现。Mulki 等(2009)提出,在诸多因素中,伦理气氛受到领导风格的作用是最为明显的。Sagnak(2010)指出,领导的行动表现受到下属伦理行为的显著作用。Dickson 等(2001)认为,伦理气氛受到领导风格的显著作用。Brown 和 Treviño(2006)以及 Ingram 等(2007)提醒学者们关注伦理气氛与领导风格的关系。

王雁飞和朱瑜(2006)发现,领导行为作为人口统计学变量,作用于伦理气氛。领导是下属的模范,为下属处理伦理困境提供引导;同时,组织成员伦理观念的产生同样会被领导的伦理观念影响,员工伦理行为的规范也来自领导对其的奖惩行为。

Peus(2012)指出,真诚型领导促进积极的伦理气氛的产生。刘芳等(2010)认为,团队的气氛受到真诚型领导的明显作用,真诚型领导者可以和下属构建互信的工作氛围。Walumbwa 以积极心理学为基础,发现真诚型领导作为一种积极的领导风格,促进正面伦理气氛的产生。

综合以上观点，我们提出如下假设：

H2：团队伦理气氛受到真诚型领导的明显作用。

H2a：工具型伦理气氛受到真诚型领导的明显作用。

H2b：关怀型伦理气氛受到真诚型领导的明显作用。

H2c：法规型伦理气氛受到真诚型领导的明显作用。

H2d：独立型伦理气氛受到真诚型领导的明显作用。

2）团队伦理气氛与亲社会违规行为

组织成员的行动表现受到伦理气氛的明显作用，伦理气氛不同，组织成员的行动表现也就不一样。Tsai 和 Huang（2008）发现，伦理气氛对组织成员工作目的的影响是双面的，既可能是有利的，也可能是不利的，这取决于伦理气氛类型的不同。Vardi（2001）认为，有些伦理气氛存在促进非伦理行为产生的可能性。

Wimbush 和 Shepard（1994）提出，组织成员的反生产行为与伦理气氛之间存在非常明显的关联性。

有学者对几种具体的伦理气氛与组织成员满意度二者间可能存在的关系进行了探讨，其中，工具型伦理气氛与组织成员的满意度存在负向的关联性，关怀型伦理气氛与之存在正向的关联性，法规型、独立型和规则型伦理气氛与组织成员的满意度不相关（Okpara，2002）。

Trevino 等提出，伦理气氛可以对组织成员的伦理或者非伦理行为产生作用，相较于其他的伦理气氛，组织成员的反生产行为受到自利型伦理气氛促进的可能性更大。

Vardaman 等（2014）研究伦理气氛与组织成员的亲社会违规行为的相关性时，主要是从理论层面进行考虑的，同时探讨了法规型、规则型、工具型、关怀型和独立型伦理气氛对组织成员的亲社会违规行为的作用。经过研究发现，自尊和自我效能感这两种变量与组织成员的亲社会违规行为之间存在正向的关联性，神经质与其存在负向的关联性，内控型与其存在正向的关联性，外控型与其存在负向的关联性，工具型和关怀型伦理气氛与其存在正向的关联性。在公司的章程制度和组织成员的行动原则相悖的时候，独立型伦理气氛与成员的亲社会违规行为之间存在正向的关联性；在公司的章程制度和组织成员的行动原则一致的时候，独立型和规则型伦理气氛与其存在负向的关联性。在公司的章程制度和组织成员的行动原则相悖的时候，法规型伦理气氛与成员的亲社会违规行为之间存在正向的关联性；在公司的章程制度和组织成员的行动原则一致的时候，法规型伦理气氛与其存在负向的关联性。如果伦理气氛和组织成员的亲社会违规行为存在负向的关联性，那么其能够抑制组织成员的自身情况与其亲社会违规行为之间的正相关性，促进其自身情况与亲社会违规行为之间的负相关性。Vardaman 等人在理论层面对影响组织成员亲社会违规行为的因素展开了探究，遗憾的是在实证方面没有进展。

Vardaman 等对于组织伦理气氛与成员亲社会违规行为的关系研究如图 4-2 所示。

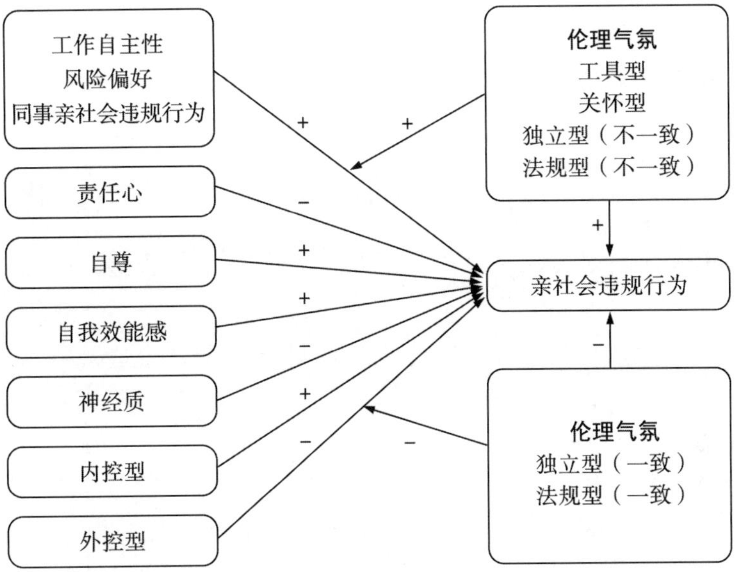

图 4-2 组织伦理气氛与成员亲社会违规行为的关系

与处在工具型伦理气氛中的组织成员相比，处在独立型、规则型、关怀型与法规型伦理气氛中的组织成员的行动与伦理要求更为相符（Wimbush et al.，1994；Bartels et al.，1998；Fritzsche，2000；Peterson，2002）。2006 年，Martin 和 Cullen 两位学者对组织成员的错误行径和伦理气氛二者之间的关联性进行元分析后发现，伦理气氛对组织成员的错误行径有明显作用。

对处在关键地位的伦理思维模式进行解释是研究伦理气氛的核心意义所在，居于核心的伦理思维会生成一种对组织成员行动表现产生作用的氛围。也就是说，组织成员的行动表现受到伦理气氛的作用。在工具型伦理气氛中，组织成员以自身利益为核心，这将导致其与团队制度相背离的行动更有可能发生。在关怀型伦理气氛中，同事之间相互关心，会更多地考虑彼此以及与客户的利益关系，因此可能产生与团队制度相违背的亲社会违规行为。在法规型伦理气氛中，员工服从制度要求，不会过多考虑自身及利益相关者的利益，因此在这种情况下不太可能发生亲社会违规行为。在独立型伦理气氛中，组织成员按照个人的原则行事，存在发生亲社会违规行为的可能性。

综上，我们的假设如下：

H3：团队伦理气氛对团队成员亲社会违规行为有显著影响。

H3a：工具型伦理气氛对团队成员效率导向亲社会违规行为有显著影响。

H3b：工具型伦理气氛对团队成员同事导向亲社会违规行为有显著影响。

H3c：工具型伦理气氛对团队成员客户导向亲社会违规行为有显著影响。

H3d：关怀型伦理气氛对团队成员效率导向亲社会违规行为有显著影响。

H3e：关怀型伦理气氛对团队成员同事导向亲社会违规行为有显著影响。

H3f：关怀型伦理气氛对团队成员客户导向亲社会违规行为有显著影响。

H3g：法规型伦理气氛对团队成员效率导向亲社会违规行为有显著影响。

H3h：法规型伦理气氛对团队成员同事导向亲社会违规行为有显著影响。

H3i：法规型伦理气氛对团队成员客户导向亲社会违规行为有显著影响。

H3j：独立型伦理气氛对团队成员效率导向亲社会违规行为有显著影响。

H3k：独立型伦理气氛对团队成员同事导向亲社会违规行为有显著影响。

H3l：独立型伦理气氛对团队成员客户导向亲社会违规行为有显著影响。

3)团队伦理气氛对真诚型领导和亲社会违规行为的中介作用

刘松博等(2013)的研究结果证实了伦理气氛会受到领导风格的影响，伦理气氛又作用于组织成员的行动表现。

Walumbwa 等提出，组织成员对工作的态度与绩效受到真诚型领导的间接作用。2010 年，Walumbwa 继续探讨了组织公民行为与真诚型领导之间的关联性，提出公民行为受到真诚型领导的作用，这种作用是借助对上级授权的觉知实现的。此外，他还提出员工偏差行为、伦理气氛与领导风格两两相关，不过目前缺乏实证证据。

综上，我们的假设如下：

H4：团队伦理气氛在真诚型领导与团队成员亲社会违规行为的关系中起着中介作用。

H4a：工具型伦理气氛在真诚型领导与团队成员效率导向亲社会违规行为的关系中起着中介作用。

H4b：工具型伦理气氛在真诚型领导与团队成员同事导向亲社会违规行为的关系中起着中介作用。

H4c：工具型伦理气氛在真诚型领导与团队成员客户导向亲社会违规行为的关系中起着中介作用。

H4d：关怀型伦理气氛在真诚型领导与团队成员效率导向亲社会违规行为的关系中起着中介作用。

H4e：关怀型伦理气氛在真诚型领导与团队成员同事导向亲社会违规行为的关系中起着中介作用。

H4f：关怀型伦理气氛在真诚型领导与团队成员客户导向亲社会违规行为的关系中起着中介作用。

H4g：法规型伦理气氛在真诚型领导与团队成员效率导向亲社会违规行为的关系中起着中介作用。

H4h：法规型伦理气氛在真诚型领导与团队成员同事导向亲社会违规行为的关系中起着中介作用。

H4i：法规型伦理气氛在真诚型领导与团队成员客户导向亲社会违规行为的关系中起着中介作用。

H4j：独立型伦理气氛在真诚型领导与团队成员效率导向亲社会违规行为的关系中起着中介作用。

H4k：独立型伦理气氛在真诚型领导与团队成员同事导向亲社会违规行

为的关系中起着中介作用。

H41:独立型伦理气氛在真诚型领导与团队成员客户导向亲社会违规行为的关系中起着中介作用。

二、实证研究及结果分析

(一)问卷发放

本部分以企业员工为研究样本,选取济南、青岛、南京、北京、上海、深圳6个城市的企业并发放问卷。考虑到不同企业的差异性,从每个企业收集的问卷数量为20—30份。

为了避免同源误差,本部分共设计了2套问卷——问卷1和问卷2。问卷1包括真诚型领导和团队伦理气氛两个量表,由于员工对真诚型领导和团队伦理气氛的感知相对领导而言更为真实客观,故问卷1由员工填写。问卷2是团队成员亲社会违规行为量表,由于团队领导对团队成员亲社会违规行为的认识相对员工而言更为真实客观,故问卷2由团队领导填写。

将每个团队的问卷放到一个信封内,每个信封内问卷1和问卷2各5份。对每个信封进行编号(1,2,3……),同时,对每个信封内的问卷1和问卷2进行编号。信封1内的问卷编号分别为"问卷(1)1-1""问卷(1)1-2""问卷(1)1-3""问卷(1)1-4""问卷(1)1-5""问卷(2)1-1""问卷(2)1-2""问卷(2)1-3""问卷(2)1-4""问卷(2)1-5";信封2内的问卷编号分别为"问卷(1)2-1""问卷(1)2-2""问卷(1)2-3""问卷(1)2-4""问卷(1)2-5""问卷(2)2-1""问卷(2)2-2""问卷(2)2-3""问卷(2)2-4""问卷(2)2-5",以此类推。为了方便领导—成员问卷的匹配,在发放问卷的过程中,由团队领导对每个员工进行编号,如发放信封1的团队中,员工A对应的编号为1-1,填写"问卷(1)1-1";员工B对应的编号为1-2,填写"问卷(1)1-2";员工C对应的编号为1-3,填写"问卷(1)1-3";员工D对应的编号为1-4,填写"问卷(1)1-4";员工E对应的编号为1-5,填写"问卷(1)1-5"。团队领导根据员工编号,分别填写"问卷(2)1-1""问卷(2)1-2""问卷(2)1-3""问卷(2)1-4""问卷(2)1-5"。每个团队抽取3—5名员工填写问卷1,相应的领导针对每个团队成员的行为填写3—5份问卷2。在领导—成员问卷匹配后,回收问卷365份,剔除填写不全或不符合要求的问卷后,共获得354份有效问卷(员工),涉及89个团队领导。样本统计如表4-1所示。

表 4-1　样本统计描述

样本分布		领导问卷		员工问卷	
		样本数	百分比	样本数	百分比
性别	男	67	75.3%	184	52.0%
	女	22	24.7%	170	48.0%
年龄	25 岁及以下	4	4.5%	146	41.2%
	26—32 岁	36	40.4%	84	23.7%
	33—39 岁	28	31.5%	67	18.9%
	40—46 岁	17	19.1%	34	9.6%
	47 岁及以上	4	4.5%	23	6.5%
受教育程度	大专及以下	29	32.6%	134	37.9%
	本科	45	50.6%	167	47.2%
	硕士及以上	15	16.8%	53	14.9%
团队工作时间	1 年以下	7	7.9%	176	49.7%
	1—3 年	45	50.6%	113	31.9%
	4—5 年	20	22.5%	32	9.0%
	6—7 年	11	12.4%	22	6.2%
	7 年以上	6	6.7%	11	3.1%

（二）变量测量

现阶段，科研人员普遍选取 Walumbwa 等学者编写的真诚型领导量表来完成对真诚型领导的测量。中国学者的相关文献共 19 篇，其中 9 篇来自期刊，2 篇是博士论文，8 篇是硕士论文。期刊论文中，综述 3 篇，实证 6 篇，其中 4 篇选取了 Walumbwa 等学者编写的量表。博士论文都编写了立足于中国情境的量表，不过未得到普遍引用。有一篇硕士论文是理论研究方面的，其余都是选取了 Walumbwa 等编写的量表的实证文章。吴雪娜提出，现阶段对真诚型领导的探讨还很有限，对其测量亟待形成共识。考虑到 Walumbwa 编写的量表信效度良好，目前与真诚型领导相关的探讨还应以其为准，我们也对 Walumbwa 量表进行翻译来对真诚型领导进行测量。附录 1 为量表具体内容。

目前，与伦理气氛相关的探讨中，超过 200 项选取了伦理气氛量表

(ethical climate questionnaire, ECQ)。大部分研究显示,其具有很好的信效度,对维度的分解比较可靠。我们基于团队的工作特点,在充分参考研究者建议的基础上,修改了ECQ的汉语翻译,开发了共计26个题目的团队伦理气氛量表。选取Likert五级量表,其中,1代表"非常不同意",2代表"比较不同意",3代表"不确定",4代表"比较同意",5代表"非常同意"。

现阶段,针对组织成员的亲社会违规行为的研究,学者们主要选用Dahling等开发的亲社会违规行为量表,涵盖效率、同事和客户三个导向,共计13个题目,其信效度很好。由此我们选取Dahling等开发的量表,测量团队成员的亲社会违规行为。

(三)结构效度分析

真诚型领导风格存在四因子,团队伦理气氛由四因子构成,亲社会违规行为是三因子结构。本书将这三个变量进行验证性因子分析,主要应用Amos 20.0,表4-2为详细结果。通常利用χ^2/df、RMSEA、IFI、CFI、TLI等指标来检验模型拟合优度,一般来说,当χ^2/df小于3,RMSEA小于0.06时,模型适配较好;χ^2/df小于5,RMSEA大于0.06且小于0.08时,模型可以接受;CFI、IFI、TLI越接近于1,模型拟合程度越好;当CFI、IFI、TLI超过0.9时表示模型拟合最好,是理想的状态。由表4-2可知,本书所检验的三个变量结构效度均较好。

表4-2　验证性因子分析结果

	模型	χ^2/df	RMSEA	IFI	TLI	CFI
真诚型领导	四因子结构	1.82	0.068	0.935	0.923	0.937
团队伦理气氛	四因子结构	2.03	0.072	0.924	0.907	0.922
亲社会违规行为	三因子结构	1.61	0.063	0.949	0.939	0.948

(四)相关分析

本书采用SPSS 16.0,对涉及的三个变量进行相关性分析。表4-3为分析结果。

表 4-3 变量的平均值、标准差和相关系数

变量	平均值	标准差	1	2	3	4	5	6	7	8	9	10
1	3.64	0.58	1.00									
2	3.10	0.38	0.38**	1.00								
3	2.16	0.92	0.29*	0.48**	1.00							
4	3.76	0.67	0.37**	0.58**	0.24	1.00						
5	3.31	0.80	−0.21**	0.35**	−0.41**	0.02	1.00					
6	3.13	0.85	0.49**	0.52**	0.41**	0.28**	−0.34**	1.00				
7	3.36	0.50	0.30**	0.33**	0.37**	0.34**	−0.28**	0.41**	1.00			
8	3.53	0.61	0.22**	0.27**	0.26**	0.26**	−0.19*	0.34**	0.81**	1.00		
9	2.99	0.61	0.24**	0.29**	0.33**	0.32**	−0.22**	0.29**	0.75**	0.42**	1.00	
10	3.56	0.65	0.31**	0.29**	0.32**	0.28**	−0.23**	0.37**	0.77**	0.46**	0.43**	1.00

注:(1)* 表示 $p<0.05$,** 表示 $p<0.01$。

(2)1=真诚型领导,2=团队伦理气氛,3=工具型伦理气氛,4=关怀型伦理气氛,5=法规型伦理气氛,6=独立型伦理气氛,7=团队成员亲社会违规行为,8=效率导向亲社会违规行为,9=同事导向亲社会违规行为,10=客户导向亲社会违规行为。

由表 4-3 矩阵可知，团队伦理气氛、成员亲社会违规行为与真诚型领导三者之间有明显的关联性。当团队间存在的伦理气氛是不同类型时，成员亲社会违规行为也会受到相应的影响，二者存在明显的关联性。

（五）变量间的回归分析

1.直接效应检验

对于真诚型领导和员工亲社会违规行为以及效率导向、同事导向、客户导向的亲社会违规行为，主要用 SPSS 16.0 进行回归分析。①建立模型 1。将人口统计学变量作为前因变量，取员工亲社会违规行为和三种不同导向下的亲社会违规行为作为因变量，在此基础上进行回归分析。②建立模型 2。自变量是真诚型领导，控制变量是人口统计学变量，因变量是员工亲社会违规行为和三种不同导向下的亲社会违规行为，基于此展开回归分析。对于模型 2 的回归分析结果，我们着重注意两个地方：首先，在加入真诚型领导后，因变量的方差变异是否产生了显著变化，由此才能说明真诚型领导的影响；其次，要注意对真诚型领导标准化后的回归系数的数值大小、正负性和显著性。表 4-4 为回归结果。

表 4-4 真诚型领导与团队成员亲社会违规行为关系回归分析结果

	PSRB		效率导向		同事导向		客户导向	
	模型 1	模型 2	模型 1	模型 2	模型 1	模型 2	模型 1	模型 2
控制变量								
性别	−0.36	−0.43	−0.05	−0.05	−0.05	−0.06	−0.04	−0.05
年龄	0.36**	0.32**	0.29**	0.26**	0.23**	0.20*	0.31**	0.27**
受教育程度	0.04	0.01	−0.00	−0.03	0.13	0.11	−0.04	−0.07
团队工作时间	0.22**	0.21**	0.15	0.14	0.17*	0.17*	0.24**	0.23**
自变量								
真诚型领导		0.24**		0.21*		0.18*		0.22**
R^2	0.17	0.22	0.10	0.14	0.11	0.14	0.14	0.19
F 值	7.68**	8.46**	4.26**	6.71**	4.57**	4.83**	6.01**	6.73**
ΔR^2	0.17	0.05	0.10	0.04	0.11	0.03	0.14	0.05
ΔF	7.68**	9.75**	4.26*	6.71*	4.57**	5.25*	6.01**	8.41**

注：(1)表格中的回归系数为标准化回归系数，* 表示 $p<0.05$，** 表示 $p<0.01$。

(2)PSRB 代表团队成员亲社会违规行为。

由表 4-4 可知，员工年龄与成员亲社会违规行为($\beta=0.36$，$p<0.01$)有明显的关联性。当 $p<0.01$ 时，年龄与效率导向、同事导向、客户导向的亲社会违规行为的相关系数分别为 $\beta=0.29$、$\beta=0.23$、$\beta=0.31$，证明其相关关系显著。团队工作时间和成员亲社会违规行为($\beta=0.22$，$p<0.01$)有明显的关联性，与同事导向、客户导向型亲社会违规行为($\beta=0.17$，$p<0.05$；$\beta=0.24$，$p<0.01$)有明显的关联性，与效率导向型亲社会违规行为不存在关联性。性别和受教育程度与成员亲社会违规行为间不存在相关关系，且与三种具体导向下的亲社会违规行为均不存在明显的关联性。模型的 F 值检验均在 $p<0.01$ 的水平上显著，表示模型拟合性佳，真诚型领导可以较好地解释亲社会违规行为及三种具体导向下的亲社会违规行为。

真诚型领导与成员亲社会违规行为($\beta=0.24$，$p<0.01$)及效率导向($\beta=0.21$，$p<0.05$)、同事导向($\beta=0.18$，$p<0.05$)、客户导向($\beta=0.22$，$p<0.01$)下的亲社会违规行为均有明显相关关系。这说明成员亲社会违规行为和三种具体导向下的亲社会违规行为受到成员感知到的真诚型领导的明显作用，假设 H1、H1a、H1b、H1c 被证实。

2.团队伦理气氛中介作用的假设检验

1986 年，Baron 和 Kenny 等人提出“四步法”来检验中介作用：首先，对自变量对因变量的影响进行检测；其次，检验自变量对中介变量是否存在影响；再次，验证中介变量对因变量是否存在影响；最后，对中介变量的作用进行检验，即检验中介变量在自变量的影响机制下对结果变量产生的影响。在最后一步验证中介作用是否存在的检验中，如果自变量的回归系数大小与之前相比基本相当，那么可以认为中介效应不存在；中介变量起部分中介作用的条件是自变量的回归系数变化明显，但回归系数相比于第一步中的回归系数变小；中介变量起完全中介作用的条件是自变量的回归系数变化明显且变得不显著。

本书在检验团队伦理气氛的中介作用时，主要使用 SPSS 16.0 统计软件，基于 Baron 和 Kenny 提出的中介作用检验的“四步法”对各变量进行层次回归分析。

步骤一：为了检验自变量对因变量的影响效果，将真诚型领导与团队成员亲社会违规行为及三种具体导向的亲社会违规行为等结果变量分别进行回归分析，表 4-4 即具体结果，假设 H1、H1a、H1b、H1c 均获验证。

步骤二：为了检验自变量对中介变量的作用，将作为自变量的真诚型领导与作为中介变量的团队伦理气氛及工具型、关怀型、法规型、独立型四类具体的团队伦理气氛分别进行回归分析，具体结果见表 4-5。①建立模型 1。将人口统计学变量作为控制变量，探究控制变量对团队伦理气氛及包括关怀型伦理气氛等在内的四类具体团队伦理气氛的影响。②建立模型 2。分别对自变量对团队伦理气氛及包括关怀型在内的四类具体的团队伦理气氛的影响进行回归分析。如表 4-5 所示，关怀型伦理气氛在 $p<0.05$ 的水平上显著，其他类型均在 $p<0.01$ 的水平上显著，由此可知，真诚型领导对团队伦理气氛具有显著影响，同时说明该回归模型具有良好的拟合度。此外，真诚型领导与团队伦理气氛以及关怀型、工具型、独立型团队伦理气氛（$\beta=0.29$，$p<0.01$；$\beta=0.34$，$p<0.01$；$\beta=0.21$，$p<0.01$；$\beta=0.45$，$p<0.01$）均有显著的正相关关系。这就表明，当团队内是真诚型领导风格并且可以被员工感知到时，其影响团队内部的伦理气氛，具体影响关怀型、工具型、独立型这三种团队伦理气氛。假设 H2、H2a、H2b、H2d 成立。此外，被员工感知到的真诚型领导与法规型团队伦理气氛（$\beta=-0.22$，$p<0.01$）之间的回归系数显著，表明真诚型领导与法规型团队伦理气氛具有显著的负相关关系，从而验证假设 H2c。

表 4-5　真诚型领导与团队伦理气氛关系回归分析结果

	团队伦理气氛		工具型		关怀型		法规型		独立型	
	模型 1	模型 2	模型 1	模型 2	模型 1	模型 2	模型 1	模型 2	模型 1	模型 2
控制变量										
性别	−0.03	−0.04	0.03	0.03	−0.07	−0.08	0.02	0.03	−0.07	−0.09
年龄	0.24**	0.18*	0.46**	0.42**	0.07	0.01	−0.24*	−0.20*	0.26**	0.18*
受教育程度	0.32**	0.28**	0.01	−0.02	0.25**	0.20*	0.24**	0.27**	0.07	0.01
团队工作时间	0.08	0.07	0.14	0.13	−0.03	−0.05	−0.08	−0.07	0.18*	0.16*
自变量										
真诚型领导		0.29**		0.21**		0.34**		−0.22**		0.45**
R^2	0.19	0.27	0.22	0.26	0.08	0.19	0.1	0.14	0.11	0.30
F 值	8.35**	10.57**	10.46**	10.40**	2.99*	6.61**	4.12**	4.94**	4.58**	12.74**
ΔR^2	0.19	0.08	0.22	0.04	0.08	0.11	0.1	0.04	0.11	0.19
ΔF	8.35**	16.02**	10.46**	8.14**	2.99*	19.57**	4.12**	7.52**	4.58**	40.48**

注：表格中的回归系数为标准化回归系数，* 表示 $p<0.05$，** 表示 $p<0.01$。

步骤三：检验中介变量是否对因变量产生影响作用。对作为中介变量的团队伦理气氛及四种具体类型，和作为结果变量的亲社会违规行为及三种具体导向，依次进行回归分析。表4-6(1)—(4)显示了详细结果。

在表4-6(1)中，控制变量对因变量的回归分析由模型1表示，自变量对因变量的回归分析由模型2表示，中介变量对因变量的回归分析由模型3表示，控制变量、自变量在中介变量的作用下对因变量的回归分析由模型4表示。由表4-6(1)可知，模型1和模型3均具有良好的拟合度，两者的F值检验均达到了$p<0.01$的显著性水平。同时，员工感知到的团队伦理气氛变量与员工亲社会违规行为的回归结果($\beta=0.24$，$p<0.01$)证明二者间存在显著的相关关系，支持假设H3。

在表4-6(2)中，当效率导向的团队成员亲社会违规行为作为结果变量时，控制变量对其回归分析由模型1表示。加入中介变量的各类型团队伦理气氛中，工具型对其回归分析由模型3表示，关怀型对其回归分析由模型5表示，法规型对其回归分析由模型7表示，独立型对其回归分析由模型9表示。由于模型1、模型3、模型5、模型7和模型9的F值检验均在$p<0.01$的水平上显著，因而上述模型的拟合性均较好。工具型、关怀型、法规型、独立型团队伦理气氛对效率导向的团队成员亲社会违规行为($\beta=0.18$，$p<0.05$；$\beta=0.29$，$p<0.01$；$\beta=-0.19$，$p<0.05$；$\beta=0.29$，$p<0.01$)的回归均具有较高的显著性水平。被员工感知到的工具型、关怀型、独立型团队伦理气氛分别与其呈显著的正相关关系，被员工感知到的法规型团队伦理气氛与其呈显著的负相关关系，从而假设H3a、H3d、H3g、H3j得到支持。

表4-6(1)　团队伦理气氛的中介效应检验(PSRB)

	PSRB			
	模型1	模型2	模型3	模型4
控制变量				
性别	−0.04	−0.43	−0.03	−0.04
年龄	0.36**	0.32**	0.30**	0.29**
受教育程度	0.04	0.01	−0.04	−0.02
团队工作时间	0.22**	0.21**	0.20**	0.19*
自变量				
真诚型领导		0.24**		0.18*

续表

	PSRB			
	模型 1	模型 2	模型 3	模型 4
中介变量				
团队伦理气氛			0.24**	0.18*
R^2	0.17	0.22	0.22	0.24
F 值	7.68**	8.46**	8.29**	7.95**
ΔR^2	0.17	0.05	0.05	0.02
ΔF	7.68**	9.75**	9.04**	4.11*

注：表格中的回归系数为标准化回归系数，* 表示 $p<0.05$，** 表示 $p<0.01$，下同。

表 4-6(2)　团队伦理气氛的中介效应检验(效率导向)

	效率导向									
	模型 1	模型 2	模型 3	模型 4	模型 5	模型 6	模型 7	模型 8	模型 9	模型 10
控制变量										
性别	−0.48	−0.05	−0.05	−0.08	−0.03	−0.06	−0.04	−0.08	−0.26	−0.06
年龄	0.29**	0.26**	0.21*	0.23**	0.27**	0.28**	0.25**	0.26**	0.22**	0.24**
受教育程度	0.01	−0.03	0.01	−0.03	−0.08	−0.09	0.04	−0.01	−0.02	−0.03
团队工作时间	0.15	0.14	0.12	0.13	0.16*	0.15	0.13	0.14	0.10	0.10
自变量										
真诚型领导		0.21*		0.15		0.09		0.15		0.07
中介变量										
团队伦理气氛										
工具型			0.18*	0.11						
关怀型					0.29**	0.22**				
法规型							−0.19*	−0.11		
独立型									0.29**	0.23*
R^2	0.1	0.14	0.13	0.14	0.18	0.18	0.13	0.15	0.18	0.19
F 值	4.26**	6.71**	4.31**	4.31**	6.58**	5.41**	4.65**	4.33**	6.42**	5.27**

续表

	效率导向									
	模型 1	模型 2	模型 3	模型 4	模型 5	模型 6	模型 7	模型 8	模型 9	模型 10
ΔR^2	0.1	0.04	0.03	0.01	0.08	0.04	0.03	0.01	0.08	0.04
ΔF	4.26**	6.71*	4.15**	1.49	14.33**	7.18**	5.70*	1.61	13.63**	6.44*

表 4-6(3)　团队伦理气氛的中介效应检验(同事导向)

	同事导向									
	模型 1	模型 2	模型 3	模型 4	模型 5	模型 6	模型 7	模型 8	模型 9	模型 10
控制变量										
性别	−0.05	−0.06	−0.06	−0.06	−0.03	−0.04	−0.04	−0.05	−0.03	−0.04
年龄	0.23**	0.20*	0.13	0.12	0.22**	0.20*	0.19*	0.17*	0.19*	0.18*
受教育程度	0.13	0.11	0.11	0.09	0.04	0.04	0.18*	0.15	0.11	0.1
团队工作时间	0.17*	0.17*	0.15*	0.15	0.19*	0.18*	0.18*	0.17*	0.15	0.15
自变量										
真诚型领导		0.18*		0.14		0.1		0.15		0.12
中介变量										
团队伦理气氛										
工具型			0.24**	0.21*						
关怀型					0.29**	0.25**				
法规型							−0.21**	−0.18*		
独立型									0.20*	0.14
R^2	0.11	0.14	0.16	0.17	0.18	0.19	0.15	0.17	0.15	0.15
F 值	4.57**	4.83**	5.40**	5.09**	6.53**	5.70**	5.20**	4.96**	4.97**	4.46**
ΔR^2	0.11	0.03	0.05	0.03	0.07	0.05	0.04	0.03	0.04	0.01
ΔF	4.57**	5.25*	7.87**	5.60*	12.89**	8.73**	7.01**	4.91*	5.94*	2.35

表 4-6(4) 团队伦理气氛的中介效应检验(客户导向)

	客户导向									
	模型 1	模型 2	模型 3	模型 4	模型 5	模型 6	模型 7	模型 8	模型 9	模型 10
控制变量										
性别	−0.01	0.01	0.01	0.01	0.01	0.01	0.01	−0.01	0.02	0.01
年龄	0.34**	0.31**	0.27**	0.25**	0.31**	0.28**	0.29**	0.26**	0.26**	0.25**
受教育程度	0.07	0.06	0.07	0.05	0.01	0.01	0.13	0.09	0.07	0.05
团队工作时间	0.24**	0.23**	0.22**	0.22**	0.26**	0.25**	0.25**	0.24**	0.21**	0.21**
自变量										
真诚型领导		0.21**		0.18*		0.18*		0.21**		0.15
中介变量										
团队伦理气氛										
工具型			0.18*	0.14						
关怀型					0.25**	0.19*				
法规型							−0.19*	−0.15		
独立型									0.26**	0.19*
R^2	0.18	0.22	0.21	0.23	0.23	0.26	0.21	0.25	0.24	0.26
F 值	7.78**	8.31**	7.61**	7.44**	8.73**	8.30**	7.66**	7.91**	9.04**	8.20**
ΔR^2	0.17	0.04	0.03	0.01	0.06	0.03	0.03	0.02	0.06	0.03
ΔF	7.78**	7.53**	4.67*	2.64	10.58**	5.37*	6.12*	3.55	11.79**	4.90*

在表 4-6(3)中，作为控制变量的性别、年龄、团队工作时间等被调查者的个人情况对同事导向的员工亲社会违规行为的回归结果参见模型 1，作为中介变量的工具型伦理气氛对同事导向的员工亲社会违规行为的回归结果参见模型 3，关怀型伦理气氛对同事导向的员工亲社会违规行为的回归结果参见模型 5，法规型伦理气氛对同事导向的员工亲社会违规行为的回归结果参见模型 7，独立型伦理气氛对同事导向的员工亲社会违规行为的回归结果参见模型 9。模型 1、模型 3、模型 5、模型 7 和模型 9 的 F 值检验均在 $p<0.01$的水平上显著，因此以上模型的拟合性均较好。被员工感知到的工具型、关怀型、法规型、独立型团队伦理气氛对同事导向的员工亲社会违规行为($\beta=0.24$，$p<0.01$；$\beta=0.29$，$p<0.01$；$\beta=-0.21$，$p<0.01$；$\beta=0.20$，

$p<0.05$)的回归系数水平显著。其中,工具型、关怀型、独立型伦理气氛与同事导向的员工亲社会违规行为存在明显的正向关联性,法规型伦理气氛与同事导向的员工亲社会违规行为存在明显的负向关联性,假设H3b、H3e、H3h、H3k成立。

在表4-6(4)中,作为控制变量的性别、年龄、团队工作时间等被调查者的个人情况对客户导向的员工亲社会违规行为的回归结果参见模型1,作为中介变量的工具型伦理气氛对客户导向的员工亲社会违规行为的回归结果参见模型3,关怀型伦理气氛对客户导向的员工亲社会违规行为的回归结果参见模型5,法规型伦理气氛对客户导向的员工亲社会违规行为的回归结果参见模型7,独立型伦理气氛对客户导向的员工亲社会违规行为的回归结果参见模型9。模型1、模型3、模型5、模型7与模型9的F值检验全部满足$p<0.01$的要求,这意味着以上模型的拟合性均较好。被员工感知到的工具型、关怀型、法规型、独立型团队伦理气氛对客户导向的员工亲社会违规行为($\beta=0.18$,$p<0.05$;$\beta=0.25$,$p<0.01$;$\beta=-0.19$,$p<0.05$;$\beta=0.26$,$p<0.01$)的回归水平均显著,因此工具型、关怀型、独立型都同客户导向的员工亲社会违规行为存在明显的正向关联性,法规型伦理气氛同客户导向的员工亲社会违规行为存在明显的负向关联性,假设H3c、H3f、H3i、H3l成立。

步骤四:对中介效应进行检验。将自变量——真诚型领导和中介变量——团队伦理气氛及四类具体的的团队伦理气氛分别与被解释变量——员工亲社会违规行为和三种导向的亲社会违规行为进行回归分析,表4-6(1)、4-6(2)、4-6(3)、4-6(4)为详细结果。

在表4-6(1)中,作为控制变量的性别、年龄、团队工作时间等人口统计学变量对员工亲社会违规行为的回归分析由模型1表示;作为自变量的真诚型领导,作为控制变量的性别、年龄、团队工作时间等对员工亲社会违规行为的回归结果参见模型2;作为自变量的真诚型领导,作为控制变量的性别、年龄、团队工作时间以及作为中介变量的团队伦理气氛对员工亲社会违规行为的回归结果参见模型4。模型1、模型3和模型4的F值检验全部满足$p<0.01$的要求,这意味着模型1、模型3和模型4的拟合性均较好。根据模型2和模型4,团队伦理气氛对员工亲社会违规行为的回归结果是显著的。在模型2中,真诚型领导同员工亲社会违规行为的回归系数($\beta=0.24$,$p<0.01$)的显著性水平到模型4中($\beta=0.18$,$p<0.05$)呈现下降状态。由

此可知，团队伦理气氛在员工亲社会违规行为同真诚型领导的关系中起到中介作用，验证了假设 H4。

在表 4-6(2)中，作为控制变量的性别、年龄、团队工作时间等被调查者的个人情况同效率导向的员工亲社会违规行为的回归结果参见模型 1；作为自变量的真诚型领导，作为控制变量的性别、年龄、团队工作时间同效率导向的员工亲社会违规行为的回归结果参见模型 2；作为自变量的真诚型领导，作为控制变量的性别、年龄、团队工作时间以及作为中介变量的工具型伦理气氛同效率导向的员工亲社会违规行为的回归结果参见模型 4；作为自变量的真诚型领导，作为控制变量的性别、年龄、团队工作时间以及作为中介变量的关怀型伦理气氛同效率导向的员工亲社会违规行为的回归结果参见模型 6；作为自变量的真诚型领导，作为控制变量的性别、年龄、团队工作时间以及作为中介变量的法规型伦理气氛同效率导向的员工亲社会违规行为的回归结果参见模型 8；作为自变量的真诚型领导，作为控制变量的性别、年龄、团队工作时间以及作为中介变量的独立型伦理气氛同效率导向的员工亲社会违规行为的回归结果参见模型 10。模型 1、模型 2、模型 4、模型 6、模型 8 和模型 10 的 F 值检验均在 $p<0.01$ 的水平上显著，因此上述模型拟合性均较好。基于模型 2、模型 6 和模型 10 可知，关怀型、独立型伦理气氛同效率导向的员工亲社会违规行为的回归是明显的(模型 6 中 $\beta=0.22$，$p<0.01$；模型 10 中 $\beta=0.23$，$p<0.05$)，真诚型领导同效率导向的员工亲社会违规行为的回归系数由显著变为不显著(模型 2 中 $\beta=0.21$，$p<0.05$；模型 6 中 $\beta=0.09$，$p>0.1$；模型 10 中 $\beta=0.07$，$p>0.1$)，因此关怀型、独立型伦理气氛各自完全中介了真诚型领导同效率导向的员工亲社会违规行为，从而假设 H4d 和 H4j 获得支持。基于模型 4 和模型 8 可知，真诚型领导作用于工具型、法规型伦理气氛，对效率导向的员工亲社会违规行为的回归结果转为不明显(模型 4 中 $\beta=0.11$，$p>0.1$；模型 8 中 $\beta=-0.11$，$p>0.1$)，这意味着真诚型领导同效率导向的员工亲社会违规行为的关系未受到工具型、法规型伦理气氛的中介作用。假设 H4a 和 H4g 没有得到验证。

在表 4-6(3)中，作为控制变量的性别、年龄、团队工作时间等被调查者的个人情况同同事导向的员工亲社会违规行为的回归结果参见模型 1，真诚型领导、被调查者的个人情况同同事导向的员工亲社会违规行为的回归结果参见模型 2，真诚型领导、被调查者的个人情况以及工具型伦理气氛同同事导向的员工亲社会违规行为的回归结果参见模型4，真诚型领导、被调查者的个人情况以及关怀型伦理气氛同同事导向的员工亲社会违规行为的回归结果参见模型6，真诚型领导、被调查者的个人情况以及法规型伦理气氛同同事导向的员工亲社会违规行为的回归结果参见模型8，真诚型领导、被调查者的个人情况以及独立型伦理气氛同同事导向的员工亲社会违规行为的回归结果参见模型10。模型1、模型2、模型4、模型6、模型8和模型10的F值检验均在$p<0.01$的水平上显著，因此以上模型拟合性均较好。基于模型2、模型4、模型6和模型8可知，工具型、关怀型和法规型伦理气氛同同事导向的员工亲社会违规行为的回归是明显的（模型4中$\beta=0.21$，$p<0.05$；模型6中$\beta=0.25$，$p<0.01$；模型8中$\beta=-0.18$，$p<0.05$）。真诚型领导同同事导向的员工亲社会违规行为的回归由明显转为不明显（模型2中$\beta=0.18$，$p<0.05$；模型4中$\beta=0.14$，$p>0.1$；模型6中$\beta=0.1$，$p>0.1$；模型8中$\beta=0.15$，$p>0.1$），因此真诚型领导同同事导向的员工亲社会违规行为的关系受到工具型、关怀型、法规型领导气氛的完全中介。假设H4b、H4e、H4h成立。基于模型10可知，独立型团队伦理气氛在真诚型领导风格的影响下对同事导向的员工亲社会违规行为的回归系数变得不显著（模型10中$\beta=0.12$，$p>0.1$），因此独立型团队伦理气氛未在真诚型领导同同事导向的员工亲社会违规行为中发挥中介作用。假设H4k未得到验证。

在表4-6(4)中，作为控制变量的性别、年龄、团队工作时间等被调查者的个人情况同客户导向的员工亲社会违规行为的回归结果参见模型1，真诚型领导、被调查者的个人情况同客户导向的员工亲社会违规行为的回归结果参见模型2，真诚型领导、被调查者的个人情况以及工具型伦理气氛同客户导向的员工亲社会违规行为的回归结果参见模型4，真诚型领导、被调查者的个人情况以及关怀型伦理气氛同客户导向的员工亲社会违规行为的回归结果参见模型6，真诚型领导、被调查者的个人情况以及法规型伦理气氛同客户导向的员工亲社会违规行为的回归结果参见模型8，真诚型领导、被调查者的个人情况以及独立型伦理气氛同客户导向的员工亲社会违规行为的回归结果参见模型10。模型1、模型2、模型4、模型6、模型8和模型10的F值检验均在$p<0.01$的水平上显著，因此以上模型拟合性较佳。基于模型2和模型6，关怀型伦理气氛同客户导向的员工亲社会违规行为的回归是明显的（$\beta=0.19$，$p<0.05$），真诚型领导同客户导向的员工亲社会违规行为的回归减弱（模型2中$\beta=0.21$，$p<0.01$；模型6中$\beta=0.18$，$p<0.05$）。由

此说明，关怀型伦理气氛在真诚型领导同客户导向的员工亲社会违规行为中发挥了中介作用，从而支持假设H4f。基于模型2和模型10，独立型伦理气氛同客户导向的员工亲社会违规行为的回归是明显的（$\beta=0.19$，$p<0.05$），真诚型领导同客户导向的员工亲社会违规行为的回归由明显变为不明显（模型2中$\beta=0.21$，$p<0.01$；模型10中$\beta=0.15$，$p>0.1$），因此独立型团队伦理气氛完全中介了真诚型领导同客户导向的员工亲社会违规行为，支持了假设H4l。我们也可以看到，将真诚型领导加入模型4和模型8后，工具型、法规型伦理气氛同客户导向的员工亲社会违规行为存在不明显的回归（模型4中$\beta=0.14$，$p>0.1$；模型8中$\beta=-0.15$，$p>0.1$），因此工具型和法规型伦理气氛并未在真诚型领导同客户导向的员工亲社会违规行为中发挥中介作用。因此假设H4c和假设H4i没有得到验证。

三、研究结论、启示与展望

本书基于已有研究提出了假设，并基于问卷调查和统计分析的方式，研究了真诚型领导风格和团队成员亲社会违规行为以及以效率、同事和客户为导向的员工亲社会违规行为的关系，同时研究了团队伦理气氛及工具型、关怀型、法规型、独立型四种具体伦理气氛的中介效应。

（一）研究结论

1.直接效应：真诚型领导

如表4-7所示，真诚型领导与团队成员亲社会违规行为以及三种具体的类型有显著的正相关关系。这符合先前关于领导风格和员工行为关系的研究结果。员工的具体行动选择受团队中领导风格的影响，因此领导风格会明显作用于员工亲社会违规行为，领导在团队管理实践中应该认识到，员工感知到的真诚型领导越强烈，员工以提高工作效率、协助同事和服务客户为目的的亲社会违规行为的可能性就越大。

表4-7　真诚型领导的直接效应检验结果

假设	结果
H1：真诚型领导对团队成员亲社会违规行为有显著影响	支持
H1a：真诚型领导对团队成员效率导向的亲社会违规行为有显著影响	支持
H1b：真诚型领导对团队成员同事导向的亲社会违规行为有显著影响	支持
H1c：真诚型领导对团队成员客户导向的亲社会违规行为有显著影响	支持

2.中介作用:团队层面的伦理气氛

如表 4-8 所示,真诚型领导与团队层面的伦理气氛——包括工具型、关怀型、法规型、独立型之间的关联性得到了证明。真诚型领导明显作用于团队层面的伦理气氛,在对法规型伦理气氛产生负向影响的同时,也有利于工具型、关怀型和独立型伦理气氛的形成。如果团队领导能将"真诚对待下属"作为原则,将心比心,身体力行,虚心接受他人的谏言与意见,不断提高自身的工作能力,那么将会极大地影响员工自身的工作积极性与集体责任感,员工也会主动提高自身的道德标准并为了整个团队的利益与荣誉而工作,从而有利于关怀型和独立型团队伦理气氛的形成。同时,团队成员在感受到真诚型领导风格后,会因为自身能力有限,无法为领导和团队的效益作出正面贡献而发生背弃所在团队规程制度的行为,因而在真诚型领导风格下,法规型团队伦理气氛是不易形成的。

表 4-8 真诚型领导对团队伦理气氛影响的假设检验结果

假设	结果
H2:真诚型领导对团队伦理气氛有显著影响	支持
H2a:真诚型领导对工具型伦理气氛有显著正向影响	支持
H2b:真诚型领导对关怀型伦理气氛有显著正向影响	支持
H2c:真诚型领导对法规型伦理气氛有显著负向影响	支持
H2d:真诚型领导对独立型伦理气氛有显著正向影响	支持

如表 4-9 所示,员工亲社会违规行为受到团队伦理气氛的显著影响,工具型伦理气氛与效率、同事、客户导向的员工亲社会违规行为之间有显著的正相关关系。在工具型伦理气氛中,员工出于提升自身和所在团队效益的考虑,存在产生违背团队规则的行为的可能,这是在协助同事、为客户提供服务的目的的基础上。

关怀型伦理气氛同效率、同事、客户导向的员工亲社会违规行为正相关关系显著。出于提高个人、团队的效率,协助同事,为客户提供服务的目的,关怀型伦理气氛下的成员也会做出违背团队规则的行为。

法规型团队伦理气氛同效率、同事、客户导向的员工亲社会违规行为呈显著的负相关关系。在法规型团队伦理气氛的影响下,成员将关注的重点着眼于团队法规,因而更加遵循团队规则和制度。

独立型团队伦理气氛同效率、同事、客户导向的员工亲社会违规行为呈显著的正相关关系。员工以个人的道德标准为准绳，奉行自身的道德价值观，因而其违背团队规则的行为是以提高效率、帮助同事、更好地服务客户为目的的。

表 4-9 团队伦理气氛对成员亲社会违规行为影响的假设检验结果

假设	结果
H3：团队伦理气氛对团队成员亲社会违规行为有显著影响	支持
H3a：工具型伦理气氛对团队成员效率导向的亲社会违规行为有显著影响	支持
H3b：工具型伦理气氛对团队成员同事导向的亲社会违规行为有显著影响	支持
H3c：工具型伦理气氛对团队成员客户导向的亲社会违规行为有显著影响	支持
H3d：关怀型伦理气氛对团队成员效率导向的亲社会违规行为有显著影响	支持
H3e：关怀型伦理气氛对团队成员同事导向的亲社会违规行为有显著影响	支持
H3f：关怀型伦理气氛对团队成员客户导向的亲社会违规行为有显著影响	支持
H3g：法规型伦理气氛对团队成员效率导向的亲社会违规行为有显著影响	支持
H3h：法规型伦理气氛对团队成员同事导向的亲社会违规行为有显著影响	支持
H3i：法规型伦理气氛对团队成员客户导向的亲社会违规行为有显著影响	支持
H3j：独立型伦理气氛对团队成员效率导向的亲社会违规行为有显著影响	支持
H3k：独立型伦理气氛对团队成员同事导向的亲社会违规行为有显著影响	支持
H3l：独立型伦理气氛对团队成员客户导向的亲社会违规行为有显著影响	支持

如表 4-10 所示，团队层面的伦理气氛对真诚型领导同员工亲社会违规行为的关系具有部分中介效用，领导风格会作用于团队层面的伦理气氛，在此基础上影响员工亲社会违规行为。

具体而言，关怀型伦理气氛对真诚型领导同效率、同事导向的员工亲社会违规行为的关系具有完全的中介效用，对真诚型领导同客户导向的员工亲社会违规行为的关系具有部分中介效用。

独立型伦理气氛对真诚型领导同效率、客户导向的员工亲社会违规行为的关系具有完全的中介效用；真诚型领导与同事导向的亲社会违规行为的假设检验结果显示，自变量的回归系数变化不明显，因而此时独立型伦理气氛的中介效应不存在。

工具型伦理气氛对真诚型领导与同事导向的员工亲社会违规行为的关

系具有完全的中介效用；真诚型领导与效率、客户导向的亲社会违规行为的假设检验结果显示，自变量的回归系数变化不明显，因而此时工具型伦理气氛的中介效应不存在。

法规型团队伦理气氛的结论表明，针对真诚型领导同同事导向的员工亲社会违规行为二者的关系，自变量的回归系数变化明显且由显著变得不显著，因而起完全中介作用；真诚型领导和效率、客户导向的员工亲社会违规行为的假设检验结果显示，自变量的回归系数变化不明显，因而该中介效应不存在。

表 4-10　团队伦理气氛中介效应检验结果

假设	结果
H4：团队伦理气氛在真诚型领导与团队成员亲社会违规行为的关系中起着中介作用	部分中介
H4a：工具型伦理气氛在真诚型领导与团队成员效率导向的亲社会违规行为的关系中起着中介作用	不支持
H4b：工具型伦理气氛在真诚型领导与团队成员同事导向的亲社会违规行为的关系中起着中介作用	完全中介
H4c：工具型伦理气氛在真诚型领导与团队成员客户导向的亲社会违规行为的关系中起着中介作用	不支持
H4d：关怀型伦理气氛在真诚型领导与团队成员效率导向的亲社会违规行为的关系中起着中介作用	完全中介
H4e：关怀型伦理气氛在真诚型领导与团队成员同事导向的亲社会违规行为的关系中起着中介作用	完全中介
H4f：关怀型伦理气氛在真诚型领导与团队成员客户导向的亲社会违规行为的关系中起着中介作用	部分中介
H4g：法规型伦理气氛在真诚型领导与团队成员效率导向的亲社会违规行为的关系中起着中介作用	不支持
H4h：法规型伦理气氛在真诚型领导与团队成员同事导向的亲社会违规行为的关系中起着中介作用	完全中介
H4i：法规型伦理气氛在真诚型领导与团队成员客户导向的亲社会违规行为的关系中起着中介作用	不支持
H4j：独立型伦理气氛在真诚型领导与团队成员效率导向的亲社会违规行为的关系中起着中介作用	完全中介
H4k：独立型伦理气氛在真诚型领导与团队成员同事导向的亲社会违规行为的关系中起着中介作用	不支持
H4l：独立型伦理气氛在真诚型领导与团队成员客户导向的亲社会违规行为的关系中起着中介作用	完全中介

(二)管理启示

Morrison基于可能产生有益结果的积极意图,将亲社会违规行为由社会学引入管理学研究领域,有利于在理论界和实践界掀起研究亲社会违规行为的新一波浪潮。但是在对亲社会违规行为进行解释时,Morrison的视角是单一而非全面的,他忽略了管理者和团队成员亲社会违规行为的种种不确定性。

员工违规行为对组织的负面效应和影响是不言而喻的,会对企业的制度化、规范化管理产生不利影响。然而需要提醒一点,成员违反规章制度的行为同带有积极色彩的成员亲社会违规行为是不一样的,两者在概念上有着本质区别,后者的行为动机更多的是维护集体利益而非个体利益,因而一定程度上,团队成员亲社会违规行为不但不会损害组织的利益,反而更加有助于企业提高组织绩效,获得长足发展。结合本书的研究结果,我们对公司管理人员提出如下建议。

第一,管理者应向下属说明违规行为和带有积极色彩的亲社会违规行为是不一样的,对二者要区别对待。下属采取某些亲社会违规行为,如果是以维护企业利益为目的,管理者应根据具体情况选择支持或从轻处罚。需要特别注意的是,当亲社会违规行为发生过多时,可能会对企业规范化、制度化管理产生不利影响,此时应当予以控制;同时,管理者应当发挥表率作用,身先士卒,以身作则,在团队中树立良好的形象和威严,不可借由维护集体利益的名义经常性地违背团队和组织规则。

第二,根据研究结论,团队领导者的领导风格起到自变量的作用,不同的领导风格对团队伦理气氛和员工亲社会违规行为会产生不同影响,因而管理者可以对自己的领导风格进行调整或改变,进而对团队成员亲社会违规行为和团队伦理气氛产生影响。

第三,根据研究结果,团队伦理气氛作为中介变量的机制为:不同的团队层面的伦理气氛,其对员工亲社会违规行为的影响效果也会不同。其中,以独立型和关怀型伦理气氛的影响最为显著。基于此,管理者可以通过调整不同团队伦理气氛类型来对员工的亲社会违规行为产生间接作用和影响。以现有的管理实践为例,伴随着员工学历水平和文化素养的提高,员工更加向往独立而开放的工作模式和工作环境,因而传统的控制式、约束式的管理模式已不再适用,取而代之的应是更加灵活而自由的团队伦理气氛。

(三)研究局限和展望

1.研究对象的扩大化和专业化

本部分所使用的样本仍带有一定局限性,样本数量和规模不够大,涉及的企业数量偏少,一定程度上制约了部分假设的检验结果。同时,在研究过程中我们发现,行业和地区差异也会对研究结果产生影响。通常情况下,高新技术企业和普通制造业企业的团队成员亲社会违规行为有明显差异,金融业和非金融业员工的亲社会违规行为也有显著不同。因而在今后的相关研究中,可以多加考虑地区和行业的影响,进行比较研究,从而能对管理实践产生更好的指导作用。

2.团队层面的比较研究

本部分研究结论验证了被团队成员感知到的真诚型领导、团队伦理气氛和团队成员亲社会违规行为三者间的关系,但未将个体层面的感知汇总到团队层面,因而缺乏在团队层面上的比较研究。现今许多学者都认为对领导风格与员工行为个体层面的研究更有意义,但基于层次分析法,汇总到团队层面的研究结论可能会对管理实践产生更好的指导作用。因而,我们可以将今后的研究重点聚焦于跨层次团队研究以及团队层面和个体层面研究结论的比较分析上。

3.问卷数据滞后性

本书受研究条件和时间的限制,应用横向研究方法,采用的是横截面数据,而这种研究数据被认为在时间上有延迟的缺陷。在未来的研究工作中,出于降低时间滞后带来的研究误差的考虑,可以应用纵向研究方法获得时间序列数据。

4.组织成员亲社会违规行为前因变量的探究

本部分仅探讨了真诚型领导风格的前因变量影响,而其他诸多领导风格(谦卑型领导、破坏型领导、伦理型领导、变革型领导等)还亟待研究。今后可以探究亲社会违规行为的解释变量和被解释变量,包括不同的领导风格、对所在团队的信任感、情感的承诺、对工作的满意程度、任务带来的压力等因素,进一步丰富亲社会违规行为的理论成果。

第五章　伦理型领导对员工反生产行为的作用

本章基于社会交换理论构建了伦理型领导通过团队伦理气氛(工具型、关怀型、法规型和独立型)影响员工反生产行为的理论模型。对领导—成员配对数据分析结果显示,伦理型领导负向影响员工反生产行为;正向影响关怀型、法规型和独立型团队伦理气氛,负向影响工具型团队伦理气氛;工具型、关怀型、法规型和独立型团队伦理气氛均负向影响员工反生产行为;工具型、关怀型和法规型团队伦理气氛在伦理型领导与员工反生产行为之间起中介作用;独立型团队伦理气氛在伦理型领导与员工反生产行为之间不起中介作用。因此,从实践角度来看,组织若想减少员工反生产行为的发生,可以从以下几个方面着手。首先,重视对伦理型领导的招聘选拔、培训和绩效考核;其次,从上至下全员共建积极的团队伦理气氛;最后,通过严格招聘、工作再设计、转变领导风格、实行员工援助计划等手段来减少员工做出反生产行为的机会。

一、研究模型与研究假设

(一)研究模型

伦理型领导风格为本部分的自变量,团队伦理气氛为中介变量,员工反生产行为为因变量。以此为基础,建立模型(见图 5-1)开展进一步分析。

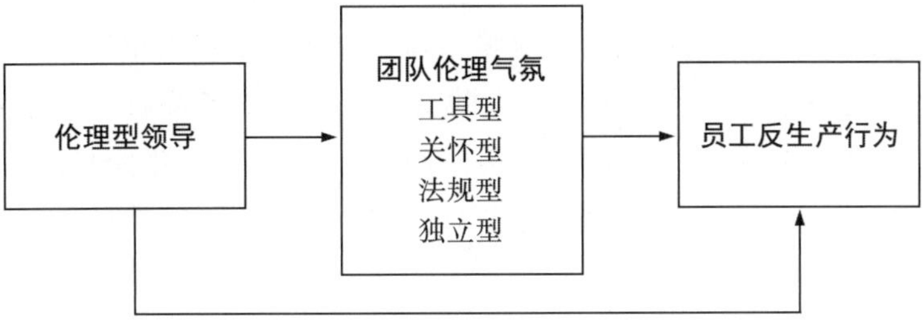

图 5-1　研究模型

（二）研究假设

1.伦理型领导与员工反生产行为

社会交换理论由社会学家霍曼斯首先提出。该理论指出，当员工感知到公平时，会更容易减少自身的低迷态度和低迷行为，反之回报以更多的正能量。而伦理型领导正是充当着这样一个“调解者”的角色，他们将更多的公平正义传递给员工并使其感知到，从而有利于员工将更多的真诚回馈给企业，进而提高组织绩效，推动企业获得长足发展。根据 Brown 等人在 21 世纪初期的研究结论，具有伦理型领导风格的管理者倾向于身先士卒、以身作则，他们会通过调整自身的言行举止来潜移默化地影响下属的言行举止。在个体层面上，Khuntia（2004）经过研究分析表明：伦理型领导能够通过自身举止对员工产生积极影响，进而减少其违规行为的产生。之后的一系列研究也证明了这一点。在伦理型领导一系列行为的影响之下，下属能够有效地减少其“敷衍了事、滥用职权、玩忽职守”等行为。在群体方面，Mayer 等（2009）通过研究发现，群体“越轨”行为、不道德行为等在伦理型领导风格的影响之下可以被有效地减少。

我国学者张永军（2013）依据社会交换和社会学习理论指出，伦理型领导亲身实践伦理规则能够对员工的不道德行为产生警告劝诫的作用，从而有利于下属减少自身的反生产行为。

基于以上研究，提出如下假设：

H1：伦理型领导负向影响员工反生产行为。

2.伦理型领导与团队伦理气氛

目前来看，似乎仅有 Mayer 在 2010 年对伦理型领导与团队伦理气氛之间的关系进行过相关研究。2005 年，我国学者吴红梅的研究结论表明，企业创办者的价值观，尤其是伦理道德观念和伦理举止会对该企业的伦理基调产生奠基的作用，即对该企业以何种组织伦理气氛维持下去产生重要影响。创办者更倾向于选择与自己的价值观尤其是伦理道德观念相近的人继任该组织，从而使自己的价值观传承下去并得到强化。学者黄珺君近年来通过研究发现，伦理型领导一般会采用标杆管理的方法来建立组织伦理，基本过程是在组织中嵌入自身的伦理观念和行为，树立一个标杆，然后通过各种活动进行传递，进而形成组织伦理。

通过文献梳理和分析研究，进一步提出如下假设：

H2：伦理型领导正向影响团队伦理气氛。

H2a：伦理型领导负向影响工具型团队伦理气氛。

H2b：伦理型领导正向影响关怀型团队伦理气氛。

H2c：伦理型领导正向影响法规型团队伦理气氛。

H2d：伦理型领导正向影响独立型团队伦理气氛。

3.团队伦理气氛与员工反生产行为

Youngblood 和 Trevino 两位学者曾对下属违规行为进行研究，进而发现企业所处的伦理环境与下属所表现出的伦理行为具备一定的关联性。伦理环境的改变会伴随着员工伦理行为的变化，企业伦理气氛是伦理环境的重要组成部分，被看作研究下属道德决策时最先考虑的因素。Murphy 等人在 20 世纪 90 年代也曾以营销职业的员工为对象进行研究，进一步证实了组织伦理气氛与员工的伦理行为存在显著关联。此外，我国学者经过研究表明，伦理气氛会显著影响下属的反生产行为，并且可以对其进行部分预测，而团队扎根于组织，所以这个结论对组织和团队都适用（刘文斌，2009）。结合本书对团队伦理气氛的划分维度，进一步提出如下假设：

H3：团队伦理气氛负向影响员工反生产行为。

H3a：工具型团队伦理气氛负向影响员工反生产行为。

H3b：关怀型团队伦理气氛负向影响员工反生产行为。

H3c：法规型团队伦理气氛负向影响员工反生产行为。

H3d：独立型团队伦理气氛负向影响员工反生产行为。

4.团队伦理气氛的中介作用

通常情况下，团队所具有的、能被下属等感知到的伦理方面的特征被看作伦理气氛。虽然团队规章制度会对塑造团队伦理气氛产生一定影响，但团队领导者的领导风格和言行举止仍然发挥着重要作用，左右着整个团队的伦理气氛。这是因为制度化的规章条例无法满足每名员工个性化的需求，这时就可能需要伦理型领导者通过言传身教的方式为下属提供伦理规范和相应借鉴。从这点来看，伦理型领导能够通过为下属提供帮助和支持，促进其对所处外部环境加以感知和情绪激发。以上述研究分析为基础，提出如下假设：

H4：团队伦理气氛在伦理型领导与员工反生产行为之间起到中介作用。

H4a：工具型团队伦理气氛在伦理型领导与员工反生产行为之间起到中介作用。

H4b：关怀型团队伦理气氛在伦理型领导与员工反生产行为之间起到中介作用。

H4c：法规型团队伦理气氛在伦理型领导与员工反生产行为之间起到中介作用。

H4d：独立型团队伦理气氛在伦理型领导与员工反生产行为之间起到中介作用。

二、实证研究

（一）变量测量

对于伦理型领导，采用 Brown 等人于 2005 年开发的伦理型领导测量量表（ELS），该量表共包含 10 个题项。本部分在对这 10 个题项就描述方式进行微调后予以保留。

对于团队伦理气氛，本书仿照 Cullen 和 Victor 两位学者于 20 世纪 90 年代末期所编制的组织伦理气氛问卷（ECQ），基于相关理论，并结合团队实践经验以及团队伦理气氛类型假设，编制了工具型、关怀型、法规型、独立型团队伦理气氛问卷。为加深员工的主观感受，使其能倾听到内心最真实的声音，我们在所有题项前加上“在我们团队，您认为……”等相关字眼，从而有助于获取员工最真实的想法，提高研究信效度。

对于员工反生产行为，我们采用的是 Bennett 于 2000 年设计的量表，并且剔除了个别不适合中国情境的选项，更加符合中国实际情况。

为了使问卷更容易被受访对象理解，加深其主观感受，我们对调查问卷进行了反复修改。问卷中的全部变量都运用 Likert 五点量表进行测量，要求调研对象结合自身实际对每个题目描述的认同程度从“1——非常不同意”到“5——非常同意”作出选择。

本书所使用的均是国外量表，因而涉及量表汉译的过程。为确保翻译题项和原题项内容相同，本书运用翻译—回译—修订的方法，结合汉语言特色进行最后的修订。同时，本书在设计人口统计学变量的问卷时，增添了“团队编号”一项，从而有利于提高统计结果的有效性和真实性。领导问卷中主要有性别、年龄、受教育程度和团队工作时间等，员工问卷中主要有性别、年龄、受教育程度、工作时间等内容。最终形成的问卷见附录 2。

（二）问卷预调研

我们在正式调研前进行了预调研，确保各量表题项被受访者理解和接受、避免语义歧义等常见错误，从而确保数据的有效性和研究的信效度。

在问卷预调研阶段，选取的是中石化下属的一个子公司，共发放 50 份问卷，回收的数据反映出问卷存在一些问题，我们对此进行了有针对性的修改。为了保证研究的缜密性，在开展因子分析时，采用了多维度量表，要先证明 KMO＞0.7，Bartlett 球形度＜0.05。从表 5-1 中可以看出，团队伦理气氛都符合要求，所以可以继续进行因子分析，以去掉不恰当的题目。

表 5-1　团队伦理气氛 KMO 和 Bartlett 球形度检验

取样足够的 KMO 度量		0.813
Bartlett 球形度检验	近似卡方	2.195
	df	325
	Sig.	0.000

接下来我们进行了因子分析，得出结果如表 5-2 所示。从中我们可以看出有一些题项（斜体部分）的某些因子出现了交叉载荷，将它们剔除。

表 5-2　团队伦理气氛原始因子载荷①

旋转成分矩阵				
题项	成分 1	成分 2	成分 3	成分 4
氛 21	0.799	−0.175	−0.023	−0.024
氛 20	0.741	−0.111	0.267	0.243
氛 15	0.737	−0.243	0.250	−0.112
氛 18	0.726	−0.305	0.304	−0.036

① “氛 N”指代团队伦理气氛的第 N 个题项。下同。

续表

旋转成分矩阵				
题项	成分 1	成分 2	成分 3	成分 4
氛 16	0.719	−0.218	0.249	−0.036
氛 17	0.703	−0.041	0.284	0.130
氛 19	0.682	0.066	0.357	−0.058
氛 22	0.681	0.007	0.248	0.034
氛 3	−0.062	0.894	0.009	−0.012
氛 6	−0.258	0.876	0.097	0.088
氛 2	−0.101	0.857	−0.182	0.244
氛 4	−0.274	0.829	−0.081	0.148
氛 5	−0.131	0.803	−0.142	0.254
氛 1	0.021	0.716	−0.311	0.203
氛 10	0.199	−0.204	0.823	0.063
氛 11	0.310	−0.100	0.762	0.005
氛 12	0.299	−0.074	0.700	−0.049
氛 9	0.418	−0.112	0.674	0.080
氛 13	0.372	0.046	0.667	0.266
氛 14	0.446	−0.236	0.549	0.129
氛 7	*−0.084*	*0.523*	*0.546*	*−0.115*
氛 8	*0.418*	*−0.019*	*0.486*	*0.059*
氛 25	−0.118	0.267	0.132	0.814
氛 26	0.060	0.269	0.062	0.732
氛 24	−0.032	0.435	−0.166	0.715
氛 23	0.363	−0.249	0.257	0.633
提取方法：主成分分析				
旋转方法：最大方差法				

（三）正式调研

在正式调研阶段，本部分以房产、通信、金融、建筑等具有一定代表性的行业为样本，这样样本中所包含的员工来自多个地区、行业和岗位，样本覆盖范围较全面，具有较高的信效度。为了确保取样的有效性，我们在正式调研之前，随机确定被调查者，然后在7个企业中选取了265名员工和他们对应的领导作为调研对象。有效问卷的标准是领导及其下属都要填写问卷，且该领导同时领导两名及以上的员工。

本书通过以下三种方式确保样本收集到的数据是高质量和高效的：①在题项开始前的指导语部分，注明问卷的目的和填写注意事项；②在被调查者填写问卷的过程中，随时答疑解惑；③尽量实现“现场填写，现场回收”，以提高问卷的回收率。同时，将收集好的问卷放在已编号的档案袋里，从而使被调查者的信息更具有保密性。

本次调研主要在2014年11月25日至2015年1月15日进行问卷的发放、回收等，历时一个半月。共有300套问卷（每套问卷包含员工及其直属领导各一份）被成功发放，281套被回收，回收率高达93.7%；将无效问卷去除，有效问卷达265套，分别由265名下属和与之对应的62名领导者组成，有效回收率高达94.3%。其中有效问卷填答者的基本信息如表5-3所示。

表5-3　调研样本汇总

个人信息		项目	数量	百分比
领导	性别	男	46	74.2%
		女	16	25.8%
	年龄	26—30岁	19	30.6%
		31—35岁	17	27.4%
		36—40岁	14	22.7%
		41—45岁	10	16.1%
		46—50岁	2	3.2%
	受教育程度	大专及以下	5	8.1%
		本科	45	72.6%
		硕士	12	19.3%
		博士	0	0
	公司工作时间（司龄）	1—5年	35	56.5%
		6—10年	12	19.4%
		11—15年	9	14.5%
		16年及以上	6	9.6%
	团队工作时间	1—3年	22	35.5%
		4—6年	20	32.3%
		7—9年	10	16.1%
		10年及以上	10	16.1%

续表

个人信息		项目	数量	百分比
员工	性别	男	181	68.3%
		女	84	31.7%
	年龄	21—25 岁	32	12.1%
		26—30 岁	133	50.2%
		31—35 岁	65	24.5%
		36—40 岁	23	8.7%
		41 岁及以上	12	4.5%
	受教育程度	大专及以下	20	7.5%
		本科	166	62.6%
		硕士	75	28.3%
		博士	4	1.6%
	公司工作时间（司龄）	1—5 年	187	70.6%
		6—10 年	42	15.8%
		11—15 年	15	5.7%
		16 年及以上	21	7.9%

三、数据分析

（一）量表的信效度检验

为了检验量表的信度，此次研究所采用的是 Cronbach's α 系数，当系数 $\alpha > 0.7$ 时，量表具有很好的信度。

下述 7 个表（表 5-4 至表 5-10）是本书利用 SPSS 16.0 得出的量表的系数 α，其值均大于 0.8，证明了本书所用的量表信度均相对较高。

表 5-4　伦理型领导量表信度检验

Cronbach's α	基于标准化项的 Cronbach's α	题项数目
0.813	0.816	10

表 5-5　团队伦理气氛量表信度检验

Cronbach's α	基于标准化项的 Cronbach's α	题项数目
0.817	0.832	24

表 5-6　工具型伦理气氛量表信度检验

Cronbach's α	基于标准化项的 Cronbach's α	题项数目
0.927	0.927	6

表 5-7　关怀型伦理气氛量表信度检验

Cronbach's α	基于标准化项的 Cronbach's α	题项数目
0.890	0.890	6

表 5-8　法规型伦理气氛量表信度检验

Cronbach's α	基于标准化项的 Cronbach's α	题项数目
0.898	0.900	8

表 5-9　独立型伦理气氛量表信度检验

Cronbach's α	基于标准化项的 Cronbach's α	题项数目
0.803	0.800	4

表 5-10　员工反生产行为量表信度检验

Cronbach's α	基于标准化项的 Cronbach's α	题项数目
0.806	0.806	17

将不符合条件的题项剔除后，我们又进行了 KMO 检验和 Bartlett 球形度检验。具体如表 5-11 所示，结果符合要求。同时，关怀型团队伦理气氛的因子贡献率为 15.916%，独立型团队伦理气氛的因子贡献率为 11.919%，法规型团队伦理气氛的因子贡献率为 19.035%，工具型团队伦理气氛的因子贡献率为 20.207%。四者的贡献率合计为 67.077%，超过了标准 50%。具体如表 5-12 所示。

表 5-11　剔除题项后的团队伦理气氛 KMO 检验和 Bartlett 球形度检验

取样足够的 KMO 度量		0.823
Bartlett 球形度检验	近似卡方	2.556
	df	276
	Sig.	0.000

表 5-12　团队伦理气氛总方差解释

成分	初始特征值			提取的平方载荷			旋转的平方载荷		
	总计	解释的方差	累计解释的方差	总计	解释的方差	累计解释的方差	总计	解释的方差	累计解释的方差
1	7.851	32.711	32.711	7.851	32.711	32.711	4.850	20.207	20.207
2	4.210	17.540	50.251	4.210	17.540	50.251	4.568	19.035	39.242
3	2.464	10.266	60.516	2.464	10.266	60.516	3.820	15.916	55.158
4	1.575	6.561	67.077	1.575	6.561	67.077	2.860	11.919	67.077
5	0.884	3.682	70.759						
6	0.843	3.511	74.270						
7	0.737	3.070	77.340						
8	0.673	2.803	80.143						
9	0.579	2.414	82.557						
10	0.553	2.303	84.860						
11	0.468	1.950	86.810						
12	0.408	1.700	88.510						
13	0.388	1.616	90.127						
14	0.348	1.451	91.578						
15	0.321	1.338	92.916						
16	0.290	1.209	94.125						
17	0.264	1.099	95.224						
18	0.223	0.930	96.154						
19	0.210	0.876	97.031						
20	0.182	0.759	97.790						
21	0.169	0.704	98.494						
22	0.150	0.627	99.121						
23	0.124	0.519	99.639						
24	0.087	0.361	100.000						

提取方法：主成分分析法

接下来我们对团队伦理气氛的正式调研数据进行了因子分析，得出结果如表5-13所示。

表5-13 团队伦理气氛因子载荷

旋转成分矩阵				
题项	成分1	成分2	成分3	成分4
氛21	0.773	−0.131	0.032	0.060
氛20	0.757	0.076	0.340	0.042
氛16	0.745	−0.264	0.145	0.137
氛18	0.723	−0.218	0.324	0.064
氛15	0.718	−0.233	0.253	−0.054
氛19	0.684	0.080	0.363	−0.033
氛17	0.677	−0.082	0.262	0.269
氛22	0.624	−0.003	0.293	0.132
氛2	−0.075	0.887	−0.088	0.157
氛3	−0.126	0.859	0.062	−0.083
氛6	−0.210	0.855	0.031	0.010
氛5	−0.049	0.847	−0.116	0.044
氛4	−0.186	0.841	−0.012	−0.030
氛1	0.068	0.743	−0.196	0.017
氛10	0.151	−0.129	0.827	0.046
氛11	0.280	−0.074	0.762	0.110
氛12	0.235	−0.073	0.741	0.018
氛9	0.313	−0.112	0.683	0.104
氛13	0.352	0.127	0.671	0.182
氛14	0.487	−0.082	0.614	0.051
氛25	−0.018	0.006	0.139	0.872
氛26	0.135	−0.028	0.093	0.844
氛24	0.060	0.237	−0.059	0.797
氛23	0.165	−0.092	0.153	0.731
提取方法：主成分分析				
旋转方法：最大方差法				

本部分运用主成分分析法，从员工反生产行为量表中提取出包含 17 个题项的两大因素。这两大因素同预期一样，对 58.14% 的方差进行了解释（见表 5-14）。

表 5-14　员工反生产行为因子载荷①

旋转成分矩阵		
题项	成分 1	成分 2
反 23	0.77	
反 30	0.75	
反 21	0.74	
反 22	0.72	
反 24	0.72	
反 29	0.71	
反 26	0.66	
反 28	0.65	
反 25	0.65	
反 20	0.62	
反 27	0.62	
反 19		0.76
反 16		0.75
反 15		0.73
反 17		0.71
反 18		0.68
反 14		0.67
提取方法：主成分分析		
旋转方法：最大方差法		

① “反 N”指代员工反生产行为的第 N 个题项。下同。

为验证结构模型的拟合指数，同时由于要对多题项的量表进行区分效度分析，所以运用 AMOS 20.0 对团队伦理气氛四因子结构和员工反生产行为二因子结构进行验证性因子分析，如表 5-15 所示。判断结构效度是否合格的指标分别是 χ^2/df、RMSEA、IFI、CFI、NFI。通常认为，当 $\chi^2/df<3$，RMSEA<0.06 时，模型适配较好；$\chi^2/df<5$，0.06<RMSEA <0.08时，模型能够被接受；模型拟合程度越好，则 IFI、CFI、NFI 越接近于 1；当其值大于 0.9 时，表示模型达到了较为理想的状态。

表 5-15　两个变量结构模型的拟合指数比较

	模型	χ^2/df	RMSEA	IFI	CFI	NFI
团队伦理气氛	四因子结构	2.62	0.043	0.926	0.941	0.930
员工反生产行为	二因子结构	1.86	0.036	0.947	0.962	0.932

从表 5-15 中可以看出，两个变量的结构模型的结构效度都是令人满意的。

（二）变量的描述性统计和相关系数矩阵

通过对变量进行相关分析，可以得出变量之间的相关程度。本部分对主要变量进行了相关分析，得出结果如表 5-16 所示。

从表 5-16 中可以看出，伦理型领导风格的团队中成员的平均得分是 4，这个分值说明员工认为领导者所展现出的领导风格基本就是伦理型。团队伦理气氛总的平均得分为 3.4，在平均分之上的是法规型（4.0）、关怀型（3.7）和独立型（3.6）这三种伦理气氛，而工具型伦理气氛得分只有 2.3，表明团队中这种不利气氛较少，团队整体比较融洽。另外，团队中员工反生产行为较少，平均得分为 1.8。

同时，我们从表 5-16 中可以看出变量间的相关关系。伦理型领导和团队伦理气氛相关系数 $r=0.4$，且 $p<0.01$，因此二者是显著正相关的；同理我们可知伦理型领导与工具型、关怀型、法规型伦理气氛分别是负相关、正相关、正相关关系，而且它们与员工反生产行为之间呈现负相关关系。

表 5-16 变量相关系数矩阵和描述性统计分析

变量名称	1	2	3	4	5	6	7	8	9	10	11	12	13
主要变量													
1.伦理型领导	1												
2.团队伦理气氛	0.4**	1											
3.工具型团队伦理气氛	−0.24**	0.36**	1										
4.关怀型团队伦理气氛	0.41**	0.70**	−0.16*	1									
5.法规型团队伦理气氛	0.41**	0.69**	−0.25**	0.67**	1								
6.独立型团队伦理气氛	0.50**	0.57**	0.04	0.22**	0.22**	1							
7.员工反生产行为	−0.27**	−0.50**	−0.14	−0.43**	−0.40**	−0.16*	1						
控制变量													
8.员工性别	−0.11	−0.11	0.15	−0.25**	−0.22**	0.05	0.26**	1					
9.员工年龄	0.04	0.21**	0.10*	0.16*	0.15	0.07	−0.22**	0.03	1				
10.员工受教育程度	−0.20*	−0.013	0.10	−0.18*	−0.15	−0.11	0.24**	0.12	−0.11	1			
11.员工在公司工作时间	0.06	0.17*	0.11	0.12	0.13	0.02	−0.10	0.06	0.59**	−0.11	1		
12.员工在团队工作时间	0.17*	0.22**	−0.04	0.16*	0.17*	0.26**	−0.02	0.05	0.40**	−0.05	0.65**	1	
13.员工与领导共事时间	0.01	0.19*	0.10	0.19*	0.10	0.05	−0.11	−0.15	0.37**	−0.10	0.47**	0.50**	1
均值	4.0	3.4	2.3	3.7	4.0	3.6	1.8	1.4	31.7	1.9	5.2	3.2	3.1
标准差	0.5	0.4	0.9	0.7	0.6	0.9	0.5	0.5	4.8	0.9	5.7	2.2	1.8

注：(1) * 代表 $p<0.05$，** 代表 $p<0.01$。

(2)由于题项过多，为保证表格美观度，均值和标准差均保留到小数点后一位。

（三）假设检验

本部分所使用的研究方法为层次分析法，希望通过回归分析能清楚地知道变量间的因果关系，从而能对上文提出的假设进行验证。

1.主效应假设的回归分析

1)伦理型领导与员工反生产行为的关系

为了使回归分析开展得更为顺利，先对本部分的员工和领导的控制变量进行科学化、标准化的赋值。以性别为划分标准的话，男性赋值为“1”，女性为“2”；以受教育程度为划分标准的话，大专及以下赋值为“1”，本科赋值为“2”，硕士赋值为“3”，博士赋值为“4”；其他同理，以检验控制变量的作用。

为了验证本书模型的主效应，我们使用层次回归分析法检验了伦理型领导和员工反生产行为的子维度之间的关系。首先，使用控制变量和因变量共同建立模型 1；然后，加入自变量后建立模型 2。在建模过程中我们要注意观察伦理型领导的标准化回归系数(β)的大小、符号，尤其要注意其显著性。我们还应在回归分析中计算出各变量的方差膨胀因子(VIF)。理论上，VIF<10 就可以排除变量间的多重共线性。本模型中的 VIF 都小于 10，所以模型符合要求。

从表 5-17 中可以看出，除了性别显著正向影响员工反生产行为($\beta=0.24$，$p<0.01$)(男员工倾向于采用该行为)，年龄对于员工反生产行为呈现负向影响($\beta=-0.23$，$p<0.05$)，其他控制变量都没有显著影响。同时，我们还发现，当自变量伦理型领导加入模型后，由因变量解释的部分，方差从 0.19 增大为 0.55，F 值检验的 p 也都小于 0.01，说明模型 2 拟合良好；而由伦理型领导与员工反生产行为的回归系数($\beta=-0.23$，$p<0.01$)可以得出二者显著负相关，因此，假设 H1 得到验证。

表 5-17　伦理型领导对员工反生产行为的回归分析

	员工反生产行为	
	模型 1	模型 2
控制变量		
性别	0.24**	0.22**
年龄	−0.23*	−0.23*
受教育程度	0.18	0.14

续表

	员工反生产行为	
	模型 1	模型 2
在公司工作时间	0.01	−0.01
在团队工作时间	0.06	0.13
与领导共事时间	−0.01	−0.04
自变量		
伦理型领导		−0.23**
R^2	0.19	0.55
F 值	5.26**	25.36**
ΔR^2	0.19	0.36
ΔF	5.62**	117.30**

注：* 代表 $p<0.05$，** 代表 $p<0.01$。

2)伦理型领导与团队伦理气氛的关系

在验证假设 H2 的过程中，考虑到中介变量有四个子维度，因此决定通过建立模型的方式来进行验证。首先，由控制变量和中介变量建立模型 3；然后，加入自变量伦理型领导建立模型 4。从表 5-18 中可以看出，模型 4 中由因变量解释的方差 R^2 从 0.09 增至 0.22，F 值检验也显著($p<0.01$)，因此该回归模型拟合很好；同时结合伦理型领导对团队伦理气氛的回归系数($\beta=0.38$，$p<0.01$)，我们可以得出，伦理型领导显著正向影响了团队伦理气氛，假设 H2 得到验证。

我们继续检验假设 H2 的子假设，即自变量伦理型领导与中介变量团队伦理气氛的子维度之间的关系。首先，由自变量(原控制变量)和工具型伦理气氛建立模型 5；然后，由控制变量、自变量(伦理型领导)和工具型伦理气氛建立模型 6。

从表 5-18 中可以看出，模型 6 的 F 检验显著($p<0.01$)，同时结合伦理型领导和工具型伦理气氛的回归系数($\beta=-0.19$，$p<0.05$)可知，伦理型领导对工具型伦理气氛有显著的负向影响，因此假设 H2a 得到验证。

表 5-18　伦理型领导对团队伦理气氛及其子维度的回归分析

	团队伦理气氛		工具型		关怀型	
	模型 3	模型 4	模型 5	模型 6	模型 7	模型 8
控制变量						
性别	−0.10	−0.05	0.16*	0.15	−0.23**	−0.19*
年龄	0.15	0.15	0.05	0.05	0.11	0.11
受教育程度	−0.09	−0.02	0.11	0.08	−0.14	−0.07
在公司工作时间	−0.06	−0.03	0.17	0.15	−0.07	−0.04
在团队工作时间	0.17	0.06	−0.25*	−0.20	0.14	0.03
与领导共事时间	0.06	0.11	0.17	0.14	0.06	0.11
自变量						
伦理型领导		0.38**		−0.19*		0.37**
R^2	0.09	0.22	0.09	0.12	0.13	0.25
F 值	2.50*	6.11**	2.29*	2.77**	3.60**	6.96**
ΔR^2	0.09	0.13	0.09	0.03	0.13	0.12
ΔF	2.50*	25.32**	2.29*	5.26*	3.60**	23.78**

注：* 代表 $p<0.05$，** 代表 $p<0.01$。

同理，我们通过构建两两一组的模型 7 和模型 8、模型 9 和模型 10、模型 11 和模型 12 来分别验证伦理型领导与关怀型、法规型、独立型伦理气氛的关系。从表 5-18 和 5-19 中可以看出，模型的 F 检验均显著，模型拟合良好，同时结合三组关系的回归系数我们可以知道，伦理型领导对关怀型伦理气氛（$\beta=0.37$，$p<0.01$）、法规型伦理气氛（$\beta=0.37$，$p<0.01$）、独立型伦理气氛（$\beta=0.46$，$p<0.01$）均有显著的正向影响，因此假设 H2b、H2c、H2d 均得到验证。

表 5-19　伦理型领导对团队伦理气氛子维度的回归分析(接表 5-18)

	法规型		独立型	
	模型 9	模型 10	模型 11	模型 12
控制变量				
性别	−0.23**	−0.19*	0.05	0.10
年龄	0.12	0.11	0.08	0.08
受教育程度	−0.11	−0.04	−0.13	−0.04
在公司工作时间	−0.03	0.01	−0.32**	−0.28**
在团队工作时间	0.17	0.07	0.46**	0.33**
与领导共事时间	−0.06	−0.02	−0.07	−0.01
自变量				
伦理型领导		0.37**		0.46**
R^2	0.11	0.23	0.13	0.32
F 值	2.89*	6.12**	3.83**	10.20**
ΔR^2	0.11	0.12	0.13	0.19
ΔF	2.89*	22.98**	3.83**	42.04**

注：* 代表 $p<0.05$，** 代表 $p<0.01$。

从上述回归分析中我们可以知道，伦理型领导显著负向影响工具型伦理气氛，而与其他三种伦理气氛都显著正相关。我们可以从工具型伦理气氛的量表中得到解释：在工具型伦理气氛中，伦理型领导可以降低员工注重自利而不是他人利益的倾向。

3)团队伦理气氛与员工反生产行为的关系

为了验证假设 H3，我们构建了两两一组的模型 13 和模型 14、模型 15 和模型 16、模型 17 和模型 18、模型 19 和模型 20、模型 21 和模型 22，来分别验证团队伦理气氛、工具型伦理气氛、关怀型伦理气氛、法规型伦理气氛、独立型伦理气氛对员工反生产行为的影响。

首先加入控制变量，然后加入因变量员工反生产行为建立模型 13，再加入团队伦理气氛建立模型 14。从表 5-20 中可以得知，团队伦理气氛的加入使回归模型中因变量解释的方差 R^2 由 0.16 增加到 0.35，模型 F 检验同样显著($p<0.01$)，同时结合团队伦理气氛和员工反生产行为的回归系数

($\beta=-0.45$，$p<0.01$)可以得出：团队伦理气氛显著负向影响了员工反生产行为，因此假设H3得到验证。

表5-20　团队伦理气氛与子维度对员工反生产行为的回归分析

	员工反生产行为									
	模型13	模型14	模型15	模型16	模型17	模型18	模型19	模型20	模型21	模型22
控制变量										
性别	0.24**	0.20**	0.24**	0.27**	0.24**	0.16*	0.24**	0.17*	0.24**	0.25**
年龄	−0.23*	−0.17	−0.23*	−0.23*	−0.23*	−0.19*	−0.23*	−0.20*	−0.23	−0.22*
受教育程度	0.18*	0.14	0.18*	0.21**	0.18*	0.13	0.18*	0.15*	0.18	0.16*
在公司工作时间	0.01	−0.01	0.01	0.05	0.01	−0.01	0.01	0.01	0.01	−0.04
在团队工作时间	0.06	0.14	0.06	0.02	0.06	0.11	0.06	0.12	0.06	0.14
与领导共事时间	−0.01	0.02	−0.01	0.02	−0.01	0.01	−0.01	−0.03	−0.01	−0.02
自变量										
团队伦理气氛		−0.45**								
工具型				−0.19*						
关怀型						−0.36**				
法规型								−0.32**		
独立型										−0.18*
R^2	0.16	0.35	0.16	0.19	0.16	0.27	0.16	0.26	0.16	0.18
F值	4.56**	10.88**	4.56**	4.86**	4.56**	7.67**	4.56**	7.20**	4.56**	4.71**
ΔR^2	0.16	0.19	0.16	0.03	0.16	0.11	0.16	0.10	0.16	0.02
ΔF	4.56**	41.36**	4.56**	5.77**	4.56**	22.42**	4.56**	19.64**	4.56**	4.89*

注：*代表$p<0.05$，**代表$p<0.01$。

同理，我们可以建立模型15和模型16。表5-20的数据表明，两个模型的F检验显著($p<0.01$)，结合工具型伦理气氛和员工反生产行为的回归系数($\beta=-0.19$，$p<0.05$)，我们可以得出：工具型伦理气氛显著负向影响员

工反生产行为，因此，假设 H3a 得到验证。

在模型 17 和模型 18 中，F 值检验也都达到了显著性水平（$p<0.01$），模型拟合得很好。同理观察两个变量之间的回归系数（$\beta=-0.36$，$p<0.01$），可以得出结论：关怀型伦理气氛显著负向影响了员工反生产行为，假设 H3b 得到验证。

在模型 19 和模型 20 中，F 值检验达到显著性水平（$p<0.01$），同理观察两个变量的回归系数（$\beta=-0.32$，$p<0.01$），可以得出结论：法规型伦理气氛显著负向影响了员工反生产行为，假设 H3c 得到验证。

在模型 21 和模型 22 中，由 F 值检验达到显著性水平及两个变量的回归系数（$\beta=-0.18$，$p<0.05$），可以得出结论：独立型伦理气氛负向显著影响了员工反生产行为，假设 H3d 得到验证。

2.中介作用假设的回归分析

团队伦理气氛及其子维度是否起到中介作用，主要使用由 Baron 和 Kenny 提出的“三步法”：第一步，判断自变量是否显著影响因变量；第二步，判断中介变量是否显著影响因变量；第三步，把包含自变量和中介变量的模型进行层次回归，判断中介变量对因变量的影响是否显著。完全中介意味着自变量对因变量的回归系数从第二步的显著变为第三步的不显著；部分中介意味着与第二步自变量的回归系数相比，第三步中的有所减小。自变量和中介变量、自变量和因变量之间的相关关系已经由前面构建的 22 个模型所证明，下面将进行中介变量是否起作用、起到何种中介作用的论证。具体如表 5-21 和表 5-22 所示。

模型 23 包含控制变量和因变量“员工反生产行为”，模型 24 是在模型 23 的基础上加入自变量“伦理型领导”，模型 25 是在模型 24 的基础上再加入中介变量“团队伦理气氛”。由模型 23、模型 24 和模型 25 可知，F 值检验均是 $p<0.01$，达到显著性水平。伦理型领导对员工反生产行为（$\beta=-0.23$，$p<0.01$）呈现显著的负向影响。在回归方程中同时加入中介变量“团队伦理气氛”和自变量“伦理型领导”后，团队伦理气氛对员工反生产行为（$\beta=-0.07$，$p<0.01$）的回归系数变小；同时，团队伦理气氛显著影响员工反生产行为（$\beta=-0.43$，$p<0.01$），因而该中介变量发挥部分中介效应。假设 H4 得到验证。此外，各个模型中伦理型领导（$VIF=3.8$）和团队伦理气氛（$VIF=3.15$）的 VIF 值均小于 4，因此变量间不存在多重共线性，模型没有受到影响。

表 5-21 团队伦理气氛的中介效应检验

	员工反生产行为								
	模型 23	模型 24	模型 25	模型 26	模型 27	模型 28	模型 29	模型 30	模型 31
控制变量									
性别	0.24**	0.22**	0.19**	0.24**	0.22**	0.25**	0.24**	0.22**	0.16*
年龄	−0.23*	−0.23*	−0.17*	−0.23*	−0.23*	−0.22*	−0.23*	−0.23*	−0.20*
受教育程度	0.18*	0.14	0.13	0.18	0.14	0.16*	0.18*	0.14	0.12
在公司工作时间	0.01	−0.01	−0.02	0.01	−0.01	0.03	0.01	−0.01	−0.02
在团队工作时间	0.06	0.13	0.15	0.06*	0.13	0.08	0.06	0.13	0.14
与领导共事时间	−0.01	−0.04	0.01	−0.01	−0.04	−0.01	−0.01	−0.04	−0.012
自变量									
伦理型领导		−0.23**	−0.07**		−0.23**	−0.27*		−0.23**	−0.11
中介变量									
团队伦理气氛			−0.43**						
工具型						−0.24**			
关怀型									−0.32**
法规型									
独立型									
R^2	0.16	0.20	0.35	0.16	0.20	0.25	0.16	0.20	0.26
F 值	4.55**	5.36**	9.58**	4.56**	5.36**	6.18**	4.56**	5.36**	7.02**
ΔR^2	0.16	0.04	0.14	0.16	0.04	0.05	0.16	0.04	0.06
ΔF	4.56**	8.75**	31.44**	4.56**	8.75**	9.71**	4.56**	8.75**	15.02**

注：* 代表 $p<0.05$，** 代表 $p<0.01$。

以控制变量和因变量“员工反生产行为”建立模型 26，在此基础上加入自变量“伦理型领导”构建层次回归模型 27，再加入中介变量“工具型伦理气氛”构建模型 28。可以看出，三个模型的 F 值检验均在 $p<0.01$ 的水平上显著，伦理型领导对员工反生产行为（$\beta=-0.23$，$p<0.01$）负向作用显著。在回归方程中同时加入自变量“伦理型领导”、中介变量“工具型伦理气氛”后，工具型伦理气氛与员工反生产行为（$\beta=-0.27$，$p<0.05$）之间的回归系

数的显著性也降低；仅加入中介变量后，工具型伦理气氛与员工反生产行为($\beta=-0.24$，$p<0.01$)二者之间的负相关性更显著。由此说明，在伦理型领导和员工反生产行为之间，员工感知到的工具型伦理气氛起部分中介作用。

模型29、模型30和模型31的构建是为了检验在伦理型领导和员工反生产行为之间，关怀型伦理气氛是否产生中介作用。以控制变量和员工反生产行为构建模型29，在此基础上加入"伦理型领导"来构建模型30，再加入中介变量"关怀型伦理气氛"构建模型31。由此可见，模型31是伦理型领导和关怀型伦理气氛对因变量"员工反生产行为"的层次回归。从上述三个模型的回归结果中可以看出，伦理型领导对员工反生产行为($\beta=-0.23$，$p<0.01$)呈现的负向影响显著；回归方程中同时加入伦理型领导与关怀型伦理气氛后，中介变量的回归系数由显著变得不显著，外加中介变量后是显著的负向效应($\beta=-0.32$，$p<0.01$)。由此说明，在伦理型领导与员工反生产行为之间，员工感知到的关怀型伦理气氛起完全中介作用。

模型32、模型33、模型34的构建是为了验证在自变量"伦理型领导"和因变量"员工反生产行为"之间，"法规型伦理气氛"是否起中介作用。模型32中先加入控制变量，再加入因变量"员工反生产行为"，检验这二者的回归关系。模型33中先加入控制变量，再加入自变量"伦理型领导"，最后加入因变量，检验的是前两者对后者的回归效应。模型34是在模型33的基础上再加入中介变量"法规型伦理气氛"，来检验控制变量、自变量和中介变量这三者共同对因变量的回归效应。从表5-22中可以看出，三个模型的F值均在$p<0.01$的水平上达到了显著，伦理型领导显著地负向影响员工反生产行为($\beta=-0.23$，$p<0.01$)。而模型34的中介回归系数表现得不显著，再加上二者之间有显著的负效应($\beta=-0.29$，$p<0.01$)，由此我们可以得出结论：在自变量"伦理型领导"和因变量"员工反生产行为"之间，员工感知到的法规型伦理气氛起完全中介作用。

表5-22　团队伦理气氛的中介效应检验(接表5-21)

	员工反生产行为					
	模型32	模型33	模型34	模型35	模型36	模型37
控制变量						
性别	0.24**	0.22**	0.16*	0.24**	0.22**	0.22**
年龄	−0.23*	−0.23*	−0.20*	−0.23*	−0.23*	−0.23*

续表

	员工反生产行为					
	模型 32	模型 33	模型 34	模型 35	模型 36	模型 37
受教育程度	0.18	0.14	0.13	0.18*	0.14	0.14
在公司工作时间	−0.01	−0.01	−0.00	0.01	−0.01	−0.03
在团队工作时间	0.06	0.13	−0.15	0.06	0.13	0.15
与领导共事时间	−0.01	−0.04	−0.04	−0.01	−0.04	−0.04
自变量						
伦理型领导		−0.23**	−0.12		−0.23**	−0.19*
中介变量						
团队伦理气氛						
工具型						
关怀型						
法规型			−0.29**			
独立型						−0.09
R^2	0.16	0.20	0.26	0.16	0.20	0.21
F 值	4.56**	5.36**	6.66**	4.56**	5.36**	4.80**
ΔR^2	0.16	0.04	0.06	0.16	0.04	0.01
ΔF	4.56**	8.75**	12.77**	4.56**	8.75**	0.92

注：* 代表 $p<0.05$，** 代表 $p<0.01$。

同理，我们构建了模型 35、模型 36 和模型 37。从表 5-22 中可以看出，伦理型领导显著地负向影响员工反生产行为($\beta=-0.23$，$p<0.01$)，在回归方程中同时加入自变量“伦理型领导”和中介变量“独立型伦理气氛”后，虽然显著性变弱，但自变量“伦理型领导”仍显著地负向影响了因变量“员工反生产行为”($\beta=-0.19$，$p<0.05$)，且中介作用并不显著，所以我们可以得出结论：在伦理型领导和员工反生产行为之间，独立型领导没有起到中介作用。

团队伦理气氛起中介作用的情况(假设 H4)汇总如表 5-23 所示。

表 5-23　团队伦理气氛起中介作用的汇总

假设	结果
H4:团队伦理气氛在伦理型领导和员工反生产行为之间起中介作用	部分中介
H4a:工具型团队伦理气氛在伦理型领导和员工反生产行为之间起中介作用	部分中介
H4b:关怀型团队伦理气氛在伦理型领导和员工反生产行为之间起中介作用	完全中介
H4c:法规型团队伦理气氛在伦理型领导和员工反生产行为之间起中介作用	完全中介
H4d:独立型团队伦理气氛在伦理型领导和员工反生产行为之间起中介作用	没有中介作用

(四)数据分析小结

表 5-24 为本部分的假设验证结果。

表 5-24　本部分的假设验证结果

假设	结果
H1:伦理型领导对员工反生产行为产生负向影响	是
H2:伦理型领导对团队伦理气氛产生正向影响	是
H2a:伦理型领导对工具型团队伦理气氛产生负向影响	是
H2b:伦理型领导对关怀型团队伦理气氛产生正向影响	是
H2c:伦理型领导对法规型团队伦理气氛产生正向影响	是
H2d:伦理型领导对独立型团队伦理气氛产生正向影响	是
H3:团队伦理气氛对员工反生产行为产生负向影响	是
H3a:工具型团队伦理气氛对员工反生产行为产生负向影响	是
H3b:关怀型团队伦理气氛对员工反生产行为产生负向影响	是
H3c:法规型团队伦理气氛对员工反生产行为产生负向影响	是
H3d:独立型团队伦理气氛对员工反生产行为产生负向影响	是
H4:团队伦理气氛在伦理型领导和员工反生产行为之间起中介作用	是
H4a:工具型团队伦理气氛在伦理型领导和员工反生产行为之间起中介作用	是

续表

假设	结果
H4b:关怀型团队伦理气氛在伦理型领导和员工反生产行为之间起中介作用	是
H4c:法规型团队伦理气氛在伦理型领导和员工反生产行为之间起中介作用	是
H4d:独立型团队伦理气氛在伦理型领导和员工反生产行为之间起中介作用	否

四、研究结论、启示和展望

(一)研究结论

本部分通过对伦理型领导、团队伦理气氛和员工反生产行为的相关文献进行梳理,形成了文献综述,在此基础上提出假设、构建模型,探究了这三者两两间的关系。

通过对成熟量表的修改,形成了调查问卷,分别采用“员工评价领导”和“领导评价员工”的方式收集到有关领导和员工的两种问卷,共同构成了本部分的样本。

由统计分析软件得出的结果表明:①伦理型领导负向影响员工反生产行为。②伦理型领导正向影响团队伦理气氛:伦理型领导负向影响工具型团队伦理气氛,伦理型领导正向影响关怀型团队伦理气氛,伦理型领导正向影响法规型团队伦理气氛,伦理型领导正向影响独立型团队伦理气氛。③团队伦理气氛负向影响员工反生产行为:工具型团队伦理气氛负向影响员工反生产行为,关怀型团队伦理气氛负向影响员工反生产行为,法规型团队伦理气氛负向影响员工反生产行为,独立型团队伦理气氛负向影响员工反生产行为。④团队伦理气氛在伦理型领导与员工反生产行为之间起中介作用:工具型团队伦理气氛在伦理型领导和员工反生产行为之间起中介作用,关怀型团队伦理气氛在伦理型领导和员工反生产行为之间起中介作用,法规型团队伦理气氛在伦理型领导和员工反生产行为之间起中介作用,独立型团队伦理气氛在伦理型领导和员工反生产行为之间不起中介作用。

（二）研究启示

1.理论方面的启示

第一，学术界对于伦理型领导怎样影响员工的负向行为的研究还较为匮乏。关于伦理型领导，本部分研究了其与员工反生产行为及团队伦理气氛的关系，丰富了研究内容，拓展了结果变量。伦理型领导者在团队中宣传自己的伦理道德观念，在这种观念的基础上做出合乎道德的行为，再通过自己的领导魅力影响着员工。在社会学习理论的影响下，员工会自动模仿领导者的行为，用伦理道德规范自身行为，减少不道德的行为，使自己在领导者的带领下融入整个团队。

第二，本书通过探究中介效应得出以下结论：浓厚的团队伦理气氛有利于减少下属的反生产行为。当团队属于工具型伦理气氛时，团队中的成员自利倾向较为严重，而反生产行为会导致自身利益的减少，所以他们会为了利益而减少这种行为。具体解释为：自利的员工会想方设法让领导和同事对自己有好印象，而一些不当的行为会损害这种好印象，因此他们会避免做出反生产行为。当团队属于关怀型伦理气氛时，团队中的每个人都帮助彼此，团结在一起使团队利益最大化。为了使团队更好，成员自然会减少自己的不当言行以及反生产行为。当团队处于法规型伦理气氛中时，成员都重视团队规则，不会轻易违反，哪怕是不成文的规定。当团队处于独立型伦理气氛中时，员工以自我的伦理道德观为行动标准，在此约束下，反生产行为会被下属有意识地、主动地减少。

第三，本书引入了中介变量“团队伦理气氛”来丰富伦理型领导与员工反生产行为的关系模型。实证研究表明，领导风格与员工行为之间的中介效应是存在的，揭开了伦理型领导与员工反生产行为关系的“黑箱”，为今后丰富中介效应的研究提供了方法与依据。在实践中，领导在心里往往有一套道德标准，在日常工作中以身作则，将自己的道德观传递给下属，使团队中形成关怀型、法规型、独立型伦理气氛。同时，领导者为他人着想的道德标准也不断影响着下属的利益观，使下属以团队利益为重，从而减少了工具型伦理气氛的形成。

2.管理方面的启示

本部分主要探讨了领导风格（伦理型领导）、团队气氛（团队伦理气氛）以及员工行为（反生产行为）这三者之间的关系，可以给企业人力资源管理者带来三方面的启示。

1)伦理型领导的招聘、培训和绩效考核

(1)招聘。团队的高效率要靠领导的卓越才能来带动,而领导的道德素养达标与否对团队的发展方向也至关重要。因此,选拔一名行为高度符合伦理道德标准且清晰明确地表达自己对不道德行为的零容忍态度的领导,带领整个团队尤其是知识密集型团队,是整个团队招聘工作最重要的环节。招聘选拔领导可以通过以下三个步骤。步骤一为诚信测试。诚信测试又分为笔试和面试。笔试是在人格测试的题目中掺杂一些测谎题目来对候选人的诚信程度进行测试,这种方法隐蔽性好,候选人不容易发现。面试是通过进一步了解候选人的背景信息,来判断其经历是否有伪造或夸大的嫌疑。步骤二为半结构测试。测试官可以选择一些问题让候选人回答,如"举例说明在以前的工作生活中你做过的符合伦理道德的选择,并说出你做出这一选择的依据"。步骤三是伦理情景模拟。通过这三个步骤,可以大致判断出候选人的"伦理值",进而有效排除在诚信和伦理道德方面不符合要求的人,留下那些可能会发展为伦理型领导的候选人,安排给他们合适的岗位。

(2)培训。由前面的实证可知,团队伦理气氛和员工行为都会受到领导者的领导风格的影响。因此,把团队塑造成伦理型领导风格是需要加以重视的。而在之前开展的培训中,管理技能往往是培训的重点,对于伦理道德观念的培训是缺失的,但是后者往往更重要,因为"做正确的事"往往要比"正确地做事"更重要。因此,在团队建设中,可以加强伦理道德方面的培训,比如以"管理与伦理""诚信为本的商业伦理"为主题。除此之外,企业还可以针对一些伦理问题进行情景模拟,通过互评的方式来打分,对评选出的最合乎伦理道德标准的领导进行奖励,从而有意识地引导领导转变错误的思想观念,不断提高自身的伦理道德水平。

(3)伦理型领导的绩效考核。业绩和管理技能等硬性指标往往是公司对领导进行考核的重点,而本书得出结论:企业应该建立起全面的考核体系,不仅包括业绩的考核,更重要的是把对伦理道德的考核包含在内,通过该种方式,有利于高标准的伦理道德观和伦理型领导风格的建立。

2)塑造团队伦理气氛

(1)领导者提升伦理道德水平。领导者应该从以下三方面来提高自己的伦理领导水平。一是诚实正直,要严格遵守伦理型领导的诚实、公正、值得信赖、道德勇敢这四个信条。二是踏实负责,领导要牢记根本,少喊口号,说到做到,要避免好高骛远、急功近利的行为。三是要为团队做楷模,成为员工的表率，以自身的行为来感召员工，塑造浓厚的团队伦理气氛。

(2)全员共建团队伦理气氛。当团队伦理气氛良好、融洽时，员工在工作时也会更加愉快和自在；与此同时，成员间具有共同的目标，互相信任，将极大地发挥团队的创造力和凝聚力，进而有效地提高团队绩效。相反，当团队伦理气氛压抑时，成员之间、成员和领导之间缺少沟通，再加上员工把实现个人利益作为第一要务，就会导致团队之间关系紧张，猜疑忌妒，部门缺少责任感，进而造成组织缺乏向心力、目标无法实现的局面。本书通过实证分析发现，团队要形成关怀型或法规型伦理气氛，必须要领导者和员工齐心协力、共同努力。在组织中塑造关怀型伦理气氛，易使员工主动换位思考、为他人着想，增加员工彼此的信任感，促进团队持续健康地向前发展；在组织中塑造法规型伦理气氛，易使团队行为更加规范化，以减少员工间冲突的方式来减少低效。同时，最大限度地避免工具型伦理气氛的形成，使团队向更好的方向发展。具体可以采用以下办法来构建团队伦理气氛。

第一，规定员工所必须共同遵守的伦理准则。准则的制定可以采取如下方式进行：①采取召开会议、面对面沟通等方式，收集员工对于准则的看法或提议；②结合团队实际情况进行进一步的交流和商讨；③在伦理委员会的主导下，整合形成较为规范的伦理规则文件。在该过程中，由于员工有了较高的参与度，最终准则是经过员工们集体商议后形成的，极大地提高了准则的说服力，因而员工们更加愿意遵守和执行该准则。

第二，建立奖惩分明的伦理道德支持体系。趋利避害是人的本能，因而从某种程度上来说，拥有一个伦理道德支持系统是必要的，由此让员工清楚“何为对”“何为错”，奖励如何给予，惩罚如何实施。企业规章制度的建立以“热炉法则”为基础，一视同仁。任何人，无论职位高低都必须遵守，没有例外。“奖励系统”帮助员工明白“何为对”“何为应当”，并将其保持下去；“惩罚系统”则帮助员工明白“何为错”并将其摒弃。应以奖惩标准为依据，对于表现出色的员工给予物质奖励，并授予“标兵”的称号，以此来表明组织对于伦理道德的重视和支持。

第三，从细微之处留意员工的变化。许多负向行为的前兆就藏在细小的行为中，如大喊大叫等行为。在日常工作中，领导要注重成员这方面细微的变化。要多关心这些员工，将矛盾扼杀在激化之前，以此来促进员工摆正心态，努力工作。

(3)建立纵向沟通机制。在企业管理的过程中，领导应当放弃传统的高高在上的姿态，更加亲近员工，通过给员工提供一个便利的纵向沟通平台，尽可能全方位地了解员工的喜怒哀乐，并提供适当的帮助，以此来增强员工对组织的信任感、归属感和忠诚度，进而对工作保持较高的热情和饱满的干劲，最终会进一步地促进组织的发展。

3）针对反生产行为的员工管理

(1)严格招聘流程。通过研究发现，个性特征会在很大程度上影响员工反生产行为。那些反生产行为倾向明显的员工往往具有很低的诚信度，责任心不强。公司在招聘员工的时候，招聘者往往会忽略对伦理道德进行考核。殊不知，个人能力越强而伦理道德感越弱的员工，越可能做出对公司不利的事，损害公司的利益。在技能可以培养而道德观很难改变的情况下，面试官更应该增强在伦理道德方面的考核，比如利用“诚实测试”来将那些可能会做出反生产行为的员工拒之门外，保证组织中的员工的伦理道德水平都达标。

(2)工作再设计。员工反生产行为可能由多方面的因素引起，比如领导的责骂、完不成绩效目标、工作压力大、遭受不公平对待等。领导应该以五因子工作特征理论为基础，最大限度地激发员工的潜力与内在工作动力。此外，根据员工的胜任力来分配工作任务和目标，定期检查员工是否能胜任现有的工作负荷与工作强度，从而避免员工对高强度的工作产生不满情绪。

(3)转变领导风格。领导者作为团队的“领头羊”，应该不断提高自己的管理能力和伦理道德素养。当员工做出不当行为时，应转换立场，不责骂、侮辱员工，要以德服人，让员工感受到领导的人格魅力和道德素质，从而改变自身错误的思想观念，加强对组织的认同感。领导还可以培养除了伦理型领导风格以外的其他领导风格，比如适当授权给员工的授权型领导风格。

(4)引进员工帮助计划(EAP)。公司可以通过引进员工帮助计划来提升员工的心理健康水平，预防员工产生心理问题。同时企业可以通过讲座、播放宣传片、发放宣传单或其他方式，加强对心理健康教育的宣传力度。企业还应该鼓励员工直面自己的问题，不逃避，不退缩，勇于向团队寻求帮助。另外，员工做出反生产行为的很大一部分原因是上下级、同事之间没有良好的沟通渠道，导致沟通不顺。EAP 可以加强员工之间的沟通交流，营造和谐、融洽、适合发展的团队氛围，有效地减少员工的反生产行为。国内 EAP 服务实践比较成功的是联想公司，内容如图 5-2 所示。

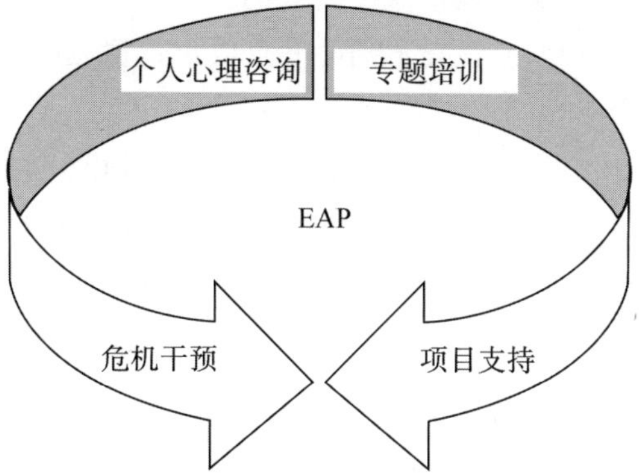

图 5-2　联想的 EAP 服务内容

如图 5-2 所示，面对职业发展不清晰、压力过大、家庭矛盾等问题，个人心理咨询服务主要包括以下三个方面：①员工可以随时拨通热线电话寻求帮助；②咨询师开展一对一的有针对性的面谈；③开展 EAP 以外的转介服务。专题培训主要针对这些问题进行调研培训。危机干预指的是在一些危机事件中，如针对意外事故、员工自杀、工作暴力、裁员等事件进行 EAP 援助。项目支持指的是企业设计专门的人力资源方案，提供有针对性的服务来解决一些重点问题。将以上几个方面有效地结合起来，能够促进员工工作状态和团队运转效率的共同改善和提高。

(三)研究局限和展望

1.对员工反生产行为研究的拓展

对于员工反生产行为的前因变量，本部分只研究了伦理型领导和团队伦理气氛，今后可以拓宽对于员工反生产行为前因变量的研究(如魅力型领导、真诚型领导等)，还可以研究哪种领导风格可以使员工更少地表现出反生产行为。

2.中国情境下量表的开发

首先，本部分所使用的量表都是在西方情境下开发的或在其基础上进行调整而形成的，但是伦理型领导在中西方文化差异背景下所显现的特点具有一定的差异，因此可以重新开发立足于中国传统文化的测量量表，使研究更有效。其次，本部分所采用的伦理型领导的量表是单维度的，虽有一定的信效度，但无法全面地体现伦理型领导的特点，这也是未来研究的方向。

3.进行纵向研究

由于时间和资源的限制，本次研究收集的多是时间截面数据，主要进行的是横向研究,未考虑领导风格需要较长时间才能影响员工行为。因此,今后在做这类研究的时候,应该在不同时间点收集数据,进行纵向研究。

4.引入调节变量

此次研究只引入了中介变量构建模型,没有对相应的调节变量的作用机制进行进一步的研究。为了使研究成果更丰富,在未来可以引入相应的调节变量来完善模型。

第六章　威权型领导对员工沉默行为的作用

本章基于社会交换理论、自我验证理论和社会控制理论构建了威权型领导通过工具型团队伦理气氛跨层次影响员工沉默行为，团队信任作调节变量的理论模型。对两阶段领导—成员配对数据进行跨层次分析，结果显示：威权型领导跨层次显著正向影响员工沉默行为，威权型领导显著正向影响工具型团队伦理气氛，工具型团队伦理气氛跨层次显著正向影响员工沉默行为，工具型团队伦理气氛在威权型领导与员工沉默行为的关系之间起跨层次中介作用。团队信任调节了威权型领导与工具型团队伦理气氛之间的关系，团队成员之间信任感越低，威权型领导对工具型团队伦理气氛的正向作用越强；反之，则更弱。因此，从实践角度来看，若想减少员工沉默行为，一是可以调整领导风格，使领导风格更趋开放性；二是采取措施抑制工具型伦理气氛的形成，促进积极的伦理氛围的形成；三是注重团队信任的建设，增进团队成员的交流；四是建立开放包容的环境，鼓励员工建言。

一、理论分析与研究假设

（一）研究理论

1.社会交换理论

社会交换理论（social exchange theory）认为，和谐的人际关系，本质就是平等互惠的交换关系。社会交换理论强调人们在做事时会更考虑自己的心理因素，它更关注人作为“社会人”的主动性，而反对人是“经济人”。

布劳等人于 1964 年提出，社会交换关系是其他社会关系存在的基础。社会交换是指一个人从另一个人那里获得了利益，那么他会自愿作出一定贡献来回报后者。经济交换是两个人之间的利益交换，物品交换是由契约明确规定的，这些就是社会交换活动。同时，由于交换能够带来价值，因此交换活动发生了，交换关系得以维持下去。社会交换理论用于组织和员工关系的研究中的表现方式是，组织发展会保障员工的利益，使员工的需求得到持续满足，所以，员工会自愿作出贡献来回报组织，使组织更好地发展下去。

2.自我验证理论

Swann 在 1997 年将该理论解释为：如果个体产生某种自我概念和意识，那么他就会向外界积极地寻求与该自我概念一致的信息，并且为了对外界有更强的控制性和预测性，他会在寻求信息的过程中深化该自我概念。自我验证理论由认知和实践两方面组成。人们在认知之初，会接触到各种各样的外界信息，然后会对这些信息进行加工，形成逐渐稳定的自我概念，这对于人们认识世界有着重要作用。

自我验证环境的营造和主观歪曲现实信息都可以形成自我验证理论。自我验证环境更多的是一种由主观产生的环境；而主观歪曲现实信息指人们在接收信息、提取并加工信息、解释信息时都会进行选择。

3.社会控制理论

社会控制理论是 Hollinger 和 Clark 在 1982 年提出的。社会控制分为自我控制和外部控制。员工受到自我学习、积累的伦理道德的影响，并对这些伦理道德进行自我加工和内部化，由此形成的行为表现出很强的自我控制。外部控制是指在外部环境约束下，员工调整和控制自己错误的行为来避免受到惩罚或获得奖励而形成的一种控制。管理者为使组织目标得到更好的实现，要针对环境对员工进行外部控制，做好外控，使员工调整自我行为来配合组织目标。

外部控制由“正式控制”（公司明文规定的条款制度）和“非正式控制”（员工的自我认知以及和其他组织成员合作交流的过程）组成。这两种控制方式使员工能及时调整自己不当的行为，进一步使组织控制员工。1993 年 Barker 提出了协和控制（concertive control），这也是“非正式控制”的一种。这种控制的“变现”形式是员工自主选择实现组织及个人目标时采用的方式或行为，并且员工之间能达成共识，形成默契。协和控制不明文禁止员工的行为，而是对员工的价值观加以控制。因此，管理者对组织文化和组织价值观的控制非常重要，企业文化潜移默化地影响员工的价值观，员工的行为也因此被控制。伦理气氛是企业文化的重要组成部分，企业价值观也体现在伦理气氛上。

（二）研究模型

本部分研究的是在工具型团队伦理气氛作为中介变量的条件下，威权型领导与员工沉默行为的相关关系，并以团队信任作为威权型领导与工具型团队伦理气氛之间的调节变量。图 6-1 是本部分的研究模型。

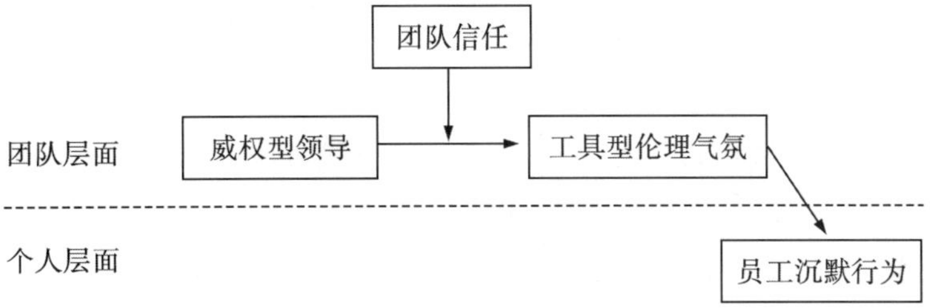

图 6-1 研究模型

（三）研究假设

1.威权型领导与员工沉默行为

威权型领导（authoritarian leadership）是家长式领导（paternalistic leadership）三种维度中的一种，受中国传统文化的影响，是中国企业中普遍存在的并在企业中发挥重要作用的一种领导风格。Farh 和 Cheng（2000）指出，存在威权型领导的组织中，上下级之间的权力距离较大，存在一种“上尊下卑”的氛围。

学者们自 Dyne 等（2003）提出员工沉默行为后，便对其影响因素和结果变量展开了研究，但是研究过程中几乎没有人关注员工沉默行为和威权型领导的相关关系。杨术（2016）解释原因有二：一是学者们对这两个相对较新的概念认识有限；二是员工沉默行为是西方学术界提出的概念，学者研究较多，而威权型领导是基于传统的东方文化，研究较少。在关于威权型领导的研究文献中，其作为自变量时，因变量如果对组织有利，如组织承诺、组织公民行为、员工对组织的信任（吴宗祐等，2002；Chen，Chou，Wu，Huang & Farh，2004），二者通常具有负相关关系；反之，对组织有害时，如员工关系紧张，人际冲突频发（张新安等，2009），员工心理压力大，焦虑不安、暴躁易怒，心理疾病的发病率高（吴宗祐等，2002；赵安安、高尚仁，2005），两个变量间通常呈正相关关系。

威权型领导会给组织中的团队带来许多负面影响，所以，我们认为，员工沉默行为也可能由威权型领导引起。国外学者布劳(Blau)等在1964年提出的社会交换理论认为,由于社会交换关系的存在,员工会做出更多角色外行为来回报领导对自己需求、关爱的满足。国内学者周建涛、廖建桥(2012)认为,威权型领导包括专权主义,它强调了高度集中的权力。第一,威权型领导不喜欢员工提意见或建议,不授权,要求员工坚决执行命令和指示;第二,威权型领导为了维护自己的权威形象,会对员工的消息渠道、工作信息等进行控制;第三,员工的工作成果很难得到威权型领导的肯定。郑伯壎等在2000年提出,威权型领导认为员工只能关注自己分内的工作,以此提高绩效。以上威权型领导的负面行为,通常会给下属带来消极的影响,导致员工不相信领导,进而在有创新性意见时也选择保持沉默。刘小禹等学者在2015年提出,员工认为威权型领导不会重视自己的建议,甚至会驳斥自己的建议,会觉得没有受到应有的尊重。在这种氛围下,组织中领导和下属缺乏高质量的信任、互惠关系,因此,当领导贬低和驳斥员工时,员工出于自我保护的需要,提出建议的积极性和责任感都降低,所以倾向于选择保持沉默。因此,本部分提出假设H1:威权型领导对员工沉默行为产生正向影响。

2.威权型领导与工具型团队伦理气氛

Agarwal和Malloy(1999)认为,伦理气氛是组织成员对伦理环境的心理感知,体现了对伦理问题处理的一致性。Grover和Enz(2005)提出,不同组织中的不同伦理气氛会使员工表现出不同的伦理行为。比如,Vardi(2001)、方妙玲(2004)都提出,规则型和关怀型伦理气氛会增加组织绩效,产生积极的组织公民行为,而工具型伦理气氛会使员工产生消极的组织公民行为。

Kozlowski和Doherty(1989),Zohar(2000),Zohar和Luria(2005)提出,领导者改变员工的行为有两种方式,除了直接作用于员工动机外,还可间接影响组织伦理气氛。Dickson(2001)和Stringer(2002)认为,在组织形成伦理气氛的过程中,领导发挥着至关重要的作用。洪雁、王端旭(2011)认为,在下属面前,领导对于伦理道德的认知和态度都被放大,其处理伦理问题的方式也被下属效仿学习。

郑伯壎等在2000年研究认为,威权型领导认为自己具有不容挑战的权威形象。为了维持这种权威形象,威权型领导往往通过对信息的把持和操控让员工对自己更加依赖。根据Korman(1970)和Swann(1997)提出的自我验证理论,如果员工形成了某种自我概念,那么他就会向外界积极地寻求与该自我概念一致的信息(认知方面),并在寻求信息的过程中强化该自我概念(实用方面)。威权型领导有时通过损害员工利益来维持自己权威地位的利己行为会被员工效仿,这种利己行为的自我概念逐渐形成和强化,并迅速在组织中蔓延传播,从而自私自利的工具型伦理气氛就形成了。同时,由于威权型领导往往过度关注下属的绩效而忽略对下属的关爱,要求下属绝对服从自己的命令,为了团队利益而不顾下属的个人利益,因此下属养成了只顾自己的工作习惯,不去关爱他人,团队气氛严肃、压抑,员工之间缺乏有效的沟通互动,团队中自私自利的伦理气氛更加明显。因此,本部分提出假设 H2:威权型领导对工具型团队伦理气氛产生正向影响。

3.工具型团队伦理气氛与员工沉默行为

Hollinger 和 Clark 于 1982 年提出的社会控制理论认为,员工自身学习形成的价值观、道德标准及外部的环境控制都会使员工调整自身行为。Victor 和 Cullen 在 1988 年提出,工具型伦理气氛是一种自利的伦理气氛。在这种气氛下,员工会以自己利益最大化为前提做出行为和决策,并且也会严重影响员工沉默行为。

首先,在工具型伦理气氛占主导地位的团队中,团队成员首先考虑个人利益,他们始终把“利己”放在第一位,更加看重自己的利害得失。员工向上级提出意见时,可能会得到极其不确定的个人利益,有时会降低领导对自己的评价,这种不确定性使得“重利”环境下的沉默现象更为严重,员工纷纷做出沉默行为来保证不损害自身利益。

其次,在强调个人利益至上的工具型伦理气氛下,员工常常做出损人利己的行为(Victor 和 Cullen,1988)。国内知名学者杨春江在 2014 年提出,团队内部成员之间互不信任、钩心斗角、未建立良好的社交网络,会导致低质量的人际关系和交换关系。基于低水平的团队内部交流,员工也很少会向团队外成员提出建议,因为这样会给自己招致同事的猜疑和动机不纯的嫌疑,所以,他们都选择保持沉默。

最后,如果自己的建议被领导采纳,打断了工作流程,改变了工作方式,也可能会遭到同事的不满与负面评价。如果工具型伦理气氛长期存在于组织中,会使员工降低互助互惠的积极性。

基于以上分析,假设 H3 随之产生:工具型团队伦理气氛对员工沉默行为产生正向影响。

4.工具型团队伦理气氛的中介作用

通过以上分析可以发现,威权型领导会显著影响工具型伦理气氛,并且它们之间呈现正向相关关系；同样，工具型伦理气氛也会显著影响员工的沉默行为，并且它们之间也呈现正向相关关系。因此，我们猜想工具型伦理气氛在威权型领导和员工沉默行为之间起中介作用。

Dickson 在 2011 年的研究中提出，组织中的员工会纷纷学习、效仿领导者灌输于组织中并逐渐放大的伦理道德，所以组织中伦理气氛的形成会受到领导者的极大影响。威权型领导者认为自己的权威是不可挑战的，下属要服从，不能反抗自己所强调的权威。而员工的利益有时会因为信息来源被领导操控而受到损害，由此可能导致员工形成"自利"的自我概念并且不断强化，在做事的时候把个人利益放到第一位。员工会选择躲避对个人利益无益或损害自我利益的事情，这样工具型伦理气氛便慢慢形成了。当组织中形成了工具型伦理气氛后，趋利避害的人性使得建言这种具有不确定性收益和可能带来负面效应的行为变得更加不可能发生，员工会更容易选择沉默。另外，员工对团队作出的贡献常常被威权型领导者忽视，甚至遭到呵斥、讥讽。领导者认为员工只可以关注自己的工作业绩，并且领导者本身也过分关心工作绩效，整个组织由此变得压抑和严肃。在这种氛围下，员工变得消极，不愿意帮助同事而只管自己的事情，也更加不想向领导及同事表达自己具有创新性的建议。基于以上分析，假设 H4 随之产生：工具型团队伦理气氛在威权型领导与员工沉默行为之间起中介作用。

5.团队信任的调节作用

McAllister(1995)提出，信任是个体对其他个体的相信程度。近年来，以 McAllister 为代表的学者们在研究团队信任时，几乎都是围绕"个人对团队中其他成员有怎样的信任关系"这一主题展开的，而较少聚焦于个人对整个团队的信任程度。Ford 于 2001 年提出，团队中的一名成员对所在团队的领导者的信任程度和对整个团队的依赖、支持才是团队信任，它是由两者共同构成的。

虽然威权型领导者很多时候的表现不佳，但也不是在所有方面都是如此，他们中的大部分及时履行自己的承诺，给员工兑现福利报酬，不仅考虑团队绩效，而且把员工利益看得很重，实现了团队与员工的互利共赢。这种状态也会使领导与下属间的关系趋向和睦化、融洽化，使员工在某种程度上更加依赖领导者和组织，员工之间的互帮互助和相互依赖也会使整个组织的凝聚力、团结力得到很大程度的加强，这种有利的状态易使得公司不具备产生工具型伦理气氛的条件。与此相反，倘若领导者轻视或者忽视自己的承诺,对下属的利益置之不理,时常通过损害下属的利益进而实现个人利益最大化,则会使得员工对组织逐渐缺乏认同和信任。在威权型领导者与下属之间关系较为紧张的情况下,如果团队成员之间的信任感再降低,员工往往会把自身利益看得更重,会为了使自己利益得到保障而不择手段,这种不利的状态也更容易导致公司形成工具型伦理气氛。基于以上分析,假设 H5 随之产生:团队信任调节威权型领导与工具型团队伦理气氛。团队信任度越高,威权型领导对工具型伦理气氛的促进作用就越弱,反之则越强。

二、实证研究设计

(一)变量测量

为保证测量问卷的信度具有较强的说服力,本部分所采用的量表都较为成熟。测量时,先进行预调研,同时根据调研对象和研究目的的不同,适当调整题项的表述和版式。

对于威权型领导,采用的是郑伯壎、周丽芳和樊景立于 2000 年共同开发的威权量表。示例问题包括"我的领导心目中的模范部属,必须对他言听计从"等 13 个题项。量表采用了 Likert 五点评分法。

对于工具型伦理气氛,采用的是 Victor 和 Cullen 于 1988 年共同开发的工具型伦理气氛量表。示例问题包括"在我们团队中,成员普遍认为只要保证自己的利益不受损即可,团队利益与我无关"等 7 个题项。量表采用了 Likert 五点评分法。

对于团队信任,采用的是 Zaltman(1993)开发的团队信任量表。示例问题包括"据我所知,大多数团队成员都觉得团队值得依靠"等 5 个题项。量表采用了 Likert 五点评分法。

对于员工沉默行为,采用的是 Van Dyne(2003)开发的员工沉默行为量表。示例问题包括"成员因为与组织疏离,而不愿说出有助于组织变革的建议"等 15 个题项。量表采用了 Likert 五点评分法。

对于控制变量,根据 Barrick 和 Mount 在 1991 年的研究,员工的性别、年龄、受教育程度等背景变量是影响个体的工作行为和价值观念的重要因素。另外,本书的研究对象是企业团队,员工在团队中的工作时间也会影响自己的工作表现。综合以上两点,本部分的控制变量主要选取了性别、年龄、受教育程度和团队工作时间等因素。

（二）问卷预调研

由于本书以企业为研究单位，以团队中的领导—成员行为为研究对象，所以，本书主要采集了企业中团队的数据。团队成员有四个特点：成员接受自己直属领导的管理，领导规定成员的工作任务和流程，成员在团队中身份明确，团队成员之间具有稳定的关系。

本部分收集的数据来自济南的四个企业。本次研究采用了两套问卷：让团队负责人和员工互评，同时进行了两次数据采集；两次数据采集存在一定的时间间隔，主要目的是最大限度地减少同源误差。具体实施方法如下：首先，组织成员根据自身感受到的组织伦理气氛和观察到的领导的行为，进行客观评价；一段时间（2 个月）过后，转而由领导根据观察到的成员沉默行为进行客观评价。为了使得收集的数据更加客观、真实和可信，也为了保证研究的有效性和可信性，在进行问卷填答之前，对本次研究的主要目的以及对参与人员所填答问卷内容的保密性进行了详细的阐述，以便使其放心答卷，确保最后收集的数据是真实的。本次研究所收集到的信息包含了控制变量——团队成员和领导的背景信息（性别、年龄、受教育程度和团队工作时间）、自变量——团队领导行为、因变量——员工沉默行为、中介变量——工具型伦理气氛。

本部分的调研问卷分为问卷 1 和问卷 2。问卷 1 主要调查威权型领导和团队中的工具型伦理气氛，调查对象是团队成员；问卷 2 主要调查员工沉默行为，调查对象是团队领导。调研者首先从目标团队中随机选取几名成员，人数一般以 2—5 人为佳，然后让他们进行问卷的填答，结束之后对问卷进行编号。其次，由刚才填写问卷 1 的员工的领导填写问卷 2，将二者填写完的问卷进行匹配。最后，将匹配成功的放在一起，进行适当的处理如装订等，并根据员工和领导从属的不同团队进行编号。例如，第一团队 3 名参与调研的员工的问卷编号分别是“问卷（1）1-1”“问卷（1）1-2”“问卷（1）1-3”，而他们共同的团队领导对这三名员工的评价分别编号为“问卷（2）1-1”“问卷（2）1-2”“问卷（2）1-3”。其他团队也采用这种做法。

本次预调研一共调查了 140 名员工，他们来自 40 个不同的团队，共发放了 140 份问卷。随后把领导和成员填答的问卷进行合理的匹配，剔除了填写不规范和不完整的问卷 22 份，最后得到的有效问卷是 118 份，来自 34 个团队，问卷的有效回收率是 84.29%。

(三)预调研信效度分析

1.预调研信度分析

通过表 6-1 可以看到,此次研究所选取的核心变量的信度系数均超过了 0.7,表明本部分所选取的量表可信度是比较高的,具有较强的说服力。

表 6-1　各变量信度结果

变量名称	信度系数 α
威权型领导	0.894
工具型伦理气氛	0.742
团队信任	0.909
员工沉默行为	0.836

2.预调研效度分析

我们对本部分的预调研数据进行了 KMO 和 Bartlett 球形检验(见表 6-2)。根据表 6-2 所示,威权型领导、工具型伦理气氛、团队信任、员工沉默行为的 KMO 值分别为 0.827、0.787、0.829、0.847,均大于 0.7,Bartlett 球形检验的 Approx. Chi-Square 值分别为 634.019、217.559、303.629、1348.003 且显著性水平均小于 0.001,证明变量都通过了 KMO 和 Bartlett 球形检验,并且每个量表的题项因子载荷都大于 0.5,可以进行因子分析。

表 6-2　各变量 KMO 及 Bartlett 球形检验结果

变量名称	KMO 值	χ^2	df	Sig.
威权型领导	0.827	634.019	78	0.000
工具型伦理气氛	0.787	217.559	21	0.000
团队信任	0.829	303.629	10	0.000
员工沉默行为	0.847	1348.003	105	0.000

同时我们利用 Mplus7.0 进行了验证性因子分析。结果发现,所构建的四因子模型的 χ^2/df 小于 2,RMSEA 小于 0.050,TLI、CFI 大于 0.900,且显著优于其他各因子模型。这充分说明此次研究所构建模型的变量间具有较好的区分效度。具体结果见表 6-3。

表 6-3　变量验证性因子分析结果

模型	χ^2	df	RMSEA	TLI	CFI
四因子模型	53.059	48	0.031	0.990	0.993
三因子模型 a	141.654	51	0.128	0.835	0.873
三因子模型 b	256.338	51	0.192	0.626	0.711
三因子模型 c	131.988	51	0.121	0.853	0.886
三因子模型 d	138.897	51	0.126	0.840	0.876
三因子模型 e	255.412	51	0.192	0.628	0.713
单因子模型 f	487.447	54	0.271	0.391	0.255
零模型 g	777.441	66	0.314	0.000	0.000

注：a：将威权型领导与工具型伦理气氛合并为一个潜在因子；
b：将威权型领导与团队信任合并成一个潜在因子；
c：将工具型伦理气氛与员工沉默行为合并成一个潜在因子；
d：将工具型伦理气氛与团队信任合并成一个潜在因子；
e：将员工沉默行为与团队信任合并成一个潜在因子；
f：将所有题项合并成一个潜在因子；
g：所有题项没有测量关系。

（四）预调研结果

通过上述分析发现，我们所选取的量表的原始题项的信度、效度均符合要求，因此这些原始题项均可以保留，我们设计的调研问卷也较为合理。在最终版的调研问卷中，自变量“威权型领导”的量表有 13 个题项，中介变量“工具型伦理气氛”有 7 个题项，因变量“员工沉默行为”有 15 个题项，调节变量“团队信任”有 5 个题项。这 40 个题项组成了问卷 1（团队员工回答部分）的 25 个题项和问卷 2（团队领导回答部分）的 15 个题项。问卷详情见附录 3。

三、实证研究与数据分析

（一）研究样本

1.样本数据收集

此次调研对象由来自若干行业的 125 个团队组成，地区分布于济南、青岛、日照、临沂、深圳，共接收调查问卷 304 份。具体实施方法如下：先由组织成员根据自身感受到的组织伦理气氛和观察到的组织领导的行为，进行客观的评价；一段时间（3个月）过后，转而由领导根据观察到的员工沉默行为进行客观的评价。此次样本数据的收集方法与预调研时期较为相似，从每个目标企业中抽取7—15个工作团队，再从每个工作团队中随机抽取2—4名员工填写问卷，把问卷按照团队进行统计分类。本次问卷调查共回收了106个团队的275份问卷，回收率为90.5%；剔除填写不完整或者不符合要求的问卷后，共获得有效问卷226份，来自75个团队，有效问卷回收率为74.3%。

2.样本数据描述

团队领导的样本结构如表6-4所示。从性别来看，男性占的比例（57.3%）要大于女性（42.7%）；从年龄分布来看，大多数团队领导的年龄处于26—45岁，其中，53.3%的人分布在26—35岁，41.3%的人分布在36—45岁；在学历方面，大学本科占比最高（62.7%）；从团队工作时间来看，28.0%的领导工作了1—3年，20.0%的领导工作了4—6年，28.0%的领导工作了7—10年。他们的工作时间集中在1—10年。

团队成员的样本结构如表6-5所示。从性别来看，女性占的比例（61.1%）要大于男性（38.9%）；从年龄来看，员工的年龄大多在26—35岁（68.6%）；在受教育程度方面，大学本科及以下的成员几乎占据了全部，其中，大专及以下约占41.1%，大学本科占54.0%；从团队工作时间来看，40.7%的员工工作了1—3年，18.6%的员工工作了4—6年，18.1%的员工工作了7—10年。他们的工作时间集中在1—10年。

表6-4　团队领导样本统计描述

基本内容	类别	频率	比例
性别	男	43	57.3%
	女	32	42.7%
年龄	25岁及以下	0	0
	26—35岁	40	53.3%
	36—45岁	31	41.3%
	46—55岁	4	5.4%
	56岁及以上	0	0

续表

基本内容	类别	频率	比例
受教育程度	大专及以下	22	29.3%
	大学本科	47	62.7%
	硕士	6	8.0%
	博士	0	0
团队工作时间	1 年以下	7	9.3%
	1—3 年	21	28.0%
	4—6 年	15	20.0%
	7—10 年	21	28.0%
	11 年及以上	11	14.7%

表 6-5　团队成员样本统计描述

基本内容	类别	频率	比例
性别	男	88	38.9%
	女	138	61.1%
年龄	25 岁及以下	28	12.4%
	26—35 岁	155	68.6%
	36—45 岁	24	10.6%
	46—55 岁	19	8.4%
	56 岁及以上	0	0
受教育程度	大专及以下	93	41.1%
	大学本科	122	54.0%
	硕士	11	4.9%
	博士	0	0
团队工作时间	1 年以下	26	11.5%
	1—3 年	92	40.7%
	4—6 年	42	18.6%
	7—10 年	41	18.1%
	11 年及以上	25	11.1%

(二)团队层面汇聚分析

本部分涉及的变量有威权型领导、工具型伦理气氛、团队信任和员工沉默行为;其中,前三者是团队层面的变量,第四个是个人层面的变量。从以往的实证研究中我们可以看出,取个体层面数据的均值可以很好地将其汇聚到团队层面。在本次调研中,问卷1由员工填写,收集到的数据属于个体数据,我们通过求取这些数据的均值得到团队层面的数据。于海波学者在2004年提出,汇聚过程数据必须通过 $ICC(1)>0.05$、$ICC(2)>0.5$ 和90%以上的团队 $Rwg \geq 0.7$ 等指标检验。其中,

$$ICC(1)=(MSB-MSW)/[MSB+(k-1)\times MSW]$$

$$ICC(2)=(MSB-MSW)/MSB$$

$$Rwg=1-(s^2/\sigma^2)$$ ①

在本部分,团队成员的平均值 $k=3$;在采用了Likert五点量表后,本部分的期望方差 $\sigma^2=2$。

通过计算分析我们得出:

威权型领导的 $ICC(1)=0.592$,$ICC(2)=0.813$,有96%的团队的 $Rwg \geq 0.7$。

工具型团队伦理气氛的 $ICC(1)=0.325$,$ICC(2)=0.590$,有94%以上的团队的 $Rwg \geq 0.7$。

团队信任的 $ICC(1)=0.335$,$ICC(2)=0.602$,有94%的团队的 $Rwg \geq 0.7$。

具体信息如表6-6所示。由此可知,威权型领导、工具型伦理气氛、团队信任这三个变量的指标全部满足检验,因此可以将它们进行团队层面的汇聚。

表6-6　基本变量汇聚指标

基本变量	*MSB*	*MSW*	*ICC*(1)	*ICC*(2)
威权型领导	1.176	0.220	0.592	0.813
工具型伦理气氛	0.459	0.188	0.325	0.590
团队信任	0.704	0.280	0.335	0.602

① *MSB* 为平均组间方差;*MSW* 为平均组内方差;s^2 为数据方差;σ^2 为期望方差;k 为团队成员的平均数据。

（三）验证性因子分析

为了验证威权型领导、工具型伦理气氛、团队信任、员工沉默行为这四个变量的区分效度，本部分采用 Mplus 7.0 进行了验证性因子分析，结果如表 6-7 所示。通过分析可以发现，四因子模型明显要优于三因子模型、单因子模型、零模型，它的相关指标（$\chi^2/df=1.474$，RMSEA＝0.046，TLI＝0.981，CFI＝0.986）均满足要求，区分效度较为显著。此外，四因子模型的所有题项的因子载荷都大于 0.5，这也充分证明该模型的收敛效度较高。

表 6-7　验证性因子分析结果

模型	χ^2	df	RMSEA	TLI	CFI
四因子模型	70.733	48	0.046	0.981	0.986
三因子模型 a	237.525	51	0.128	0.852	0.885
三因子模型 b	541.639	51	0.208	0.610	0.699
三因子模型 c	285.857	51	0.135	0.835	0.872
三因子模型 d	250.037	51	0.132	0.842	0.878
三因子模型 e	568.720	51	0.213	0.589	0.682
单因子模型 f	1049.021	54	0.287	0.253	0.389
零模型 g	1694.231	66	0.333	0.000	0.000

注：a：将威权型领导与工具型伦理气氛合并为一个潜在因子；
b：将威权型领导与团队信任合并成一个潜在因子；
c：将工具型伦理气氛与员工沉默行为合并成一个潜在因子；
d：将工具型伦理气氛与团队信任合并成一个潜在因子；
e：将员工沉默行为与团队信任合并成一个潜在因子；
f：将所有题项合并成一个潜在因子；
g：所有题项没有测量关系。

（四）描述性统计分析

表 6-8 详细说明了本次研究中的威权型领导、工具型伦理气氛、团队信任这三个团队层面的变量以及团队层面的控制变量的相关系数、均值、方差；表 6-9 详细说明了个体层面的变量——员工沉默行为及个体层面的控制变量的相关系数、均值和方差。通过对表格中的数据进行分析不难发现，威权型领导和工具型伦理气氛的相关系数 $r=0.50$，且 $p<0.01$。因此，二者是显著正相关的，本部分提出的假设得到了初步的验证。

表 6-8 团队层面变量描述性统计分析

	1	2	3	4	5	6	7
1.性别	1						
2.年龄	−0.21	1					
3.受教育程度	−0.23*	−0.06	1				
4.团队工作时间	0.13	0.39**	−0.13	1			
5.威权型领导	−0.12	−0.08	−0.11	0.07	1		
6.工具型伦理气氛	−0.25*	0.07	−0.06	−0.04	0.50**	1	
7.团队信任	0.19	0.03	−0.05	−0.00	−0.44**	−0.41**	1
均值(M)	1.45	2.52	1.78	3.10	2.32	1.76	4.16
标准差(SD)	0.53	0.51	0.53	1.04	0.62	0.39	0.56

注：* 为 $p<0.05$，** 为 $p<0.01$。

表 6-9 个体层面变量描述性统计分析

	1	2	3	4	5
1.性别	1				
2.年龄	0.06	1			
3.受教育程度	−0.05	−0.05	1		
4.团队工作时间	0.04	0.66**	−0.10	1	
5.员工沉默行为	−0.06	−0.13*	0.07	−0.08**	1
均值(M)	1.61	2.16	1.64	2.79	2.42
标准差(SD)	0.49	0.74	0.57	1.20	0.58

注：* 为 $p<0.05$，** 为 $p<0.01$。

(五)威权型领导与员工沉默行为

当我们研究自变量与因变量的关系时，由于自变量威权型领导是团队层面的变量，因变量员工沉默行为是个体层面的变量，因此本部分采用多层线性分析，使用 HLM 6.0 分析软件作为分析工具。先放入自变量威权型领导，通过建立个体层面和团队层面的两个模型，检验威权型领导对员工沉默行为的影响。

(1)个体层面的模型：

$$员工沉默行为=\beta_0+\beta_1(员工性别)+\beta_2(员工年龄)+\beta_3(员工受教育程度)+\beta_4(员工工作时间)+\varepsilon$$

(2)团队层面的模型：

$$\beta_0=\gamma_{00}+\gamma_{01}(领导性别)+\gamma_{02}(领导年龄)+\gamma_{03}(领导受教育程度)+\gamma_{04}(领导工作时间)+\gamma_{05}(威权型领导)+\mu_0$$

其中，ε、μ_0 为方程误差。

从表6-10中我们可以看出，$r=0.29$ 且 $p<0.01$，因此自变量对因变量具有显著的正向影响，这意味着威权型领导越严重，员工越容易保持沉默，假设H1得到验证。

表6-10　威权型领导与员工沉默行为回归分析结果

变量	员工沉默行为	
	M1	M2
截距	2.42**	2.42**
第一层控制变量		
员工性别	−0.04	−0.04
员工年龄	−0.06	−0.06
员工受教育程度	0.17	0.17
员工工作时间	0.02	0.02
第二层控制变量		
领导性别	−0.12	−0.05
领导年龄	−0.06	0.01
领导受教育程度	0.02	0.08
领导工作时间	0.03	0.01
自变量		
威权型领导		0.29**
方差成分估计		
Sigma_square	0.24	0.24
Tau	0.09	0.07
Chi-square(df)	152.96(70)**	124.80(69)**

续表

变量	员工沉默行为	
	M1	M2
第一层　Pseudo R^2 change		0
第二层　Pseudo R^2 change		22.22%

注：* 表示 $p<0.05$，** 表示 $p<0.01$。下同。

(六)威权型领导与工具型伦理气氛

我们用统计分析软件 SPSS 20.0 对团队层面的变量——威权型领导与工具型伦理气氛进行回归分析，得到表 6-11。通过分析发现，威权型领导会显著影响工具型伦理气氛，它们之间呈现正向相关关系（$r=0.49$，$p<0.01$），有力地验证了假设 H2。

表 6-11　威权型领导与工具型伦理气氛的回归分析

	工具型团队伦理气氛	
	M1	M2
控制变量		
领导性别	−0.27*	−0.16
领导年龄	0.02	0.11
领导受教育程度	−0.12	−0.05
领导工作时间	−0.03	−0.11
自变量		
威权型领导		0.49**
R^2	0.08	0.30
F 值	1.43	5.94**
ΔR^2		0.23
ΔF		22.26**

(七)工具型伦理气氛的中介效应

在此次研究过程中，我们采用跨层次分析法对团队层面的变量（威权型领导、工具型伦理气氛）和个人层面的变量（员工沉默行为）进行假设验证，回归检验则是利用了多层线性模型 HLM 6.0。

本部分对于中介效应的检验，采用的是 Baron 和 Kenny 提出的方法。

第一步，检验员工沉默行为怎样受到威权型领导的影响。根据表 6-12 的数据我们可知，自变量威权型领导显著正向影响了因变量员工沉默行为（M4 中，$r=0.29$，$p<0.01$），上文也验证了此结论。

第二步，检验工具型伦理气氛怎样受到威权型领导的影响。从表 6-12 中得知，自变量威权型领导显著地正向影响了中介变量工具型伦理气氛（M2 中，$r=0.31$，$p<0.01$），再一次验证了该结论。

第三步，检验工具型伦理气氛与员工沉默行为之间的影响机制，主要是运用 HLM 6.0 建立了个体和团队两个层面的分析模型。

（1）个体层面模型：

$$\text{员工沉默行为}=\beta_0+\beta_1(\text{员工性别})+\beta_2(\text{员工年龄})+\beta_3(\text{员工受教育程度})+\beta_4(\text{员工工作时间})+\varepsilon$$

（2）团队层面模型：

$$\beta_0=\gamma_{00}+\gamma_{01}(\text{领导性别})+\gamma_{02}(\text{领导年龄})+\gamma_{03}(\text{领导受教育程度})+\gamma_{04}(\text{领导工作时间})+\gamma_{05}(\text{工具型伦理气氛})+\mu_0$$

其中，ε、μ_0 为方程误差。

由表 6-12 可知，中介变量工具型伦理气氛显著正向影响了因变量员工沉默行为（M5 中，$r=0.42$，$p<0.01$），假设 H3 得到了验证。

第四步，在第三步的基础上加入威权型领导和工具型伦理气氛，并建立如下模型。

（1）个体层面模型：

$$\text{员工沉默行为}=\beta_0+\beta_1(\text{员工性别})+\beta_2(\text{员工年龄})+\beta_3(\text{员工受教育程度})+\beta_4(\text{员工工作时间})+\varepsilon$$

（2）团队层面模型：

$$\beta_0=\gamma_{00}+\gamma_{01}(\text{领导性别})+\gamma_{02}(\text{领导年龄})+\gamma_{03}(\text{领导受教育程度})+\gamma_{04}(\text{领导工作时间})+\gamma_{05}(\text{威权型领导})+\gamma_{06}(\text{工具型伦理气氛})+\mu_0$$

其中，ε、μ_0 为方程误差。

通过分析表 6-12 中的数据可以发现，威权型领导显著影响员工沉默行为，它们之间呈现正向相关关系（M6 中，$r=0.22$，$p<0.01$）；工具型伦理气氛显著影响员工沉默行为，它们之间也呈现正向相关关系（M6 中，$r=0.25$，$p<0.05$）。结合之前的第三步我们可知，对于自变量威权型领导对因变量

员工沉默行为的影响，工具型伦理气氛起到部分中介作用，有力地验证了假设 H4。

表 6-12　威权型领导与员工沉默行为：工具型伦理气氛的中介作用

变量	工具型伦理气氛		员工沉默行为			
	M1	M2	M3	M4	M5	M6
截距	—	—	2.42**	2.42**	2.42**	2.42**
第一层控制变量						
员工性别	—	—	−0.04	−0.04	−0.04	−0.04
员工年龄	—	—	−0.06	−0.06	−0.06	−0.06
员工受教育程度	—	—	0.17	0.17	0.17	0.17
员工工作时间	—	—	0.02	0.02	0.02	0.02
第二层控制变量						
领导性别	−0.20*	−0.12	−0.12	−0.05	−0.04	−0.02
领导年龄	0.01	0.09	−0.06	0.01	−0.07	−0.02
领导受教育程度	−0.09	−0.04	0.02	0.08	0.06	0.08
领导工作时间	−0.01	−0.04	0.03	0.01	0.04	0.02
自变量						
威权型领导		0.31**		0.29**		0.22**
中介变量						
工具型伦理气氛					0.42**	0.25*
方差成分估计						
Sigma-square	—	—	0.24	0.24	0.24	0.24
Tau	—	—	0.09	0.07	0.07	0.06
Chi-square(df)	—	—	152.96 (70)**	124.79 (69)**	130.55 (69)**	118.77 (68)**
第一层 Pseudo R^2 change	—	—	—	0	0	0
第二层 Pseudo R^2 change	—	—	—	22.22%	22.22%	14.29%

(八)团队信任的调节作用

在对团队信任的调节作用进行验证时，主要使用 SPSS 20.0 对团队层面的变量(威权型领导、工具型伦理气氛)作回归检验。通过分析表 6-13 中的方程 M3 可以发现，威权型领导和团队信任的交互项显著影响工具型伦理气氛，并且它们之间呈现负向相关关系(M3 中，$r=-0.30$，$p<0.01$)，即当团队信任水平越高时，威权型领导对工具型伦理气氛的正向影响显著降低，因而有力地验证了假设 H5。本书以 Cohen 等编写的程序作为参考得出了图 6-2。该图展示了在高于均值一个标准差和低于均值一个标准差的两个不同水平的团队信任下，威权型领导会对工具型伦理气氛产生不同程度的影响。

表 6-13　威权型领导、团队信任与工具型伦理气氛关系的回归分析结果

	工具型伦理气氛		
	M1	M2	M3
控制变量			
领导性别	−0.27*	−0.16	−0.19
领导年龄	0.02	0.11	0.07
领导受教育程度	−0.12	−0.05	−0.10
领导工作时间	−0.03	−0.11	−0.13
自变量			
威权型领导		0.49**	0.43**
调节变量			
团队信任			−0.24*
交互项			
威权型领导×团队信任			−0.30**
R^2	0.08	0.30	0.40
F 值	1.43	5.94**	6.31**
ΔR^2		0.22	0.08
ΔF		22.26	8.40**

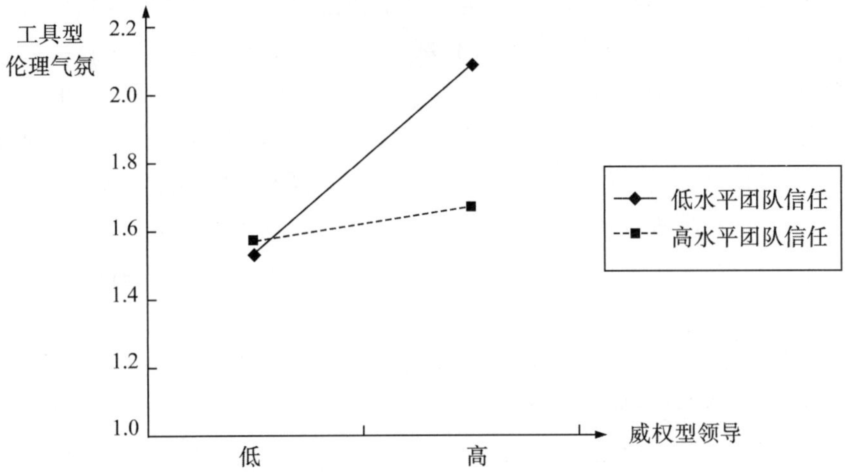

图 6-2　团队信任对威权型领导与工具型伦理气氛关系的调节作用

四、研究结论与展望

(一)研究结论

本部分通过问卷调查的方法调研了企业团队中威权型领导、工具型团队伦理气氛、团队信任和员工沉默行为这四者之间的关系,通过整合、分析、判断,有效地验证了本部分的假设,具体的假设和结论情况如表 6-14 所示。

表 6-14　各假设检验结果

假设	结果
H1:威权型领导对员工沉默行为产生正向影响	支持
H2:威权型领导对工具型伦理气氛产生正向影响	支持
H3:工具型伦理气氛对员工沉默行为产生正向影响	支持
H4:工具型伦理气氛在威权型领导与员工沉默行为之间起中介作用	支持
H5:团队信任调节威权型领导与工具型伦理气氛。团队信任越高,威权型领导对工具型伦理气氛的正向影响越弱;反之,则越强	支持

1.自变量威权型领导与因变量员工沉默行为之间的关系

通过对数据进行回归分析可以发现,威权型领导显著影响员工沉默行为,它们之间呈现正向相关关系。这一结论表示,当团队中的领导风格越是趋近于威权型领导,那么下属就会表现出越多的沉默行为。首先,威权型领导认为自己具有不容挑战的权威形象,下属得不到权力,只能服从领导的命令。威权型领导有时为了维持这种权威形象,保全权威地位,会对员工信息及信息来源渠道进行有力的控制。此外,工作绩效是威权型领导眼里的第一要务,员工如果达不到自己的要求就会受到斥责,员工由此产生极大的心理压力,进而降低对组织的归属感和满意度等。同时,威权型领导很少关心员工,在社会交换理论的前提下,组织内部高质量的社会关系没有形成,员工也不会对领导提出创新性建言,而倾向于作出更安全的选择——保持沉默。

2.自变量威权型领导与中介变量工具型伦理气氛之间的关系

通过对数据进行回归分析可以发现,威权型领导显著地正向影响工具型伦理气氛。一个好的领导会在团队中起到良好的模范带头作用。自我验证理论表明,在形成组织伦理气氛的过程中,成员会受到团队道德观念和价值观的影响,这种观念有很大一部分来源于团队领导。成员受到此种观念的影响,通过学习、模仿、强化的过程形成较为牢固的道德观念。而其中一种道德观念便是"自利"。员工会受到领导维护自身权威地位和形象而损害下属利益的行为的影响,在工作中形成并强化"自利"的自我概念,日积月累中,组织中"自利"的气氛蔓延开来,工具型伦理气氛便形成了。

3.中介变量工具型伦理气氛与因变量员工沉默行为之间的关系

数据的回归结果显示,工具型伦理气氛显著影响员工沉默行为,并且它们之间呈现正向相关关系。社会控制理论表明,个人会受到外部环境的影响从而调整自己的行为。工具型伦理气氛作为团队外部环境的一种,会降低员工的建言意愿。在工具型伦理气氛的影响下,团队成员在做事时会把自己的利益放在第一位,一旦个人利益得不到满足,就会极大地降低工作的主动性和热忱。员工建言行为存在较大的不确定性——有时不仅对自己没有好处,而且有可能带来负面影响,产生人际矛盾,由此大大降低了员工的建言意愿。若工具型伦理气氛长期存在于组织中,员工会降低互助互惠的积极性,形成了一种"自扫门前雪"的态度。因此,工具型伦理气氛会降低员工建言的积极性,使员工保持较低的建言意愿。

4.工具型伦理气氛的中介作用

通过对数据进行回归分析可以发现,工具型团队伦理气氛在威权型领导与员工沉默行为之间起中介作用。领导行为直接影响员工行为,外部环境间接影响员工行为,同时,团队气氛的营造受到领导的重要影响。威权型领导认为自己的权威不可侵犯,员工必须无条件听从命令。为了维护自己的权威形象,威权型领导会把员工利益抛在脑后。这样的道德观念日益在团队中扎根并影响了员工的自我概念和行为,形成了自利的工具型伦理气氛。员工会认为个人利益才是最重要的,会回避那些不能满足自身利益或者损害个人利益的事情。比如,向团队建言如果处理不当,会使得自己与同事之间关系紧张,烦恼有可能会接踵而来;即使建言处理得当,对个人利益也不会有较大裨益。在这样的情况下,员工会倾向于保持沉默,回避向团队建言。

5.团队信任的调节作用

通过对数据进行回归分析可以发现,团队信任调节了威权型领导与员工沉默行为之间的关系,团队成员之间信任感越低,威权型领导越能促进工具型伦理气氛的形成;反之,则更弱。在团队中,威权型领导往往不关心下属,直接命令下属,对工作绩效达不到要求的下属直接进行斥责;有时为了维持权威形象,保全权威地位,对员工信息及信息来源渠道进行有力的控制。这样会对员工的利益造成损害,从而促使员工形成"自利"的道德观念,团队中就形成了工具型伦理气氛。反之,如果领导关注团队和员工的发展、利益,那么员工就会对领导和团队更加信任,团队的凝聚力和向心力得到增强,促使员工们互相帮助、互相关心,也会对工具型伦理气氛在组织中的塑造产生负向影响。

（二）研究启示

随着世界经济日益成为一个紧密联系的整体,与企业有关的各种外部因素不断增多且日趋复杂。在这种背景下,领导仅仅依靠个人能力来解决问题的观念已经严重落伍,员工作为时代催生下的重要力量,在企业基层工作,更易了解企业运营的现状和问题所在。因此,管理者面临着"让员工建言献策,不再保持沉默,从而保证企业的健康发展"这一重大挑战,必须加以重视。本部分通过收集数据、进行分析和理论等方面的研究,得出以下管理方面的启示。

1.调整领导者的行为风格,使领导风格日趋开放化

一个好的领导会在团队中起到良好的模范带头作用,对员工和企业的发展产生重大影响。Chiabaruetal(2007)提出,内在因素如员工性格等会影响到员工的行为,但同时,领导作为外在因素,也会对员工行为产生较大的影响。研究指出,威权型领导在很大程度上会诱发员工产生沉默行为。受

传统观念影响，我国企业的上下级之间存在较大的权力距离，尊卑明显；领导也倾向于掌握高度集中的权力，希望员工受自己的权威领导而不作出反抗。在儒家思想的影响下，大多数员工对领导的安排选择服从，尽量顺从领导的意愿，保留自己的意见。

员工的沉默行为会受到开放型领导的抑制而难以形成，受到非开放型领导的促进而更易于形成。威权型领导作为非开放型领导的一种，对员工沉默行为有促进作用。为了抑制员工沉默行为的形成，领导应该调整自己的行为，尽量少控制员工。在工作中，及时帮助和指导员工，让他们能更快地克服困难，更快成长；在生活中，真诚地为员工谋福利，关心员工。在社会交换理论的前提下，为了形成高质量的社会交换关系，员工会希望团队变得更好而提高建言意愿。同时，领导不应该训斥、嘲讽主动建言的员工，尽管建言可能对团队发展没有多大的作用，但领导还是应该对员工进行鼓励，让他们能独立思考，继续保持自己建言的意愿。当前，“80 后”“90 后”员工作为职场重要的一分子，更容易在领导的权威下产生不满和逆反心理，这样领导和下属之间的关系会更加紧张，员工会更加愿意保持沉默，而不是积极地表达自己的创意。所以，领导要注重自己的行为态度。

2.抑制工具型伦理气氛的形成，促进积极的伦理气氛的形成

通过研究发现，员工受工具型伦理气氛的影响极易产生沉默行为。员工通过效仿领导的“利己”行为，把个人利益放在第一位，有利于形成工具型伦理气氛，更不愿意向团队建言。因此，要想让员工把团队建设当成自己应做的事，积极向团队建言，领导就应该抑制工具型伦理气氛以及“自利”氛围的形成，不断优化自身道德观念，引导下属形成高尚的道德观念和价值观，让员工自主奉献，主动关心同事，从而形成互帮互助、和谐开放、积极参与、合作共赢的伦理气氛。同时，领导应该多关心员工的心理感受，在工作中多与员工交流，不定期举行趣味运动会、给员工举办生日聚会，让组织中的权力距离变小，与员工之间建立深厚的感情，从而抑制员工的沉默行为。

3.注重团队信任建设

本部分通过收集数据、进行分析以及理论等方面的研究发现，团队信任可调节威权型领导与员工沉默行为之间的关系。团队信任越低，威权型领导对工具型伦理气氛的促进作用越强；反之，则越弱。因此，团队信任建设成了企业建设的重要一环，企业应该把团队信任建设作为企业文化的一个重要部分，通过良好的团队建设来营造良好的组织氛围。企业文化是企业

在长期经营管理活动中创造的，是企业的使命、愿景、价值观、道德观念、经营理念、社会责任等精神财富和物质形态的总和。企业文化是支撑企业持续发展的重要力量，它代表了整个企业的价值取向。注重团队信任建设，一方面能够帮助企业提升组织绩效，增强员工的归属感，留住人才；另一方面，有利于增进员工彼此之间的感情，促进员工良好道德观念的形成。不仅如此，企业还应该加强员工交流渠道的建设，让员工多进行认知方面和情感方面的沟通、交流，分享自己的工作经验，交换自己的工作角色，这样能增加团队凝聚力，也使员工互相了解的程度得到进一步深化，员工便会更多地做出诸如主动帮助同事、帮助他人完成任务等角色外行为。

4.鼓励员工建言

首先，在日常的工作中，领导要培养员工主动、积极参与工作的态度，当员工提出合理建议和想法时，领导应该表示尊重，并通过建言渠道和激励措施的建立来鼓励员工参与组织决策。当团队中已经形成了工具型伦理气氛时，领导可以给予积极提出建议的员工一些物质和精神上的奖励，这样能满足员工的利益，提高他们的建言意愿。其次，如果企业文化是包容、开放的，那么员工也更容易敞开心扉，向领导建言。在包容、开放的企业中，团队信任度高，组织氛围和谐、自由，不易出现因建言引发领导和同事不满、人际关系不和谐的情况，因此员工更容易提出自己的意见和建议。最后，员工应主动提高自己发现问题、分析问题、解决问题的能力，在向团队建言献策时尽可能地采用正确且适当的方式方法。

（三）研究局限和展望

1.丰富研究框架

本部分在研究自变量“威权型领导”与因变量“员工沉默行为”的关系时，虽然引入了中介变量“工具型伦理气氛”和调节变量“团队信任”，但只单独进行了中介效应和调节效应的分析，过于简单，未来可以将二者进行整合，探究有中介变量的调节效应。另外，未来还可以对威权型领导和员工沉默行为之间可能存在的其他中介变量进行研究。

2.加强本土化研究

本部分在研究威权型领导对员工沉默行为的影响时，研究背景是中国情境，但量表（如工具型伦理气氛、团队信任、员工沉默行为量表）多采用的是西方开发的成熟量表。虽然这些量表经过多位学者完善达到了很高的信效度，但还是与研究背景不符。中国文化深受以官为本、以官为贵、以官为尊的价值观的影响，官与民权力距离较大，员工的行为方式也受到儒家思想的影响，因此员工的建言行为可能会与西方员工有一定差距。而未来采用中国本土开发的量表会更好。

3.扩大研究样本

在时间和资源的限制下，本次研究数据来源于 75 个团队中的领导及员工，样本总量较小，可能会降低统计结果的说服力。在未来的研究中可以扩大范畴，使研究结论得到更进一步的检验。

第七章　包容型领导对员工建言行为的作用

本章基于自我决定理论和个体情境互动理论构建了包容型领导通过关怀型团队伦理气氛跨层次影响员工建言行为的理论模型。对两阶段领导—成员配对数据进行跨层次分析，结果显示：包容型领导（开放性、易接近性、可用性）会跨层次显著正向影响员工建言行为（抑制性建言、促进性建言）；包容型领导（开放性、易接近性、可用性）对关怀型伦理气氛均有显著正向影响；关怀型伦理气氛跨层次显著正向影响员工建言行为（抑制性建言、促进性建言）；关怀型伦理气氛在包容型领导（开放性、易接近性、可用性）与员工建言行为（抑制性建言、促进性建言）之间起中介作用。因此，从实践角度来看，要想员工积极建言、提升组织绩效，可采取如下举措：第一，重视领导行为，培养建设型领导风格，树立良好榜样；第二，关注组织伦理，重视企业伦理体系建设，抑制不利因素；第三，塑造关怀型伦理气氛，营造良好的成长环境，提高员工满意度；第四，建立激励创新机制，鼓励员工建言；第五，加强团队沟通，注重提升团队绩效。

一、理论分析与研究假设

（一）研究模型

根据已有研究结论，领导被认为是对组织中成员的工作绩效及工作表现具有显著影响的变量，它以独特的方法和途径影响着组织中成员的工作态度和工作行为。因而，根据相关文献梳理和理论研究结论，我们提出如下研究模型。

1.包容型领导对于员工建言行为的显著影响效应

受自我决定理论启发，我们认为组织的环境和氛围会影响员工的工作动机，这种动机既包括带有自我奖励性质的内在动机，又包括受外部环境刺激所产生的外部动机。同时，结合组织支持理论与马斯洛需求层次理论，组织如果能够满足成员的某些需求，将会极大地提高员工的组织承诺度与工作满意度，而这些需求通常包括员工的基本生理需求和社交需求等。因而，领导可以通过改变自身的领导风格和模式，使员工感受到组织对其认同感，从而有效地提高员工的组织归属感，以主人翁意识对待企业和组织的建设及发展，强化为企业无私奉献的想法，并最终促成员工向组织提出自己意见的行为。

2.团队氛围在员工工作态度和工作行为中的桥梁机制

根据个体—情境互动理论，倘若组织情境与员工个体特征得到了有机的结合，那么对员工个体行动产生的相关解读和预测就会更为精准和有力。所以，为了更好地理解并解读员工建言行为这一组织内的员工个体行为，本部分将关注点聚焦于以伦理气氛为代表的组织情境和以领导行为为代表的个体特征，并将二者进行全面的结合和分析。1982 年，学者 Hollinger 和 Clark 在对社会规范理论研究的基础上，将组织所实施的、施加于员工身上的、能对员工的态度和行为产生控制作用的策略作为一个新的研究视角，提出员工的工作态度和工作行为会受到组织中有形和无形的双重控制力量的约束。因而，团队或组织的气氛作为重要变量和非正式控制因素，能够在员工工作态度和工作行为与领导行为之间起到桥梁和枢纽的作用。根据已有研究和相关文献梳理，本部分的相关变量模型如图 7-1 所示，旨在探究包容型领导对员工建言行为的影响，并考察在包容型领导与员工建言行为关系中关怀型伦理气氛的中介作用。

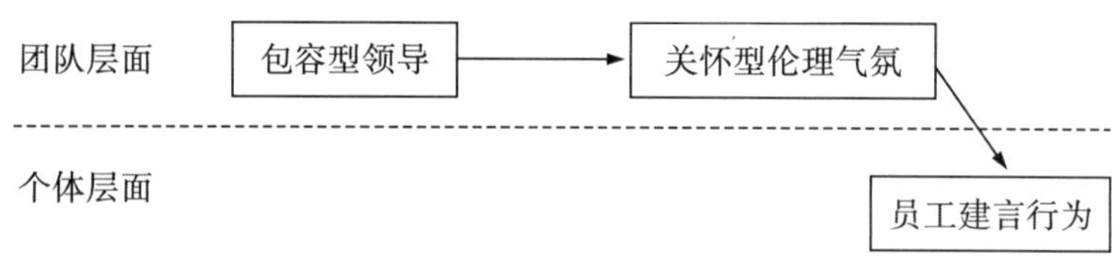

图 7-1　理论模型

（二）研究假设

1.包容型领导与员工建言行为

基于社会交换理论，学者 Cropanzano 和 Mitchell（2005）、Nishii（2009）提出，人与人之间通过互帮互助以及利益交换来完成互利的过程，这也适用于领导与员工之间。2009 年，Hollander 提出，包容型领导是一种基于领导和员工二者之间互利互惠、相辅相成关系的领导风格，领导会设身处地地从员工角度考虑问题，将心比心地关心员工，发现员工身上的闪光点，给予员工最直击内心的温暖和帮助。持这种领导风格的领导是员工职业生涯道路上最为可靠的良师和益友。包容型领导尊重并包容员工，能够认真听取其想法和观点，理性认识员工的错误并能及时给予指导，使员工乐于为团队的发展贡献力量，以此来回馈领导的包容和信任。在这种氛围下，员工会加倍地努力工作，以主人翁的态度和责任感为企业和组织贡献新的想法和方案，在看到组织内种种不合理的管理行为时能够勇敢地提出自己的想法，践行建言行为，更好地推动组织进步和发展。

包容型领导行为中的开放性是指领导能够接受具有多样性的个体，并能包容员工的观点和失败，与员工建立很好的关系，积极鼓励员工提出自己的建议。包容型领导有很强的能力，他们把员工的需求放在心上，对员工的询问及时给予帮助等，这样的领导方式能加强员工的责任心、技术和能力。包容型领导肯定员工的行为并给予一定的物质奖励，一方面能鼓励员工更热忱于提建议，另一方面有助于在组织中形成一种积极建言的气氛。此外，领导能够容忍员工的缺点，员工在提意见的过程中所面临的困难和消极情绪会减少，这些可能会促使员工进行抑制性建言。基于此，本部分提出如下假设：

H1：包容型领导对员工建言行为具有显著的正向影响。

H1a：包容型领导的开放性对员工促进性建言行为具有显著的正向影响。

H1b：包容型领导的易接近性对员工促进性建言行为具有显著的正向影响。

H1c：包容型领导的可用性对员工促进性建言行为具有显著的正向影响。

H1d：包容型领导的开放性对员工抑制性建言行为具有显著的正向影响。

H1e：包容型领导的易接近性对员工抑制性建言行为具有显著的正向影响。

H1f：包容型领导的可用性对员工抑制性建言行为具有显著的正向

影响。

2.包容型领导与关怀型伦理气氛

Dickson等人在2001年提出，在构建伦理气氛方面，组织或企业中的领导者发挥着不可替代的作用。领导者通过组织的规章制度和相应的奖惩条例等，影响员工伦理道德观的形成及行为，从而影响整个团队的气氛。

Trevio(2000)以及Calabrese和Roberts(2001)提出，如果领导的行为合乎伦理，那么员工的行为也大概率合乎伦理。Grojean等人在2004年提出，团队或组织中的上级或领导肩负着纠正下级不良行为或不正当的工作态度的责任，这有助于团队或组织工作效率的提高。基于此，本部分提出如下假设：

H2：包容型领导对关怀型伦理气氛具有显著的正向影响。

H2a：包容型领导的开放性对关怀型伦理气氛具有显著的正向影响。

H2b：包容型领导的易接近性对关怀型伦理气氛具有显著的正向影响。

H2c：包容型领导的可用性对关怀型伦理气氛具有显著的正向影响。

3.关怀型伦理气氛与员工建言行为

基于社会交换理论和互惠原则，Berkowitz和Connor(1966)提出，团队或组织中的成员做出积极行为，是因为其强烈的工作满意感和优越的工作体验促成的。这可以看作对领导的一种积极的反馈和心理暗示。同时，在这一过程中，成员消极的工作态度也会相应减弱。因而关怀型伦理气氛可以看作一种与消极和萎靡相对的更为乐观向上的氛围和体验。Wimbush和Shepard(1994)提出，关怀型伦理气氛会对团队或组织中的成员的工作态度和伦理行为施加不可磨灭的影响，进而会影响团队或组织整体的伦理选择和伦理行为。Schwepker(2001)借心理契约的概念解释关怀型伦理气氛对团队或组织中成员的工作态度和伦理行为的影响。Deconinck(2010)提出，组织中形成的关怀导向的伦理气氛对成员的伦理态度和行为有显著正向影响，同时对反消极、反萎靡的工作行为的产生带来积极的正向作用。因此，本部分提出如下假设：

H3：关怀型伦理气氛对员工建言行为具有显著的正向影响。

H3a：关怀型伦理气氛对员工促进性建言行为具有显著的正向影响。

H3b：关怀型伦理气氛对员工抑制性建言行为具有显著的正向影响。

4.关怀型伦理气氛的中介作用

王雁飞和朱瑜(2006)提出，对团队所表征的伦理特性来说，个体所共同感知到的即伦理气氛。在某种伦理气氛之下，员工会首先将个人的小目标与组织或团队的大目标进行比较，找出最为恰当的处理问题特别是处理伦理问题的方式，以实现个人利益和团队利益双向最大化。Vardi 在 2001 年提出，在关怀导向的伦理气氛中，员工充满正义感的价值观和道德素养会更为显著，更容易激发员工建言行为。

学者 Ryan(2000)对员工建言行为进行了明确的界定，他指出该行为是一种具有自我决定色彩的角色外行为，员工会将感知到的种种来自上级和团队的温暖与爱心回馈到团队建设中去，具体的表现即建言行为的产生。在关怀导向的伦理气氛中，关系更为融洽的个体和组织之间的沟通和交流加速了双方间的投入和产出，组织给予员工更多的关怀和爱护，从而有利于员工为集体和组织的利益出谋划策。同时，包容型领导对员工的错误有着理性的认知，员工能够得到团队和领导的积极帮助，敢于尝试新事物。包容型领导的开放性给予了员工施展拳脚的空间，更加有助于员工创新性思维和觉悟的提高。因此，提出如下假设：

H4：关怀型伦理气氛在包容型领导与员工建言行为之间发挥中介作用。

H4a：关怀型伦理气氛在包容型领导的开放性与员工促进性建言行为之间发挥中介作用。

H4b：关怀型伦理气氛在包容型领导的易接近性与员工促进性建言行为之间发挥中介作用。

H4c：关怀型伦理气氛在包容型领导的可用性与员工促进性建言行为之间发挥中介作用。

H4d：关怀型伦理气氛在包容型领导的开放性与员工抑制性建言行为之间发挥中介作用。

H4e：关怀型伦理气氛在包容型领导的易接近性与员工抑制性建言行为之间发挥中介作用。

H4f：关怀型伦理气氛在包容型领导的可用性与员工抑制性建言行为之间发挥中介作用。

综合上述所有假设，图 7-2 是本部分的研究模型。

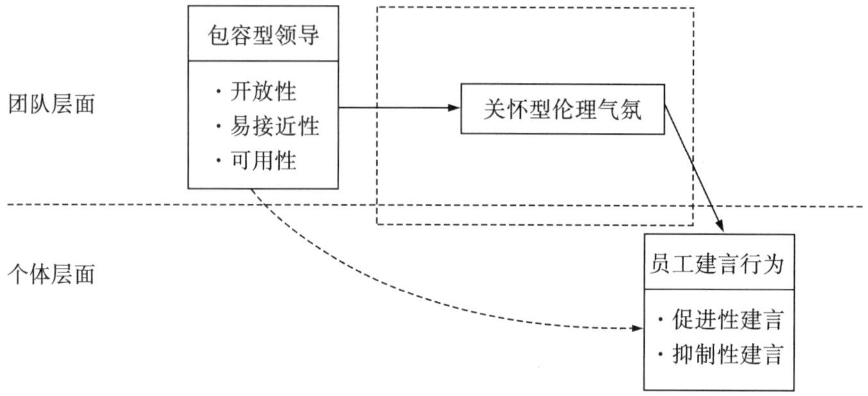

图 7-2 研究模型

二、实证研究设计

(一)变量测量

本部分所用的量表均是已在国内外核心期刊上发表的成熟量表,具有可靠的信度和效度,在进行预调研的基础上,结合不同的调研对象和研究目的,对题项表述和版式进行调整。

1.包容型领导

对变量包容型领导的测量,本书选用的是由学者 Carmeli 等(2010)开发的包容型领导量表,该量表包括 9 个题项,基于 Likert 五点量表进行具体测量。

2.关怀型伦理气氛

对变量关怀型伦理气氛的测量,本书选用的是学者 Victor 和 Cullen (1988)编制的伦理气氛量表,题项有“在我们团队,成员之间都互相关照”等 7 个,基于 Likert 五点量表进行具体测量。

3.员工建言行为

对变量员工建言行为的测量,本书选用的是学者 Liang 和 Farh(2012)编制的员工建言行为量表,共有促进性建言与抑制性建言两个维度,并基于 Likert 五点量表进行具体测量。

4.控制变量

学者 Barrick 和 Mount(1991)、Parker(1993)、Turner(2006)提出,团队成员的个体因素,诸如性别、工作时间、受教育程度等人口统计学控制变量,是员工工作态度和行为产生区别的重要影响因素。另外，员工在团队中的工作表现和工作自由度会受团队工作时间的影响。因此，本部分在个人层面的控制变量主要为员工的性别、年龄、受教育程度和工作时间等人口统计学变量，选取领导的性别、年龄、受教育程度和在团队的工作时间作为团队层面的人口统计学控制变量。

（二）问卷预调研

在小样本预调研阶段，调研对象是山东省临沂市的四家企业里的团队领导和成员，采用的是多时段调查的方式，从而减少同源误差的发生。同时，采用双向互评的方式，令团队中的领导和成员互相评价他们所感知到的领导风格和团队气氛，并在一段时间（3 个月）后由团队领导评价成员的建言行为。在正式填答问卷之前，我们向被调查者详细说明了答案的绝对保密性和学术目的性，使被调查者可以放下戒心、轻松答题，从而保证问卷填答的质量和信效度。问卷中所涉及的内容包括人口统计学的基本信息，以及领导风格、团队伦理气氛、建言行为等。研究者在整个问卷的填答过程中都密切关注和配合被调查者，从而保证了问卷的填答率。

本部分所使用的是成套的问卷，其中自变量包容型领导和中介变量关怀型伦理气氛通过问卷 1 测量，由员工负责填写；因变量员工建言行为通过问卷 2 测量，由团队领导负责填写。具体的过程是：首先，在正式发放和填答问卷前，随机抽取 2—5 名团队成员填答问卷 1，团队领导采用一一对应的方式填答问卷 2；其次，将领导和员工进行一对一编号，并将答卷放置在信封中以便更好地区分。举例来说，当某一团队拿到了编号为“1”的信封时，员工 A 的编号为 1-1，则填写“问卷（1）1-1”，员工 B 的编号为 1-2，则填写“问卷（1）1-2”；结合员工编号，与之对应的领导就要分别填写“问卷（2）1-1”“问卷（2）1-2”。此次预调研收获的数据来自 50 个团队中的 160 份问卷。在对问卷的有效性和信效度进行评估后共保留了 81.88％的问卷，即 41 个团队的 131 份问卷。

（三）预调研信效度分析

1.预调研信度分析

在这个阶段，包容型领导量表取得了 0.854 的信度系数。具体来讲，其整个概念及开放性、易接近性和可用性三个子维度分别取得了 0.854、0.703、0.902、0.826 的信度系数，信度良好。

关怀型伦理气氛量表取得了 0.776 的信度系数，该量表信度良好。

对于员工建言行为量表，整体概念及促进性建言和抑制性建言两个子维度的信度系数分别为0.899、0.885、0.817，该量表信度良好。

2.预调研效度分析

本部分所涉及的自变量和因变量均具有多个子维度，因而必须进行因子分析。

通过充分性检验和样本分布检验可知，包容型领导量表的KMO值和Bartlett球形度检验Chi-Square值均达到了要求，分别为0.814（$p<0.001$）和525.23。我们从9个题项中共分析出3个因子，3个因子解释总体方差的72.4%。表7-1为旋转后的成分矩阵。

表7-1 包容型领导旋转后的因子分析矩阵

题项	因子		
	1	2	3
IQ1	0.717		
IQ2	0.714		
IQ3	0.788		
IQ4		0.924	
IQ5		0.909	
IQ6			0.830
IQ7			0.710
IQ8			0.703
IQ9			0.784

员工建言行为量表的KMO值和Bartlett球形度检验Chi-Square值均达到了要求，分别为0.84（$p<0.001$）和1019.62，达到了做因子分析的要求和条件。从量表的10个题项中筛选出2个因子，可解释72.43%的总体方差。具体信息如表7-2所示。

表7-2 员工建言行为旋转后的因子分析矩阵

题项	因子	
	1	2
IQ1		0.777
IQ2		0.828

续表

题项	因子	
	1	2
IQ3		0.731
IQ4		0.820
IQ5		0.781
IQ6	0.854	
IQ7	0.811	
IQ8	0.697	
IQ9	0.873	
IQ10	0.839	

对效度的解释，我们采用的是 AMOS 20.0 统计软件，最终结果显示该模型的拟合度良好，上述量表的 χ^2/df 值均小于 3；RMSEA 值均小于等于 0.08；拟合度指标（GFI、CFI、IFI、NFI）均大于等于 0.90。数据表明量表都有很好的效度。具体信息如表 7-3 所示。

表 7-3　变量拟合指数汇总

	χ^2/df	RMSEA	GFI	CFI	IFI	NFI
包容型领导	1.55	0.07	0.94	0.97	0.97	0.92
关怀型伦理气氛	1.86	0.08	0.95	0.96	0.96	0.92
员工建言行为	1.71	0.07	0.94	0.97	0.97	0.94

另外，包容型领导二阶验证性因子分析和员工建言行为二阶验证性因子分析的结果分别为：$\chi^2/df=1.70$，CFI=0.97，TLI=0.97，RMSEA=0.07 和 $\chi^2/df=1.80$，CFI=0.97，TLI=0.95，RMSEA=0.08，充分说明这两个量表的各维度效度良好。同时，结构方程分析结果显示，包容型领导和员工建言行为各量表因子载荷系数在所有题项中都大于 0.5，结果显著，这充分说明该量表具有符合标准的收敛效度。

（四）正式调研

本部分基于对预调研中 41 个团队 131 份问卷进行信效度分析，形成了正式的调查问卷，详见附录 4。

包容型领导量表的3个维度中，开放性题项、易接近性题项、可用性题项分别为3个、2个、4个；关怀型伦理气氛量表由7个题项组成；员工建言行为量表分为两个维度——促进性建言和抑制性建言，各5个题项，共计10个。另外加入被调查者的基础资料信息，最终问卷1有20个题项，问卷2有14个题项。

三、实证研究与数据分析

（一）研究样本

1.样本数据收集

本部分主要选取了山东省5个城市和深圳市的部分企业团队。具体实施阶段，采用多时段调查的方式从而减少同源误差的产生。同时，采用双向互评的方式，令团队中的领导和员工互相评价他们所感知到的领导风格和团队伦理气氛，并在一定时间(3个月)后由领导评价员工的建言行为。该阶段与预调研阶段的相关注意事项和流程大致相同。最终共获得来自105个团队的329份有效问卷，有效回收率为82.0%。

2.样本数据描述

团队领导的样本结构情况如下(见表7-4)：男性过半数(55.2%)，女性占少数(44.8%)；在年龄方面，被调查者主要集中在26—55岁；在受教育程度方面，大学本科占比最高，为66.7%；在团队工作时间方面，其中1—3年的占25.7%，4—6年的占28.6%，7—10年的占24.8%。

团队成员的样本结构情况如下(见表7-5)：女性过半数(59.6%)，男性占少数(40.4%)；在年龄方面，26—35岁的为65.7%，36—45岁的为15.2%；在学历方面，以大专及以下和大学本科为主，分别为31.6%和58.7%；在团队工作时间方面，1—3年的占41.0%，4—6年的占23.1%。

表7-4　调查样本(团队领导)统计描述

	类别	频率	比例
性别	男	58	55.2%
	女	47	44.8%

续表

	类别	频率	比例
年龄	25 岁及以下	0	0
	26—35 岁	46	43.8%
	36—45 岁	49	46.7%
	46—55 岁	10	9.5%
	56 岁及以上	0	0
受教育程度	大专及以下	16	15.2%
	大学本科	70	66.7%
	硕士	17	16.2%
	博士	2	1.9%
团队工作时间	1 年以下	4	3.8%
	1—3 年	27	25.7%
	4—6 年	30	28.6%
	7—10 年	26	24.8%
	11 年及以上	18	17.1%

表 7-5　调查样本(团队成员)统计描述

基本资料	类别	频率	比例
性别	男	133	40.4%
	女	196	59.6%
年龄	25 岁及以下	43	13.1%
	26—35 岁	216	65.7%
	36—45 岁	50	15.2%
	46—55 岁	20	6.1%
	56 岁及以上	0	0
受教育程度	大专及以下	104	31.6%
	大学本科	193	58.7%
	硕士	30	9.1%
	博士	2	0.6%

续表

基本资料	类别	频率	比例
团队工作时间	1 年以下	45	13.7%
	1—3 年	135	41.0%
	4—6 年	76	23.1%
	7—10 年	49	14.9%
	11 年及以上	24	7.3%

(二)团队层面汇聚分析

学者 Lowe 等(1993)指出,研究团队问题的重点和难点在于将个体层面的数据汇聚到团队层面,将个体数据通过取均值汇聚到团队层面是一般实证研究所采用的方法。而本部分的自变量——包容型领导和中介变量——关怀型团队伦理气氛均是团队层面的变量,实际却是由员工个人进行填写的,因而需要对个体数据进行整合。

根据统计学公式和统计结果,包容型领导的 *ICC*(1)=0.65,满足其大于 0.05 的要求;*ICC*(2)=0.85,满足其大于 0.5 的要求;有 99%(>90%)的团队的 *Rwg*≥0.7。包容型领导的开放性的 *ICC*(1)=0.59,满足其大于 0.05 的要求;*ICC*(2)=0.82,满足其大于 0.5 的要求;有 92%(>90%)的团队的 *Rwg*≥0.7。包容型领导的易接近性的 *ICC*(1)=0.55,满足其大于 0.05 的要求;*ICC*(2)=0.79,满足其大于 0.5 的要求;有 97%(>90%)的团队的 *Rwg*≥0.7。包容型领导的可用性的 *ICC*(1)=0.58,满足其大于 0.05 的要求;*ICC*(2)=0.81,满足其大于 0.5 的要求;有 93%(>90%)的团队的 *Rwg*≥0.7。由此可将满足条件的数据从个人层面汇聚到团队层面。关怀型伦理气氛的 *ICC*(1)=0.57,*ICC*(2)=0.80,满足条件[*ICC*(1)>0.05,*ICC*(2)>0.5],有 98%的团队的 *Rwg*≥0.7,满足条件(>90%)。这与汇聚条件相符合,可将数据汇聚到团队层面。具体数据信息如表 7-6 所示。

表 7-6　各变量汇聚指标

	MSB	*MSW*	*ICC*(1)	*ICC*(2)
包容型领导	0.712	0.106	0.65	0.85
包容型领导的开放性	0.904	0.165	0.59	0.82

续表

	MSB	*MSW*	*ICC*(1)	*ICC*(2)
包容型领导的易接近性	0.756	0.155	0.55	0.79
包容型领导的可用性	0.833	0.155	0.58	0.81
关怀型伦理气氛	0.766	0.151	0.57	0.80

(三)验证性因子分析

本部分通过 AMOS 20.0 统计软件,对包容型领导、关怀型伦理气氛、员工建言行为这三个变量进行验证性因子分析,并对 χ^2、df 等五个指标进行区分效度分析。据表 7-7 可知,对比分析一个三因子模型、两个二因子模型和一个单因子模型,可以看出三因子模型具有较好的拟合效果,其中 $\chi^2/df=2.44$,RMSEA= 0.07,CFI=0.89,TLI=0.88。统计结果最终证明三因子模型的拟合度要明显优于其他因子模型,这表明模型的设计和量表的区分效度较好。同时,模型中所有题项的因子载荷系数大于 0.5,结果显著,表明量表的收敛效度良好。

表 7-7　验证性因子分析结果

	χ^2	df	RMSEA	TLI	CFI
零模型 a	4256.71	325	0.19	0.00	0.00
三因子模型	717.63	294	0.07	0.88	0.89
二因子模型 b	1207.03	297	0.09	0.74	0.77
二因子模型 c	1123.53	296	0.09	0.78	0.79
单因子模型 d	1589.85	297	0.11	0.64	0.67

注:a:在零模型中,所有测量项目之间没有关系;

b:将包容型领导和关怀型伦理气氛合并为一个潜在因子;

c:将关怀型伦理气氛和员工建言行为合并为一个潜在因子;

d:将所有题项合并成一个潜在因子。

(四)描述性统计分析

如表 7-8 和表 7-9 所示,包容型领导对关怀型伦理气氛($r=0.31$,$p<0.01$)有显著的正向影响。该结果与前文所提到的研究假设相匹配,为后续的研究提供了数据支撑并指明了进一步的研究方向。

表 7-8 团队层面变量的均值、方差和相关关系

变量	1	2	3	4	5	6	7	8	9
1.领导性别	1								
2.领导年龄	−0.15	1							
3.领导受教育程度	−0.07	−0.03	1						
4.领导工作时间	0.05	0.40**	−0.17*	1					
5.包容型领导	0.07	0.01	0.06	0.12	1				
6.开放性	0.07	0.06	0.05	0.14	0.92**	1			
7.易接近性	0.08	0.08	−0.01	0.23*	0.86**	0.73**	1		
8.可用性	0.05	−0.08	0.08	0.03	0.95**	0.79**	0.74**	1	
9.关怀型伦理气氛	0.21*	0.01	−0.01	0.13	0.31**	0.31**	0.24*	0.28**	1
均值	1.45	2.66	2.05	3.26	4.38	4.36	4.55	4.31	3.93
方差	0.25	0.42	0.39	1.29	0.23	0.29	0.24	0.26	0.25

注：(1)** 代表 $p<0.01$，* 代表 $p<0.05$，$N=105$。

(2)领导性别：①男；②女。

(3)领导年龄：①25 岁及以下；②26—35 岁；③36—45 岁；④46—55 岁；⑤56 岁及以上。

(4)领导受教育程度：①大专及以下；②大学本科；③硕士；④博士。

(5)领导工作时间：①1 年以下；②1—3 年；③4—6 年；④7—10 年；⑤11 年及以上。

表 7-9 个体层面变量的均值、方差和相关关系

变量	1	2	3	4	5
1.员工性别	1				
2.员工年龄	−0.03	1			
3.员工受教育程度	−0.02	0.04	1		
4.员工工作时间	0.04	0.56**	−0.14*	1	
5.员工建言行为	0.06	0.07	−0.03	0.10	1
均值	1.60	2.14	1.79	2.61	4.04
方差	0.24	0.50	0.38	1.25	0.38

注：(1)** 代表 $p<0.01$，* 代表 $p<0.05$，$N=329$。

(2)性别：①男；②女。

(3)年龄：①25 岁及以下；②26—35 岁；③36—45 岁；④46—55 岁；⑤56 岁及以上。

(4)员工受教育程度：①大专及以下；②大学本科；③硕士；④博士。

(5)员工工作时间：①1 年以下；②1—3 年；③4—6 年；④7—10 年；⑤11 年及以上。

（五）层级回归分析

运用 SPSS 20.0 对包容型领导和关怀型伦理气氛进行回归分析。模型 1 展示了控制变量与中介变量二者的内在机理；模型 2 展示了控制变量、自变量与中介变量三者的内在关系。表 7-10 的统计结果显示，在领导性别、年龄、受教育程度等控制变量中，性别对关怀型伦理气氛（$\beta=0.20$，$p<0.05$）呈现显著的正向影响，其余的控制变量对关怀型伦理气氛没有显著影响。各模型的 F 值显著（$p<0.01$），说明模型拟合性高；此外，包容型领导与关怀型伦理气氛（$\beta=0.28$，$p<0.01$）之间有显著的回归系数。这表明包容型领导行为显著地正向影响了关怀型团队伦理气氛，从而假设 H2 得到了有力的支持。

表 7-10　包容型领导与关怀型伦理气氛关系回归分析结果

	关怀型伦理气氛	
	模型 1	模型 2
控制变量		
领导性别	0.20*	0.18
领导年龄	−0.14	−0.002
领导受教育程度	0.21	−0.002
领导工作时间	0.12	0.08
自变量		
包容型领导		0.28**
R^2	0.02	0.09
F 值	1.50	3.08**
ΔR^2	0.06	0.07
ΔF	1.50	8.95**

注：* 表示 $p<0.05$，** 表示 $p<0.01$。

表 7-11 是针对包容型领导的开放性维度建立的子假设进行验证的结果，表 7-12 是针对包容型领导的易接近性维度建立的子假设进行验证的结果，表 7-13 是针对包容型领导的可用性维度建立的子假设进行验证的结果。

根据表 7-11，领导性别的 β 值为 0.20，p 值小于 0.05，证明其显著正向影响关怀型伦理气氛。模型的 F 值显著（$p<0.01$），这就说明方程与模型间拟合程度较好，包容型领导的开放性较好地解释了关怀型伦理气氛。包容

型领导的开放性与关怀型伦理气氛之间的回归系数显著($\beta=0.28$, $p<0.01$)。这充分说明,团队中包容型领导的开放性显著地正向影响了关怀型伦理气氛,从而支持了假设 H2a。

表 7-11 包容型领导的开放性与关怀型伦理气氛关系回归分析结果

	关怀型伦理气氛	
	模型 1	模型 2
控制变量		
领导性别	0.20*	0.18
领导年龄	−0.01	−0.02
领导受教育程度	0.02	−0.001
领导工作时间	0.12	0.08
自变量		
包容型领导的开放性		0.28**
R^2	0.06	0.14
F 值	1.50	3.09**
ΔR^2	0.06	0.08
ΔF	1.50	8.96**

注:* 表示 $p<0.05$,** 表示 $p<0.01$。

据表 7-12 所示,领导性别对关怀型伦理气氛($\beta=0.20$, $p<0.05$)正向影响显著。模型的 F 值显著($p<0.05$),这就说明方程能很好地拟合模型。此外,包容型领导的易接近性显著地正向影响了关怀型伦理气氛($\beta=0.20$, $p<0.05$)。这充分说明,团队中包容型领导的易接近性与关怀型伦理气氛有显著的正相关关系,从而支持了假设 H2b。

表 7-12 包容型领导的易接近性与关怀型伦理气氛关系回归分析结果

	关怀型伦理气氛	
	模型 1	模型 2
控制变量		
领导性别	0.20*	0.19
领导年龄	−0.01	−0.01

续表

	关怀型伦理气氛	
	模型 1	模型 2
领导受教育程度	0.02	0.02
领导工作时间	0.12	0.08
自变量		
包容型领导的易接近性		0.20*
R^2	0.06	0.10
F 值	1.50	2.09*
ΔR^2	0.06	0.04
ΔF	1.50	4.27*

注：* 表示 $p<0.05$，** 表示 $p<0.01$。

据表 7-13 所示，在人口统计学变量中，领导性别对关怀型伦理气氛（$\beta=0.20$，$p<0.05$）正向影响显著。模型的 F 值显著（$p<0.01$），说明方程能够很好地拟合模型。此外，包容型领导可用性正向影响关怀型伦理气氛（$\beta=0.27$，$p<0.01$）。这充分说明，团队中包容型领导的可用性能够对关怀型伦理气氛产生显著的正向影响，假设 H2c 得到支持。

表 7-13　包容型领导的可用性与关怀型伦理气氛关系回归分析结果

	关怀型伦理气氛	
	模型 1	模型 2
控制变量		
领导性别	0.20*	0.19*
领导年龄	−0.01	0.01
领导受教育程度	0.02	−0.004
领导工作时间	0.12	0.10
自变量		
包容型领导可用性		0.27**
R^2	0.06	0.13
F 值	1.50	2.94*

续表

	关怀型伦理气氛	
	模型 1	模型 2
ΔR^2	0.06	0.07
ΔF	1.50	8.26**

注：* 表示 $p<0.05$，** 表示 $p<0.01$。

（六）跨层次分析

1.验证 H1a

为验证 H1a，按照如下顺序建立分析模型：先设因变量员工促进性建言行为，然后增添表 7-14 中的两个层次的控制变量，最后放入自变量包容型领导开放性。

$$员工促进性建言行为=\beta_0+\beta_1(员工性别)+\beta_2(员工年龄)+\beta_3(员工受教育程度)+\beta_4(员工工作时间)+\varepsilon$$

$$\beta_0=\gamma_{00}+\gamma_{01}(包容型领导开放性)+\gamma_{02}(领导性别)+\gamma_{03}(领导年龄)+\gamma_{04}(领导受教育程度)+\gamma_{05}(领导工作时间)+\mu_0$$

其中，ε、μ_0 代表误差。

通过表 7-14 可以发现，当包容型领导开放性（模型 2 中，$\beta=0.24$，$p<0.05$）越高时，越能促进员工促进性建言行为，二者之间存在明显的正向相关关系，有力地证实了假设 H1a。

表 7-14　包容型领导开放性与员工促进性建言行为多层线性分析结果

	员工促进性建言行为	
	模型 1	模型 2
第一层控制变量		
员工性别	0.04(0.08)	0.04(0.08)
员工年龄	−0.02(0.07)	−0.02(0.07)
员工受教育程度	0.03(0.06)	0.03(0.06)
员工工作时间	−0.005(0.04)	−0.005(0.04)
第二层控制变量		
领导性别	0.29(0.10)**	0.27(0.10)**

续表

	员工促进性建言行为	
	模型 1	模型 2
领导年龄	0.11(0.08)	0.11(0.07)
领导受教育程度	0.05(0.09)	0.03(0.09)
领导工作时间	0.01(0.04)	−0.005(0.04)
自变量		
包容型领导开放性		0.24(0.11)*
Sigma square	0.24	0.24
Tau	0.19	0.17
Chi-square(df)	348.27(100)**	320.84(99)**
Pseudo R^2 change(level 1)		0
Pseudo R^2 change(level 2)		10.5%

注：(1)表中的回归系数为标准化回归系数，* 代表 $p<0.05$，** 代表 $p<0.01$。括号内为估计的标准误。下同。

(2)第一层＝个体层面($N=329$)；第二层＝团队层面($N=105$)。下同。

2.验证 H1b

为验证 H1b，按照如下顺序建立分析模型：先设因变量员工促进性建言行为，然后增添表 7-15 中的两个层次的控制变量，最后放入自变量包容型领导易接近性。

$$员工促进性建言行为=\beta_0+\beta_1(员工性别)+\beta_2(员工年龄)+\beta_3(员工受教育程度)+\beta_4(员工工作时间)+\varepsilon$$

$$\beta_0=\gamma_{00}+\gamma_{01}(包容型领导易接近性)+\gamma_{02}(领导性别)+\gamma_{03}(领导年龄)+\gamma_{04}(领导受教育程度)+\gamma_{05}(领导工作时间)+\mu_0$$

其中，ε、μ_0 代表误差。

通过表 7-15 可以发现，当包容型领导易接近性(模型 2 中，$\beta=0.33$，$p<0.01$)越高时，越能促进员工促进性建言行为，二者之间存在明显的正向相关关系，有力地证实了 H1b。

表 7-15 包容型领导易接近性与员工促进性建言行为多层线性分析结果

	员工促进性建言行为	
	模型 1	模型 2
第一层控制变量		
员工性别	0.04(0.08)	0.04(0.08)
员工年龄	−0.02(0.07)	−0.02(0.07)
员工受教育程度	0.03(0.06)	0.03(0.06)
员工工作时间	−0.005(0.04)	−0.005(0.04)
第二层控制变量		
领导性别	0.29(0.10)**	0.27(0.10)**
领导年龄	0.11(0.08)	0.11(0.07)
领导受教育程度	0.05(0.09)	0.04(0.09)
领导工作时间	0.01(0.04)	−0.02(0.04)
自变量		
包容型领导易接近性		0.33(0.12)**
Sigma square	0.24	0.24
Tau	0.19	0.17
Chi-square(df)	348.27(100)**	310.94(99)**
Pseudo R^2 change(level 1)		0
Pseudo R^2 change(level 2)		10.5%

3.验证 H1c

为验证假设 H1c,按照如下顺序建立分析模型:先设因变量员工促进性建言行为,然后增添表 7-16 中的两个层次的控制变量,最后放入自变量包容型领导可用性。

$$员工促进性建言行为=\beta_0+\beta_1(员工性别)+\beta_2(员工年龄)+\beta_3(员工受教育程度)+\beta_4(员工工作时间)+\varepsilon$$

$$\beta_0=\gamma_{00}+\gamma_{01}(包容型领导可用性)+\gamma_{02}(领导性别)+\gamma_{03}(领导年龄)+\gamma_{04}(领导受教育程度)+\gamma_{05}(领导工作时间)+\mu_0$$

其中,ε、μ_0 代表误差。

通过表 7-16 可以发现，当包容型领导可用性（模型 2 中，$\beta=0.31$，$p<0.01$）越高时，越能促进员工促进性建言行为，二者之间存在明显的正向相关关系，有力地证实了 H1c。

表 7-16　包容型领导可用性与员工促进性建言行为多层线性分析结果

	员工促进性建言行为	
	模型 1	模型 2
第一层控制变量		
员工性别	0.04(0.08)	0.04(0.08)
员工年龄	−0.02(0.07)	−0.02(0.07)
员工受教育程度	0.03(0.06)	0.03(0.06)
员工工作时间	−0.005(0.04)	−0.005(0.04)
第二层控制变量		
领导性别	0.29(0.10)**	0.28(0.10)**
领导年龄	0.11(0.08)	0.14(0.07)
领导受教育程度	0.05(0.09)	0.02(0.08)
领导工作时间	0.01(0.04)	−0.001(0.04)
自变量		
包容型领导可用性		0.31(0.11)**
Sigma square	0.24	0.24
Tau	0.19	0.16
Chi-square(df)	348.27(100)**	309.11(99)**
Pseudo R^2 change(level 1)		0
Pseudo R^2 change(level 2)		15.8%

4.验证 H1d

为验证 H1d，按照如下顺序建立分析模型：先设因变量员工抑制性建言行为，然后增添表 7-17 中两个层次的控制变量，最后放入自变量包容型领导开放性。

$$员工抑制性建言行为=\beta_0+\beta_1(员工性别)+\beta_2(员工年龄)+\beta_3(员工受教育程度)+\beta_4(员工工作时间)+\varepsilon$$

$$\beta_0 = \gamma_{00} + \gamma_{01}(\text{包容型领导开放性}) + \gamma_{02}(\text{领导性别}) + \gamma_{03}(\text{领导年龄}) + \gamma_{04}(\text{领导受教育程度}) + \gamma_{05}(\text{领导工作时间}) + \mu_0$$

其中，ε、μ_0 代表误差。

通过表 7-17 可以发现，当包容型领导开放性（模型 2 中，$\beta=0.25$，$p<0.05$）越高时，越能促进员工抑制性建言行为，二者之间存在明显的正向相关关系，有力地证实了 H1d。

表 7-17 包容型领导开放性与员工抑制性建言行为多层线性分析结果

	员工抑制性建言行为	
	模型 1	模型 2
第一层控制变量		
员工性别	0.08(0.07)	0.08(0.07)
员工年龄	−0.08(0.06)	−0.08(0.06)
员工受教育程度	0.02(0.05)	0.02(0.05)
员工工作时间	0.06(0.04)	0.06(0.04)
第二层控制变量		
领导性别	0.16(0.11)	0.14(0.11)
领导年龄	0.04(0.09)	0.04(0.08)
领导受教育程度	0.02(0.10)	0.003(0.05)
领导工作时间	0.008(0.05)	−0.01(0.05)
自变量		
包容型领导开放性		0.25(0.11)*
Sigma square	0.25	0.25
Tau	0.21	0.20
Chi-square(df)	375.57(100)**	346.39(99)**
Pseudo R^2 change(level 1)		0
Pseudo R^2 change(level 2)		4.8%

5.验证 H1e

为验证 H1e，按照如下顺序建立分析模型：先设因变量员工抑制性建言行为，然后增添表 7-18 中的两个层次的控制变量，最后放入自变量包容型领导易接近性。

$$员工抑制性建言行为=\beta_0+\beta_1(员工性别)+\beta_2(员工年龄)+\beta_3(员工受教育程度)+\beta_4(员工工作时间)+\varepsilon$$

$$\beta_0=\gamma_{00}+\gamma_{01}(包容型领导易接近性)+\gamma_{02}(领导性别)+\gamma_{03}(领导年龄)+\gamma_{04}(领导受教育程度)+\gamma_{05}(领导工作时间)+\mu_0$$

其中，ε、μ_0 代表误差。

通过表 7-18 可以发现，当包容型领导易接近性（模型 2 中，$\beta=0.29$，$p<0.05$）越高时，越能促进员工抑制性建言行为，二者之间存在明显的正向相关关系，有力地证实了 H1e。

表 7-18　包容型领导易接近性与员工抑制性建言行为多层线性分析结果

	员工抑制性建言行为	
	模型 1	模型 2
第一层控制变量		
员工性别	0.08(0.07)	0.08(0.07)
员工年龄	−0.08(0.06)	−0.0(0.06)
员工受教育程度	0.02(0.05)	0.02(0.05)
员工工作时间	0.06(0.04)	0.06(0.04)
第二层控制变量		
领导性别	0.16(0.11)	0.14(0.11)
领导年龄	0.04(0.09)	0.04(0.08)
领导受教育程度	0.02(0.10)	0.01(0.09)
领导工作时间	0.008(0.05)	−0.02(0.05)
自变量		
包容型领导易接近性		0.29(0.13)*
Sigma square	0.25	0.25
Tau	0.21	0.20
Chi-square(df)	375.57(100)**	346.04(99)**
Pseudo R^2 change(level 1)		0
Pseudo R^2 change(level 2)		4.8%

6.验证 H1f

为验证 H1f,按照如下顺序建立分析模型:先设因变量员工抑制性建言行为,然后增添表 7-19 中的两个层次的控制变量,最后放入自变量包容型领导可用性。

$$员工抑制性建言行为 = \beta_0 + \beta_1(员工性别) + \beta_2(员工年龄) + \beta_3(员工受教育程度) + \beta_4(员工工作时间) + \varepsilon$$

$$\beta_0 = \gamma_{00} + \gamma_{01}(包容型领导可用性) + \gamma_{02}(领导性别) + \gamma_{03}(领导年龄) + \gamma_{04}(领导受教育程度) + \gamma_{05}(领导工作时间) + \mu_0$$

其中,ε、μ_0 代表误差。

从表 7-19 中可以发现,当包容型领导可用性(模型 2 中,$\beta = 0.30$,$p < 0.05$)越高时,越能促进员工抑制性建言行为,二者之间存在明显的正向相关关系,有力地证实了假设 H1f。

表 7-19　包容型领导可用性与员工抑制性建言行为多层线性分析结果

	员工抑制性建言行为	
	模型 1	模型 2
第一层控制变量		
员工性别	0.08(0.07)	0.08(0.07)
员工年龄	−0.08(0.06)	−0.08(0.06)
员工受教育程度	0.02(0.05)	0.02(0.05)
员工工作时间	0.06(0.04)	0.06(0.04)
第二层控制变量		
领导性别	0.16(0.11)	0.15(0.10)
领导年龄	0.04(0.09)	0.06(0.08)
领导受教育程度	0.02(0.10)	−0.003(0.09)
领导工作时间	0.008(0.05)	−0.004(0.05)
自变量		
包容型领导可用性		0.30(0.11)*
Sigma square	0.25	0.25
Tau	0.21	0.19
Chi-square(df)	375.57(100)**	338.66(99)**

续表

	员工抑制性建言行为	
	模型 1	模型 2
Pseudo R^2 change(level 1)		0
Pseudo R^2 change(level 2)		9.5%

7.验证 H3 和 H4

在之前进行的回归分析中，已经检验了归属于团队层面的两个变量：自变量——包容型领导和中介变量——关怀型伦理气氛。下面我们继续检验中介变量——关怀型伦理气氛。

为了对 H3 进行检验，按照如下顺序建立分析模型：先设因变量员工建言行为，然后加入表 7-20 中两个层次的控制变量，最后则导入中介变量关怀型伦理气氛。

$$员工建言行为=\beta_0+\beta_1(员工性别)+\beta_2(员工年龄)+\beta_3(员工受教育程度)+\beta_4(员工工作时间)+\varepsilon$$

$$\beta_0=\gamma_{00}+\gamma_{01}(领导性别)+\gamma_{02}(领导年龄)+\gamma_{03}(领导受教育程度)+\gamma_{04}(领导工作时间)+\gamma_{05}(关怀型伦理气氛)+\mu_0$$

其中，ε、μ_0 代表误差。

为了对 H4 进行检验，按照如下顺序建立分析模型：先设因变量员工建言行为，其次加入表 7-20 中两个层次的控制变量，再次引入自变量包容型领导，最后则导入中介变量关怀型伦理气氛。

$$员工建言行为=\beta_0+\beta_1(员工性别)+\beta_2(员工年龄)+\beta_3(员工受教育程度)+\beta_4(员工工作时间)+\varepsilon$$

$$\beta_0=\gamma_{00}+\gamma_{01}(包容型领导)+\gamma_{02}(领导性别)+\gamma_{03}(领导年龄)+\gamma_{04}(领导受教育程度)+\gamma_{05}(领导工作时间)+\gamma_{06}(关怀型伦理气氛)+\mu_0$$

其中，ε、μ_0 代表误差。

从表 7-20 中可以发现：①包容型领导会显著影响员工建言行为（模型 4 中，$\beta=0.34$，$p<0.01$），它们之间呈现出正相关关系。②包容型领导会显著影响关怀型伦理气氛（模型 2 中，$\beta=0.28$，$p<0.01$），它们之间呈现出正相关关系。③关怀型伦理气氛会显著影响员工建言行为（模型 5 中，$\beta=0.65$，$p<0.01$），它们之间呈现出显著的正相关关系。④受中介变量——关怀型伦理气氛的影响，包容型领导不再显著影响员工建言行为，并且二者之

间的系数呈现明显的下降(模型 6 中,$\beta=0.16$),但是关怀型伦理气氛依然会显著影响员工建言行为,二者之间的关系没有受到太大影响。这表明关怀型伦理气氛在包容型领导与员工建言行为之间发挥显著的中介作用。以上发现有力地支持了假设 H3 和 H4。

表 7-20　关怀型伦理气氛跨层次中介效应检验(1)

	关怀型伦理气氛		员工建言行为			
	模型 1	模型 2	模型 3	模型 4	模型 5	模型 6
第一层控制变量						
员工性别	—	—	0.06 (0.07)	0.06 (0.07)	0.06 (0.07)	0.06 (0.07)
员工年龄	—	—	−0.05 (0.06)	−0.05 (0.06)	−0.05 (0.06)	−0.05 (0.06)
员工受教育程度	—	—	0.03 (0.05)	0.03 (0.6)	0.03 (0.05)	0.03 (0.05)
员工工作时间	—	—	0.03 (0.04)	0.03 (0.04)	0.03 (0.04)	0.03 (0.04)
第二层控制变量						
领导性别	0.20*	0.18	0.23 (0.10)*	0.21 (0.03)*	0.09 (0.07)	0.10 (0.07)
领导年龄	−0.01	−0.002	0.08 (0.08)	0.09 (0.07)	0.08 (0.06)	0.09 (0.05)
领导受教育程度	0.02	−0.002	0.03 (0.09)	0.01 (0.08)	0.02 (0.08)	0.02 (0.07)
领导工作时间	0.12	0.08	−0.01 (0.04)	−0.01 (0.04)	−0.02 (0.03)	−0.04 (0.03)
自变量						
包容型领导		0.28**		0.34 (0.12)**		0.16 (0.12)
中介变量						
关怀型伦理气氛					0.65 (0.08)**	0.61 (0.10)**
Sigma square	—	—	0.19	0.19	0.19	0.19

续表

	关怀型伦理气氛		员工建言行为			
	模型 1	模型 2	模型 3	模型 4	模型 5	模型 6
Tau	—	—	0.19	0.16	0.09	0.08
Chi-square	—	—	416.05 (100)**	365.13 (99)**	251.80 (99)**	238.30 (98)**
Pseudo R^2 change (level 1)	—	—	—	0	0	0
Pseudo R^2 change (level 2)	—	—	—	15.8%	52.6%	50%

8.验证 H3a 和 H4a

为了对 H3a 进行检验，按照如下顺序建立分析模型：先设因变量员工促进性建言行为，然后加入个体和团队两个层面的控制变量，最后则导入中介变量关怀型伦理气氛。

$$员工促进性建言=\beta_0+\beta_1(员工性别)+\beta_2(员工年龄)+\beta_3(员工受教育程度)+\beta_4(员工工作时间)+\varepsilon$$

$$\beta_0=\gamma_{00}+\gamma_{01}(领导性别)+\gamma_{02}(领导年龄)+\gamma_{03}(领导受教育程度)+\gamma_{04}(领导工作时间)+\gamma_{05}(关怀型伦理气氛)+\mu_0$$

其中，ε、μ_0 代表误差。

为了对 H4a 进行检验，按照如下顺序建立分析模型：先设因变量员工促进性建言行为，其次加入个体和团队两个层面的控制变量，再次引入自变量包容型领导开放性，最后则导入中介变量关怀型伦理气氛。

$$员工促进性建言=\beta_0+\beta_1(员工性别)+\beta_2(员工年龄)+\beta_3(员工受教育程度)+\beta_4(员工工作时间)+\varepsilon$$

$$\beta_0=\gamma_{00}+\gamma_{01}(包容型领导开放性)+\gamma_{02}(领导性别)+\gamma_{03}(领导年龄)+\gamma_{04}(领导受教育程度)+\gamma_{05}(领导工作时间)+\gamma_{06}(关怀型伦理气氛)+\mu_0$$

其中，ε、μ_0 代表误差。

运用多层线性分析得到表 7-21。从表中可见：①包容型领导开放性会显著影响员工促进性建言行为（模型 4 中，$\beta=0.24$，$p<0.05$），它们之间呈现出正相关关系。②包容型领导开放性会显著影响关怀型伦理气氛（模型 2 中，$\beta=0.28$，$p<0.01$），它们之间呈现出正相关关系。③关怀型伦理气氛会显著影响员工促进性建言行为（模型 5 中，$\beta=0.65$，$p<0.01$），它们之间

呈现出正相关关系。④受中介变量——关怀型伦理气氛的影响，包容型领导开放性不再显著影响员工建言行为，并且二者之间的系数呈现明显下降（模型 6 中，$\beta=0.08$），但是关怀型伦理气氛依然会显著影响员工促进性建言行为（模型 6 中，$\beta=0.62$，$p<0.01$），二者之间的关系没有受到太大影响。这表明关系型伦理气氛在包容型领导开放性与员工促进性建言行为之间发挥中介作用。以上发现有力地支持了 H3a 和 H4a。

表 7-21　关怀型伦理气氛跨层次中介效应检验(2)

	关怀型伦理气氛		员工促进性建言行为			
	模型 1	模型 2	模型 3	模型 4	模型 5	模型 6
第一层控制变量						
员工性别	—	—	0.04 (0.08)	0.04 (0.08)	0.04 (0.08)	0.04 (0.08)
员工年龄	—	—	−0.02 (0.07)	−0.02 (0.07)	−0.02 (0.07)	−0.02 (0.07)
员工受教育程度	—	—	0.03 (0.06)	0.03 (0.06)	0.03 (0.06)	0.03 (0.06)
员工工作时间	—	—	−0.005 (0.04)	−0.005 (0.04)	−0.005 (0.04)	−0.005 (0.04)
第二层控制变量						
领导性别	0.20*	0.18	0.29 (0.10)**	0.27 (0.10)**	0.16 (0.08)	0.16 (0.08)
领导年龄	−0.01	−0.02	0.11 (0.08)	0.11 (0.07)	0.12 (0.06)	0.12 (0.06)
领导受教育程度	0.02	−0.001	0.05 (0.09)	0.03 (0.09)	0.04 (0.08)	0.03 (0.08)
领导工作时间	0.12	0.08	0.01 (0.04)	−0.005 (0.04)	−0.02 (0.04)	−0.03 (0.04)
自变量						
包容型 领导开放性		0.28**		0.24 (0.11)*		0.08 (0.11)
中介变量						
关怀型伦理气氛					0.65 (0.09)**	0.62 (0.10)**

续表

	关怀型伦理气氛		员工促进性建言行为			
	模型 1	模型 2	模型 3	模型 4	模型 5	模型 6
Sigma square	—	—	0.24	0.24	0.24	0.24
Tau	—	—	0.19	0.17	0.09	0.09
Chi-square	—	—	348.27 (100)**	320.84 (99)**	222.73 (99)**	218.39 (98)**
Pseudo R^2 change (level 1)	—	—	—	0	0	0
Pseudo R^2 change (level 2)	—	—	—	10.5%	52.6%	47.1%

9.验证 H4b

为了对 H4b 进行检验，按照如下顺序建立分析模型：先设因变量员工促进性建言行为，其次加入两个层次的控制变量，再次引入自变量包容型领导易接近性，最后则导入中介变量关怀型伦理气氛。

$$员工促进性建言=\beta_0+\beta_1(员工性别)+\beta_2(员工年龄)+\beta_3(员工受教育程度)+\beta_4(员工工作时间)+\varepsilon$$

$$\beta_0=\gamma_{00}+\gamma_{01}(包容型领导易接近性)+\gamma_{02}(领导性别)+\gamma_{03}(领导年龄)+\gamma_{04}(领导受教育程度)+\gamma_{05}(领导工作时间)+\gamma_{06}(关怀型伦理气氛)+\mu_0$$

其中，ε、μ_0 代表误差。

从多层线性分析得到的结果中(见表 7-22)能够发现：①包容型领导易接近性会显著影响员工促进性建言行为(模型 4 中，$\beta=0.33$，$p<0.01$)，它们之间呈现正相关关系。②包容型领导易接近性会显著影响关怀型伦理气氛(模型 2 中，$\beta=0.20$，$p<0.05$)，它们之间呈现正相关关系。③关怀型伦理气氛会显著正向影响员工促进性建言行为(模型 5 中，$\beta=0.65$，$p<0.01$)，它们之间呈现正相关关系。④受中介变量——关怀型伦理气氛的影响，包容型领导易接近性不再显著影响员工促进性建言行为，并且二者之间的系数呈现明显的下降(模型 6 中，$\beta=0.21$)，但是关怀型伦理气氛依然会显著影响员工促进性建言行为(模型 6 中，$\beta=0.61$，$p<0.01$)，二者之间的关系没有受到太大影响。这表明关系型伦理气氛在包容型领导易接近性与员工促进性建言行为之间发挥中介作用。以上发现有力地支持了 H4b。

表 7-22 关怀型伦理气氛跨层次中介效应检验(3)

	关怀型伦理气氛		员工促进性建言行为			
	模型 1	模型 2	模型 3	模型 4	模型 5	模型 6
第一层控制变量						
员工性别	—	—	0.04 (0.08)	0.04 (0.08)	0.04 (0.08)	0.04 (0.08)
员工年龄	—	—	−0.02 (0.07)	−0.02 (0.07)	−0.02 (0.07)	−0.02 (0.07)
员工受教育程度	—	—	0.03 (0.06)	0.03 (0.06)	0.03 (0.06)	0.03 (0.06)
员工工作时间	—	—	−0.005 (0.04)	−0.005 (0.04)	−0.005 (0.04)	−0.005 (0.04)
第二层控制变量						
领导性别	0.20*	0.18	0.29 (0.10)**	0.27 (0.10)**	0.16 (0.08)	0.15 (0.07)
领导年龄	−0.01	−0.01	0.11 (0.08)	0.11 (0.07)	0.12 (0.06)	0.12 (0.05)
领导受教育程度	0.02	0.02	0.05 (0.09)	0.04 (0.09)	0.04 (0.08)	0.03 (0.08)
领导工作时间	0.12	0.08	0.01 (0.04)	−0.02 (0.04)	−0.02 (0.04)	−0.04 (0.04)
自变量						
包容型领导易接近性		0.20*		0.33 (0.12)**		0.21 (0.12)
中介变量						
关怀型伦理气氛					0.65 (0.09)**	0.61 (0.10)**
Sigma square	—	—	0.24	0.24	0.24	0.24
Tau	—	—	0.19	0.17	0.09	0.08
Chi-square	—	—	348.27 (100)**	310.94 (99)**	222.73 (99)**	205.81 (98)**
Pseudo R^2 change (level 1)	—	—	—	0	0	0
Pseudo R^2 change (level 2)	—	—	—	10.5%	52.6%	52.9%

10.验证 H4c

为了对 H4c 进行检验，按照如下顺序建立分析模型：首先设置因变量员工促进性建言行为，其次加入两个层次的控制变量，再次引入自变量包容型领导可用性，最后导入中介变量关怀型伦理气氛。

$$员工促进性建言=\beta_0+\beta_1(员工性别)+\beta_2(员工年龄)+\beta_3(员工受教育程度)+\beta_4(员工工作时间)+\varepsilon$$

$$\beta_0=\gamma_{00}+\gamma_{01}(包容型领导可用性)+\gamma_{02}(领导性别)+\gamma_{03}(领导年龄)+\gamma_{04}(领导受教育程度)+\gamma_{05}(领导工作时间)+\gamma_{06}(关怀型伦理气氛)+\mu_0$$

其中，ε、μ_0 代表误差。

从多层线性分析得到的结果（见表 7-23）中能够发现：①包容型领导可用性会显著影响员工促进性建言行为（模型 4 中，$\beta=0.31$，$p<0.01$），它们之间呈现正相关关系。②包容型领导可用性会显著正向影响关怀型伦理气氛（模型 2 中，$\beta=0.27$，$p<0.01$），它们之间呈现出正相关关系。③关怀型伦理气氛会显著正向影响员工促进性建言行为（模型 5 中，$\beta=0.65$，$p<0.01$），它们之间呈现出正相关关系。④受中介变量——关怀型伦理气氛的影响，包容型领导可用性不再显著影响员工促进性建言行为，并且二者之间的系数呈现明显的下降（模型 6 中，$\beta=0.16$），但是关怀型伦理气氛依然会显著影响员工促进性建言行为（模型 6 中，$\beta=0.61$，$p<0.01$），二者之间的关系没有受到太大影响。这表明关怀型伦理气氛在包容型领导可用性与员工促进性建言行为之间发挥中介作用。以上发现有力地支持了 H4c。

表 7-23　关怀型伦理气氛跨层次中介效应检验(4)

	关怀型伦理气氛		员工促进性建言行为			
	模型 1	模型 2	模型 3	模型 4	模型 5	模型 6
第一层控制变量						
员工性别	—	—	0.04 (0.08)	0.04 (0.08)	0.04 (0.08)	0.04 (0.08)
员工年龄	—	—	−0.02 (0.07)	−0.02 (0.07)	−0.02 (0.07)	−0.02 (0.07)
员工受教育程度	—	—	0.03 (0.06)	0.03 (0.06)	0.03 (0.06)	0.03 (0.06)
员工工作时间	—	—	0.005 (0.04)	−0.005 (0.04)	−0.005 (0.04)	−0.005 (0.04)

续表

	关怀型伦理气氛		员工促进性建言行为			
	模型 1	模型 2	模型 3	模型 4	模型 5	模型 6
第二层控制变量						
领导性别	0.20*	0.19*	0.29 (0.10)**	0.28 (0.10)**	0.16 (0.08)	0.16 (0.07)
领导年龄	−0.01	0.01	0.11 (0.08)	0.14 (0.07)	0.12 (0.06)	0.13 (0.05)
领导受教育程度	0.02	−0.004	0.05 (0.09)	0.02 (0.08)	0.04 (0.08)	0.03 (0.08)
领导工作时间	0.12	0.10	0.01 (0.04)	−0.001 (0.04)	−0.02 (0.04)	−0.03 (0.04)
自变量						
包容型 领导可用性		0.27**		0.31 (0.11)**		0.16 (0.11)
中介变量						
关怀型伦理气氛					0.65 (0.09)**	0.61 (0.11)**
Sigma square	—	—	0.24	0.24	0.24	0.24
Tau	—	—	0.19	0.16	0.09	0.08
Chi-square	—	—	348.27 (100)**	309.11 (99)**	222.73 (99)**	211.66 (98)**
Pseudo R^2 change (level 1)	—	—	—	0	0	0
Pseudo R^2 change (level 2)	—	—	—	15.8%	52.6%	52.9%

11.验证 H3b 和 H4d

为了对 H3b 进行检验，按照如下顺序建立分析模型：首先放置因变量员工抑制性建言行为，其次加入两个层次的控制变量，最后导入中介变量关怀型伦理气氛。

$$员工抑制性建言行为 = \beta_0 + \beta_1(员工性别) + \beta_2(员工年龄) + \beta_3(员工受教育程度) + \beta_4(员工工作时间) + \varepsilon$$

$$\beta_0 = \gamma_{00} + \gamma_{01}(领导性别) + \gamma_{02}(领导年龄) + \gamma_{03}(领导受教育程度) + \gamma_{04}(领导工作时间) + \gamma_{05}(关怀型伦理气氛) + \mu_0$$

其中，ε、μ_0 代表误差。

为了对 H4d 进行检验，按照如下顺序建立分析模型：首先设因变量员工抑制性建言行为，其次放入两个层次的控制变量，再次引入自变量包容型领导开放性，最后导入中介变量关怀型伦理气氛。

$$员工抑制性建言行为=\beta_0+\beta_1(员工性别)+\beta_2(员工年龄)+\beta_3(员工受教育程度)+\beta_4(员工工作时间)+\varepsilon$$

$$\beta_0=\gamma_{00}+\gamma_{01}(包容型领导开放性)+\gamma_{02}(领导性别)+\gamma_{03}(领导年龄)+\gamma_{04}(领导受教育程度)+\gamma_{05}(领导工作时间)+\gamma_{06}(关怀型伦理气氛)+\mu_0$$

其中，ε、μ_0 代表误差。

多层线性分析得出的结果如表 7-24 所示，能够发现：①包容型领导开放性会显著正向促进员工抑制性建言行为（模型 4 中，$\beta=0.25$，$p<0.05$），它们之间呈现正相关关系。②包容型领导开放性会显著影响关怀型伦理气氛（模型 2 中，$\beta=0.28$，$p<0.01$），它们之间呈现正相关关系。③关怀型伦理气氛会显著正向促进员工抑制性建言行为（模型 5 中，$\beta=0.65$，$p<0.01$），它们之间呈现正相关关系。④受中介变量——关怀型伦理气氛的影响，包容型领导开放性不再显著影响员工抑制性建言行为，并且二者之间的系数呈现明显的下降（模型 6 中，$\beta=0.10$），但是关怀型伦理气氛依然会显著影响员工抑制性建言行为（模型 6 中，$\beta=0.62$，$p<0.01$），二者之间的关系没有受到太大影响。这表明关怀型伦理气氛在包容型领导开放性与员工抑制性建言行为之间的中介作用是显而易见的。以上发现有力地支持了 H3b 和 H4d。

表 7-24　关怀型伦理气氛跨层次中介效应检验(5)

	关怀型伦理气氛		员工抑制性建言行为			
	模型 1	模型 2	模型 3	模型 4	模型 5	模型 6
第一层控制变量						
员工性别	—	—	0.08 (0.07)	0.08 (0.07)	0.08 (0.07)	0.08 (0.07)
员工年龄	—	—	−0.08 (0.06)	−0.08 (0.06)	−0.08 (0.06)	−0.08 (0.06)
员工受教育程度	—	—	0.02 (0.05)	0.02 (0.5)	0.02 (0.05)	0.02 (0.05)
员工工作时间	—	—	0.06 (0.04)	0.06 (0.04)	0.06 (0.04)	0.06 (0.04)

续表

	关怀型伦理气氛		员工抑制性建言行为			
	模型 1	模型 2	模型 3	模型 4	模型 5	模型 6
第二层控制变量						
领导性别	0.20*	0.18	0.16 (0.11)	0.14 (0.11)	0.03 (0.09)	0.03 (0.09)
领导年龄	−0.01	−0.02	0.04 (0.09)	0.04 (0.08)	0.05 (0.07)	0.04 (0.07)
领导受教育程度	0.02	−0.001	0.02 (0.10)	−0.003 (0.05)	0.01 (0.09)	0.005 (0.08)
领导工作时间	0.12	0.08	0.008 (0.05)	−0.01 (0.05)	−0.03 (0.04)	−0.03 (0.04)
自变量						
包容型领导开放性		0.28**		0.25 (0.11)*		0.10 (0.11)
中介变量						
关怀型伦理气氛					0.65 (0.08)**	0.62 (0.10)**
Sigma square	—	—	0.25	0.25	0.25	0.25
Tau	—	—	0.21	0.20	0.12	0.12
Chi-square	—	—	375.57 (100)**	346.39 (99)**	248.88 (99)**	243.80 (98)**
Pseudo R^2 change (level 1)	—	—	—	0	0	0
Pseudo R^2 change (level 2)	—	—	—	4.8%	42.9%	40%

12.验证 H4e

为了对 H4e 进行检验，按照如下顺序建立分析模型：首先设因变量员工抑制性建言行为，其次加入两个层次的控制变量，再次设置自变量包容型领导易接近性，最后则导入中介变量关怀型伦理气氛。

$$员工抑制性建言行为=\beta_0+\beta_1(员工性别)+\beta_2(员工年龄)+\beta_3(员工受教育程度)+\beta_4(员工工作时间)+\varepsilon$$

$\beta_0 = \gamma_{00} + \gamma_{01}$(包容型领导易接近性)$+\gamma_{02}$(领导性别)$+\gamma_{03}$(领导年龄)$+\gamma_{04}$(领导受教育程度)$+\gamma_{05}$(领导工作时间)$+\gamma_{06}$(关怀型伦理气氛)$+\mu_0$

其中,ε、μ_0 代表误差。

从运用多层线性分析得到的结果(见表 7-25)中能够发现:①包容型领导易接近性会显著影响员工抑制性建言行为(模型 4 中,$\beta=0.29$,$p<0.05$),它们之间呈现正相关关系。②包容型领导易接近性会显著影响关怀型伦理气氛(模型 2 中,$\beta=0.20$,$p<0.05$),它们之间呈现正相关关系。③关怀型伦理气氛会显著正向促进员工抑制性建言行为(模型 5 中,$\beta=0.65$,$p<0.01$),它们之间呈现正相关关系。④受中介变量——关怀型伦理气氛的影响,包容型领导易接近性不再显著影响员工抑制性建言行为,并且二者之间的系数呈现明显的下降(模型 6 中,$\beta=0.17$),但是关怀型伦理气氛依然会显著影响员工抑制性建言行为(模型 6 中,$\beta=0.62$,$p<0.01$),二者之间的关系没有受到太大影响。这表明关怀型伦理气氛在包容型领导易接近性与员工抑制性建言行为之间发挥中介作用。以上发现有力地支持了 H4e。

表 7-25 关怀型伦理气氛跨层次中介效应检验(6)

	关怀型伦理气氛		员工抑制性建言行为			
	模型 1	模型 2	模型 3	模型 4	模型 5	模型 6
第一层控制变量						
员工性别	—	—	0.08 (0.07)	0.08 (0.07)	0.08 (0.07)	0.08 (0.07)
员工年龄	—	—	−0.08 (0.06)	−0.0 (0.06)	−0.08 (0.06)	−0.08 (0.06)
员工受教育程度	—	—	0.02 (0.05)	0.02 (0.05)	0.02 (0.05)	0.02 (0.05)
员工工作时间	—	—	0.06 (0.04)	0.06 (0.04)	0.06 (0.04)	0.06 (0.04)
第二层控制变量						
领导性别	0.20*	0.18	0.16 (0.11)	0.14 (0.11)	0.03 (0.09)	0.02 (0.09)
领导年龄	−0.01	−0.01	0.04 (0.09)	0.04 (0.08)	0.05 (0.07)	0.04 (0.07)

续表

	关怀型伦理气氛		员工抑制性建言行为			
	模型 1	模型 2	模型 3	模型 4	模型 5	模型 6
领导受教育程度	0.02	−0.02	0.02 (0.10)	0.01 (0.09)	0.01 (0.09)	0.007 (0.08)
领导工作时间	0.12	0.08	0.008 (0.05)	−0.02 (0.05)	−0.03 (0.04)	−0.04 (0.04)
自变量						
包容型领导易接近性		0.20*		0.29 (0.13)*		0.17 (0.13)
中介变量						
关怀型伦理气氛					0.65 (0.08)**	0.62 (0.09)**
Sigma square	—	—	0.25	0.25	0.25	0.25
Tau	—	—	0.21	0.20	0.12	0.11
Chi-square	—	—	375.57 (100)**	346.04 (99)**	248.88 (99)**	237.25 (98)**
Pseudo R^2 change (level 1)	—	—	—	0	0	0
Pseudo R^2 change (level 2)	—	—	—	4.8%	42.9%	45%

13.验证 H4f

为了对 H4f 进行检验，按照如下顺序建立分析模型：首先加入因变量员工抑制性建言行为，其次放进两个层次的控制变量，再次引入自变量包容型领导可用性，最后则导入中介变量关怀型伦理气氛。

$$员工抑制性建言行为=\beta_0+\beta_1(员工性别)+\beta_2(员工年龄)+\beta_3(员工受教育程度)+\beta_4(员工工作时间)+\varepsilon$$

$$\beta_0=\gamma_{00}+\gamma_{01}(包容型领导可用性)+\gamma_{02}(领导性别)+\gamma_{03}(领导年龄)+\gamma_{04}(领导受教育程度)+\gamma_{05}(领导工作时间)+\gamma_{06}(关怀型伦理气氛)+\mu_0$$

其中，ε、μ_0 代表误差。

从运用多层线性分析得到的结果（见表 7-26）中能够发现：①包容型领导可用性会显著影响员工抑制性建言行为（模型 4 中，$\beta=0.30$，$p<0.01$），

它们之间呈现正相关关系。②包容型领导可用性会显著正向促进关怀型伦理气氛(模型 2 中,$\beta=0.27$,$p<0.01$),它们之间呈现正相关关系。③关怀型伦理气氛会显著正向促进员工抑制性建言行为(模型 5 中,$\beta=0.65$,$p<0.01$),它们之间呈现正相关关系。④受中介变量——关怀型伦理气氛的影响,包容型领导可用性不再显著影响员工抑制性建言行为,并且二者之间的系数呈现明显的下降(模型 6 中,$\beta=0.14$),但是关怀型伦理气氛依然会显著影响员工抑制性建言行为(模型 6 中,$\beta=0.61$,$p<0.01$),二者之间的关系没有受到太大影响。这表明关怀型伦理气氛在包容型领导可用性和员工抑制性建言行为之间的中介作用是显而易见的。以上发现有力地支持了 H4f。

表 7-26　关怀型伦理气氛跨层次中介效应检验(7)

	关怀型伦理气氛		员工抑制性建言行为			
	模型 1	模型 2	模型 3	模型 4	模型 5	模型 6
第一层控制变量						
员工性别	—	—	0.08 (0.07)	0.08 (0.07)	0.08 (0.07)	0.08 (0.07)
员工年龄	—	—	−0.08 (0.06)	−0.08 (0.06)	−0.08 (0.06)	−0.08 (0.06)
员工受教育程度	—	—	0.02 (0.05)	0.02 (0.5)	0.02 (0.05)	0.02 (0.05)
员工工作时间	—	—	0.06 (0.04)	0.06 (0.04)	0.06 (0.04)	0.06 (0.04)
第二层控制变量						
领导性别	0.20*	0.19*	0.16 (0.11)	0.15 (0.10)	0.03 (0.09)	0.03 (0.09)
领导年龄	−0.01	0.01	0.04 (0.09)	0.06 (0.08)	0.05 (0.07)	0.05 (0.07)
领导受教育程度	0.02	−0.004	0.02 (0.10)	−0.003 (0.09)	0.01 (0.09)	0.001 (0.08)
领导工作时间	0.12	0.10	0.008 (0.05)	−0.004 (0.05)	−0.03 (0.04)	−0.03 (0.04)
自变量						
包容型领导可用性		0.27**		0.30 (0.11)**		0.14 (0.11)

续表

	关怀型伦理气氛		员工抑制性建言行为			
	模型 1	模型 2	模型 3	模型 4	模型 5	模型 6
中介变量						
关怀型伦理气氛					0.65 (0.08)**	0.61 (0.19)**
Sigma square	—	—	0.25	0.25	0.25	0.25
Tau	—	—	0.21	0.19	0.12	0.11
Chi-square	—	—	375.57 (100)**	338.66 (99)**	248.88 (99)**	239.11 (98)**
Pseudo R^2 change (level 1)	—	—	—	0	0	0
Pseudo R^2 change (level 2)	—	—	—	9.5%	42.9%	45%

四、研究结论和展望

(一)研究结论

1.包容型领导直接效应检验的相关结论

根据上文,包容型领导与员工建言行为之间的关系已经得到了基本的验证(见表 7-27),得出的基本结论如下:包容型领导行为会显著影响员工建言行为,并且它们之间呈现正相关关系;包容型领导及其三个子维度对因变量员工促进性和抑制性建言行为均有显著的影响,并且它们之间同样呈现正相关关系。在组织不断发展的过程中,领导主动帮助有需要的员工,包容他们的缺点,逐渐形成包容型领导行为,鼓励员工积极为组织的发展建言献策,有利于员工积极开展建言行为,进而提升组织绩效。

表 7-27　包容型领导直接效应假设检验结果

假设	结果
H1:包容型领导对员工建言行为具有显著的正向影响	支持
H1a:包容型领导开放性对员工促进性建言行为具有显著的正向影响	支持
H1b:包容型领导易接近性对员工促进性建言行为具有显著的正向影响	支持
H1c:包容型领导可用性对员工促进性建言行为具有显著的正向影响	支持

续表

假设	结果
H1d:包容型领导开放性对员工抑制性建言行为具有显著的正向影响	支持
H1e:包容型领导易接近性对员工抑制性建言行为具有显著的正向影响	支持
H1f:包容型领导可用性对员工抑制性建言行为具有显著的正向影响	支持

2.关怀型伦理气氛中介效应检验的相关结论

根据上文,自变量包容型领导与中介变量关怀型伦理气氛之间的正向关系也得到了基本的验证(见表7-28),得出的基本结论如下:包容型领导及其三个子维度对关怀型伦理气氛均有显著的影响,并且它们之间呈现正相关关系。领导者在团队中的带头作用是十分明显的,在团队不断发展的过程中,领导者以开放、平和的心态对待每个成员,愿意包容成员偶尔的失误,积极帮助成员取得进步,充分扮演好领导者、带路人以及教练的三重角色,同时为团队制定建设目标、发展规划并最终带领成员达成目标,使得团队成员愿意以主人翁的态度和责任感为团队的发展而努力,有利于增强团队凝聚力、以集体利益为重,团队内部易形成关怀导向的伦理气氛,最终提高整个团队的效益。

表7-28　包容型领导与关怀型伦理气氛假设检验结果

假设	结果
H2:包容型领导对关怀型伦理气氛具有显著的正向影响	支持
H2a:包容型领导开放性对关怀型伦理气氛具有显著的正向影响	支持
H2b:包容型领导易接近性对关怀型伦理气氛具有显著的正向影响	支持
H2c:包容型领导可用性对关怀型伦理气氛具有显著的正向影响	支持

根据上文,关怀型伦理气氛与员工建言行为之间的关系已经得到了基本的验证(见表7-29),得出的基本结论如下:关怀型伦理气氛会显著影响员工建言行为,它们之间呈现正相关关系;关怀型伦理气氛会显著影响员工促进性和抑制性建言行为,并且它们之间同样呈现正相关关系。团队成员在关怀型伦理气氛的影响下,形成一种和谐融洽、互相帮助的氛围。为了提高团队绩效、实现共赢,团队成员积极为组织的发展建言献策,最终实现团队健康发展和绩效提升的双赢。

表 7-29 关怀型伦理气氛与员工建言行为假设检验结果

假设	结果
H3:关怀型伦理气氛对员工建言行为具有显著的正向影响	支持
H3a:关怀型伦理气氛对员工促进性建言行为具有显著的正向影响	支持
H3b:关怀型伦理气氛对员工抑制性建言行为具有显著的正向影响	支持

上文对关怀型伦理气氛起到的中介作用进行了假设,通过研究、分析验证,得出的基本结论(见表 7-30)如下:关怀型伦理气氛发挥着中介作用。同时,关怀型伦理气氛在包容型领导的三个子维度与员工促进性和抑制性建言行为关系中起到中介作用。

表 7-30 关怀型伦理气氛中介效应检验结果

假设	结果
H4:关怀型伦理气氛在包容型领导与员工建言行为之间起着中介作用	支持
H4a:关怀型伦理气氛在包容型领导开放性与员工促进性建言行为之间起着中介作用	支持
H4b:关怀型伦理气氛在包容型领导易接近性与员工促进性建言行为之间起着中介作用	支持
H4c:关怀型伦理气氛在包容型领导可用性与员工促进性建言行为之间起着中介作用	支持
H4d:关怀型伦理气氛在包容型领导开放性与员工抑制性建言行为之间起着中介作用	支持
H4e:关怀型伦理气氛在包容型领导易接近性与员工抑制性建言行为之间起着中介作用	支持
H4f:关怀型伦理气氛在包容型领导可用性与员工抑制性建言行为之间起着中介作用	支持

为了更加深入地了解包容型领导行为对员工建言行为的影响机制,本部分以社会交换理论等作为基础,构建了理论模型,并在此基础之上,对前文提到的假设进行了验证,最终得出的基本结论如下:包容型领导显著正向作用于组织或团队中的成员个体或成员建言行为。关怀型伦理气氛为中介变量,在包容型领导变量与员工建言行为变量关系中起中介作用,具体体现在:在包容型领导开放性与员工促进性、抑制性建言行为关系中起中介作

用;在包容型领导易接近性与员工促进性、抑制性建言行为关系中起中介作用;在包容型领导可用性与员工促进性、抑制性建言行为关系中起中介作用。员工在和谐融洽的伦理气氛的影响下,容易主动开展对组织有利的行为,如积极为组织的发展建言献策(包括促进性建议和抑制性建议等),以此来提高团队绩效和自身的工作效率,这一积极正向的工作氛围进一步在团队之间形成良性循环。

（二）研究启示

随着学者们对领导行为的研究日益深入,包容型领导已经成为一项新的研究主题,引起了众多学者的极大关注。不同国家的文化背景不同,因此研究中国背景下员工激励、团队管理、绩效提高与包容型领导之间的关系,具有理论和实践的双重价值。在此将前期的调查准备与本部分所进行的研究分析进行结合,得出的管理方面的启示主要有以下几点。

1.重视领导行为,培养建设性领导行为

领导在团队中所发挥的重要作用是不可替代的,在工作中,员工常常参照领导的行为,以此作为自身行动和处事的准则,最终逐渐地影响自己的工作态度和行为。由此可见,在团队管理的过程中,为了让员工保持高昂的工作热情,提升个人和组织绩效,要充分发挥领导的积极作用,对领导的工作态度和行为等给予重视,最终构建充满温馨和互助氛围的优良团队关系。第一,需充分了解工作标准和道德规范,即领导必须十分清楚"何为可为"与"何为不可为",在同员工的沟通过程中,要以人为本,严于律己,以身作则,在潜移默化中对员工施加影响。第二,"打铁还需自身硬",工作作风具有典范性。领导在工作过程中要不断提升自己,努力成为员工的典范,使员工心服口服,并且对组织保持高昂的热情和较高的组织忠诚度。第三,在制定组织战略规划和进行决策的过程中塑造领导行为,积极为员工提供必要的指导,帮助团队成员取得进步,进而使员工主动开展对组织有利的行为,如积极为组织的发展建言献策等,以此来提高员工的个人绩效和团队绩效,最终在组织内形成和谐融洽的上下级关系。员工自愿追随领导,认可领导的管理风格。第四,随着科学技术的发展和教育水平的提高,广阔的发展空间、宽松的工作环境和良好的工作体验越来越为高素质的知识型员工所看重的,因而领导需要给予员工足够的理解与尊重、包容与鼓励,如充分的工作自主权、灵活可行的工作计划、鼓励大家发表意见等,使得员工愿意为组织的发展建言献策,最终在达成组织共同目标的同时提升个人绩效,实现双赢。

2.关注组织伦理,重视企业伦理体系建设

组织伦理是一种微观的道德文化,是可以进行塑造和改善的,如采取伦理讲座、宣传教育、舆论导向等方法帮助企业员工塑造正确的伦理价值观。第一,必须站在战略的高度给予组织伦理充分的重视。企业在制定发展规划和管理制度的过程中,要充分考虑到伦理行为,注重在组织内部塑造与培养伦理气氛。同时运用系统化的伦理思维来考虑和判断战略是否可行和管理者的经营管理行为是否人性化。第二,对企业伦理加以适度的制度化和规范化,通过建立制度化、规范化的企业伦理体系,如制定企业伦理规范和制度、进行伦理教育和培训等,帮助员工形成良好的伦理认知。第三,维护和加强已有的伦理规范,采用科学有效的方法解决已经出现的伦理问题,如在组织中形成积极的伦理气氛,让员工在积极的伦理气氛的影响之下,对于出现的伦理问题,能够形成一种如何解决该问题的共同的看法,因而有助于加强员工组织认同感、归属感和工作自主性,促进员工积极为组织的发展建言献策,主动制止组织发展的不利因素,从而有利于和谐团队氛围的形成,进而提高组织和团队的绩效和核心竞争力。

3.塑造关怀型伦理气氛,营造良好的成长环境

站在企业的角度,关怀型伦理气氛对员工的积极性、创造性、活跃度的提升功不可没,而且上至领导、组织,下至员工、团队,都能起到激励的作用。鼓励员工思考问题时从大局出发,根据伦理道德规范,关注组织的利益,在实现自身利益的同时也要关注他人利益,争取实现共赢。因此,在企业内部建立具有建设性的伦理气氛类型如关怀型伦理气氛是十分必要的。第一,营造和谐融洽、相互关爱的氛围,企业可以通过定期组织团队建设、员工关爱为主题的活动和培训,增进彼此的感情,促进彼此的友好合作,进而树立合作共赢的观念。第二,设身处地、将心比心地考虑员工需求,既要满足其基本生存发展需要,又要满足其社交需求、尊重需求、自我实现需求,通过密切关注员工的不同需求来营造相亲相爱的良好伦理气氛。第三,像对待家人一样对待员工,给予他们充分的尊重、平等的地位,积极为员工提供必要的帮助,可以通过定期举行部门聚会、生日派对、情感联谊、运动会等方式来满足员工的精神需求,在增进彼此了解、感情的同时,又能获得自我满足,进而提高员工的工作满意度。

4.鼓励员工建言,建立激励创新机制

在企业的管理过程中,领导者要重视培养员工对于工作的自主性和参

与意识，鼓励员工建言，尤其是对组织发展有利的建议和想法，从而为组织的创新和改革提供推动力。第一，良好的组织文化是前提，规范组织机制和建言机制（明确的渠道与时间、开放和包容的氛围、完整性与实效性并存的建言信息），同时要增强彼此之间（领导与下属之间、下属与下属之间）的信任，建立畅通的建言通道，减少由建言（尤其是抑制性建言）带来的负面影响和担忧，消除误会。第二，建立物质与精神激励并存的激励创新机制，针对不同的建言所产生的不同效果给予不同的奖励，一方面能够鼓励员工积极参与建言，提高员工的主人翁意识和思维的灵活性，激发其工作热情和对组织的奉献精神；另一方面能够使组织收获更多有用的意见，推动组织的发展，为员工带来更多的奖励，形成良性循环。第三，提高员工自身的建言意识。鼓励合理、理性、有效的建言，员工要掌握好建言的"度"，应当在认真分析现存问题后，选择合适的场合、路径和时机进行建言，以此来提高建言的有效性和效率。

5.加强团队沟通，注重提升团队绩效

加强团队沟通的广度和深度对于企业的发展具有十分重要的意义，因为通过增强团队沟通，能够提高团队成员间的合作效率，提升团队的整体绩效。员工通过建言交流彼此的思想和感悟，拉近彼此的距离，有利于工作的开展。第一，领导和成员要重视团队沟通，要学会选择合适的场所、适当的方式方法，并且采用正确的沟通技巧，以此来逐步提高团队整体的沟通能力。第二，由于团队之间的沟通能够通过建言行为予以体现，因此企业可以从建言入手，为员工建言营造良好的环境，鼓励建言。领导要重视建言、尊重建言，对建言的形式予以包容，对建言的频率予以鼓励，对建言的内容予以重视，并且适时地为团队员工提供帮助和指导，以实现组织目标。第三，定期地、有针对性地对员工进行沟通能力的培训，为绩效的提升打好基础。

（三）研究局限和展望

1.扩大研究的样本量

本部分最终的调研数据来自 105 个团队，因受到时间、资源等方面的限制，无法进一步扩大调研的范围。在今后的研究中可以适当扩大调研范围，增加研究的样本数量，以便收集更多的数据，为形成结论提供更多有效的支持。此外，由于时间、人员等的限制，本次调研涉及的城市数量较少，只有6个，因此在未来以中国为背景进行调研时，建议尽可能地扩大调研城市和企业的范围，从而提高样本的适用性。

2.增加各团队成员参与数量

本次调研在前期做了大量的准备工作来降低同源误差，包括组建调研团队、选取调研对象、确定调研时间、对调查问卷进行分发和编号等。本次研究需要领导对每名团队成员的建言情况进行打分，因而领导需要有针对性地根据成员的差异来填答问卷。为了减轻领导的压力，仅在每个团队中选取了2—5人让领导进行打分。在今后的研究中，为了更加客观、公正、全面地反映团队的情况，建议适度增加参与调研的团队成员的数量，同时在领导填答问卷时及时给予帮助以便减轻其心理负担，最终实现数据数量和质量的双重提升，有效保障研究结果的可信度。

3.开展基于行业、地域的细化研究

研究中我们发现，建言行为的地域和行业有着显著的不同，如金融行业的员工建言行为要显著多于制造业和医疗行业；在地域影响因素上，南方企业中员工的建言行为表现优于北方，此外，南方企业领导也被认为工作方式更为灵活。建议在日后的研究中，可以开展不同行业、不同地域之间领导行为与员工行为关系的研究，这会有理论和实践方面的双重价值和意义。

4.丰富包容型领导的研究框架

在国内，包容型领导的相关研究近两年才开始兴起，因此该方面的实证研究数量较少。而对中国情境下这样一种新型领导行为，理论界和学术界都亟待探索。建议未来可以从前因、中介、结果三个变量和情境因素的角度入手，丰富包容型领导的研究框架，使理论体系更加完善。此外，在中国社会，包容型领导在面临“度”的把握时难度不小，过度和不及都不利于组织和团队的健康成长，因此未来可以将这一领域的研究侧重点放在对包容过度产生的不利影响的分析和解决上。

5.加强领导行为的本土化研究

领导行为的相关研究产生于西方，现有研究大多也是基于西方企业的实践，但是由于不同的文化背景和环境会对领导行为产生不同的影响，因此现有的领导行为分类是否适合中国，是否仍然能对员工的行为产生同样的影响，是否仍然与组织气氛有着密切的关系，需要进一步的研究和验证。建议在今后的研究中可以从以下两个角度来进行：一个角度是以本土文化背景为基础，对某种领导行为进行更加全面、系统的解读，进而研究其适用性；另一个角度是借鉴国外情境下的领导行为研究，将其融合进本土行为，从而丰富相关的研究，进而提高该研究的普适性。

第八章　服务型领导对员工创新行为的作用

本章基于社会相互依赖理论和社会学习理论构建了服务型领导通过团队伦理气氛(工具型、关怀型、规则型、法规型和独立型)跨层次影响员工创新行为的理论模型。对两阶段领导—成员配对数据进行跨层次分析,结果显示:服务型领导跨层次显著正向影响员工创新行为;服务型领导显著负向影响工具型团队伦理气氛,显著正向影响关怀型、法规型与规则型团队伦理气氛,对独立型团队伦理气氛没有显著影响;关怀型、法规型、规则型与独立型团队伦理气氛跨层次显著正向影响员工创新行为,工具型团队伦理气氛对员工创新行为不具有显著影响;关怀型、法规型与规则型团队伦理气氛在服务型领导和员工创新行为之间起中介作用。因此,从实践角度来看,组织若想有效激发员工创新行为,一方面可以从个体层面着力,让管理人员致力于自身素质的提高,崇尚创新,培养优秀的领导者,提升领导效能,向服务型领导转变;另一方面可以从团队层面,"因地制宜""因材施教"地将不同类型的领导风格与不同类型的团队伦理氛围予以匹配,从而更有助于员工创新能力和创新行为得到最大限度的激发;此外,还应从组织层面布局,形成鼓励创新、宽容下属的组织氛围和文化,构建与组织配套的高效的学习制度,创建顺畅可行的沟通机制和对员工行之有效的激励机制。

一、理论分析与研究假设

(一)研究模型

本部分系统整合了团队层面的伦理气氛、服务型领导等领导风格和团队或组织中成员的创新能力、创新态度相关研究,采取"领导风格—组织情境—成员行为"的探讨模式,将处在团队层面的服务型领导设置成自变量,将处在个体层面的员工创新行为设置成因变量，将五种处在团队层面的伦理气氛设置成中介变量，同时对上述变量进行跨层次分析。具体如图 8-1 所示。

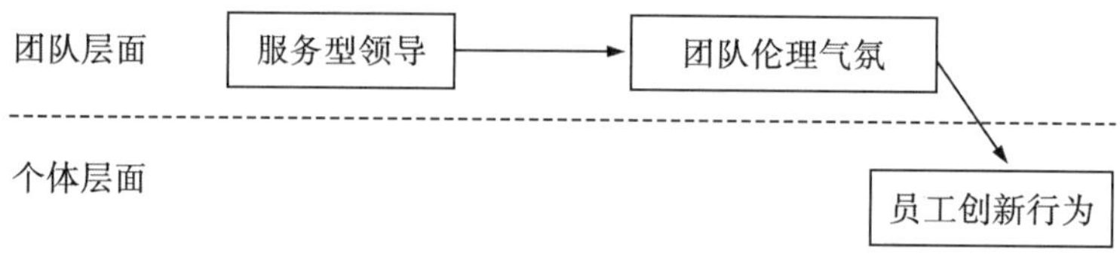

图 8-1　理论模型

(二)研究假设

1.自变量对因变量的影响效应

我们可以将服务型领导风格理解为重视提高自身素质和修养的同时，关心员工的发展和利益，以“服务下属”为自己的理念，注重建立团队共同体。服务型领导的目标是帮助员工变得自信、睿智，同时学会自我管理。在这个过程中，该种类型的领导起着模范带头作用，并且自愿服务团队和成员。Graen 在 1976 年提出的 LMX 理论(leader-member exchange theory)指出，领导对员工进行授权并提供其所需资源，员工根据所获得的较多的资源和授权选择采用更加积极的工作态度和行为予以回应，从而逐渐形成领导和成员交换关系模式。以该理论为基础，当领导积极为员工提供帮助时，员工会努力争取更高的个人绩效来予以回报，由此获得更多的资源，进而能够进一步提高组织绩效。

通过研究 LMX 理论和社会相互依赖理论可以发现，员工会因为领导对其表现出关怀、信任与支持，而产生利他的、超出个人利益的、符合社会道德标准的行为，从而有效地提升组织绩效。许多学者(Ehrhart、王菲菲等)经过研究后指出，服务型领导与组织公民行为二者间存在显著的关系，并且该关系是正向相关的。Zhang 和 Bartol 于 2010 年通过研究发现，领导的重要职责之一是促进员工提出创新想法并帮助其实施，因此，领导应该对员工的创新行为加以鼓励和支持，进而有效地提高组织绩效和核心竞争力。最近几年，开始有更多的研究人员将研究重点聚焦于领导风格、行为与团队中员工创新能力等变量之间的关系上。

第一，员工因为感知到服务型领导的关怀、信任带给自身的愉悦感及归属感，而产生发自内心的行动欲——采取一切办法促进团队目标的达成，基于此，组织成员能够把目标当作指引，乐于创造性地开展工作并推广运用，最终实现个人和组织绩效的双重提升。第二，Shin 和 Zhou 于 2003 年指出，传统的、家长式的领导会抑制创新行为，但开放的、支持型领导则会促进员工提出创新想法，激发其创造力，服务型领导就属于这一类。Graen(1995)认为，在积极、高效的 LMX 组织中，领导乐于把信息分享给组织成员，同时对组织成员创造性开展工作的做法给予大力支持，而服务型领导则在很大程度上会促进这一关系的形成。第三，在服务型领导看来，提升团队绩效是十分重要的，其对员工的组织公民行为以及与创新相关联的行动都能起到支持的作用，这样有利于组织成员创造性地开展工作，促进组织绩效的顺利提升。

综合上面的论述，本部分假设如下：

H1：服务型领导能够正向作用于组织成员的创新行为。

2.中介效应

1)团队层面的伦理气氛和服务型领导

Bandura 于 1986 年从社会学习理论的角度出发研究发现，模范代表在团队中起带头作用，团队成员通过向其学习来决定自己在团队中的自我表现。洪雁等(2011)指出，成员通过观察和模仿起着模范作用的领导者的行为来形成自己的行为。

服务型领导属于人性化管理方式，它强调人文关怀与授权，具备利他导向。Stringer 于 2002 年提出一个创新性的看法：与组织伦理气氛类似，领导的重复性行为也会对团队产生决定性的影响。Carlson(1995)发现，领导的行为和态度是众多影响组织和团队气氛的因素中最为重要的因素，产生最为重要的影响。Schminke 等在 2005 年发现，领导道德水平和组织伦理气氛之间存在显著的相关关系。员工的进步和提升是服务型领导所看中的，为了让团队的伦理气氛被更好地感知，他们会以个人领导行为的方式，通过多种渠道(正式或非正式)向团队成员传递值得提倡和有价值的行为。由此可见，团队中的领导风格对伦理气氛的形成发挥着不可忽视的作用。

服务型领导十分重视员工，他们从自我做起，关心、尊重、服务员工，并对员工进行职权的授予。这个领导风格在团队内部互相关心帮助、遵法守规以及个人发展的气氛创建方面有促进作用。基于此，本书认为，独立型、法规型、关怀型以及规则型伦理气氛的产生受到服务型领导的正向促进。该领导风格能够加强组织成员与上级的交流和沟通，注重下属和上级心理契约的构建，旨在促进下属提高对团队的责任意识与归属感。所以，该领导风格对以个人利益为核心的工具型伦理气氛起抑制作用。

基于上文的论述，本书假设如下：

H2：工具型伦理气氛的产生受到服务型领导的负向作用。

H3：关怀型伦理气氛的产生受到服务型领导的正向作用。

H4：规则型伦理气氛的产生受到服务型领导的正向作用。

H5：法规型伦理气氛的产生受到服务型领导的正向作用。

H6：独立型伦理气氛的产生受到服务型领导的正向作用。

2)团队层面的伦理气氛与组织成员的创新行为

基于前人的研究结果可以发现，员工态度及行为或多或少地受到团队伦理气氛的影响。Berkowitz 于 1966 年基于社会交换理论的研究结果表明，当成员从团队那里获得的心理感受倾向于正面时，员工相应地也会主动抑制自己消极的工作态度和行为，进而主动热情地投入到工作中。与之相对应，团队层面的伦理气氛若是负面的，会对下属的工作投入及行为产生负向影响，例如成员对团队的信任度和满意度下降等。反之，团队成员的工作投入和行为在积极的团队伦理气氛影响下会得到促进。Deshpande 于 1996 年对不同类型的团队伦理气氛和成员的工作满意度进行的研究结果显示，当团队伦理气氛是独立型、规则型和关怀型这三种类型时，对员工的工作满意度都有促进作用。Vardaman(2014)基于理论推演指出，对于员工而言，关怀型和工具型伦理气氛会增加其亲社会违规行为发生的可能性，而规则型团队伦理气氛对其亲社会违规行为产生负向作用。综合以上各结论，我们可以发现，如果团队伦理气氛的类型有所不同，那么员工行为受到的影响自然也有差异。

在工具型伦理气氛中，自利成为员工主要的行为导向。在此气氛下，个人利益成为员工的价值判断标准和考虑问题的出发点。然而，员工创新行为在客观上是存在一定风险的，这可能与员工个人利益产生冲突。同时，创新行为的产生需要团队协作，这也可能与员工追求个人利益最大化的意愿相违背。员工在这种伦理气氛的作用下会基于个人角度趋利避害，减少个人利益的风险和不确定性。基于上面的论述可知，组织成员创新行为的产生也就受到了该伦理气氛的抑制。

当团队层面存在关怀型伦理气氛时，成员之间很容易产生强情感联系，具体表现为团队成员互相关心，相处融洽和谐，并且能够顺畅地沟通交流。

Wimbush 等在 1994 年指出，当团队伦理气氛是关怀型时，员工伦理行为在其影响下会得到促进。组织成员出于使所在团队的绩效更加优秀的考虑，会采取利于团队发展的做法，同时保持对所在团队的信任，认为所在团队必将认可与鼓励自己的行为。因此，团队成员的创新行为和创新能力会受到这种伦理气氛的积极影响。

同时，员工的行为在法规型伦理气氛和规则型伦理气氛中会受到一定行为规范的约束，这种行为规范是由组织管理制度、行业准则和法律法规三部分所组成的。这两种伦理气氛强调员工个人行为要符合规则，并且要使所在团队的效率达到最高的水平，使得自身和所在团队的利益都能达到最大。而且，以上两种伦理气氛将制度摆在突出位置，只要员工的行为对组织有利，相关的法律法规和行为规范、管理制度就会予以维护。基于此，以遵法守规为基础，组织成员对于创新的动力也就得到了增强。

当团队是独立型伦理气氛时，员工的价值评判标准主要基于道德观念。如果创新行为符合个人认知中的道德标准，组织成员就乐于实施既利于自身又利于团队的创新行为。

基于上文的论述，本部分假设如下：

H7：团队成员创新行为受到工具型伦理气氛的负向作用。

H8：团队成员创新行为受到关怀型伦理气氛的正向作用。

H9：团队成员创新行为受到规则型伦理气氛的正向作用。

H10：团队成员创新行为受到法规型伦理气氛的正向作用。

H11：团队成员创新行为受到独立型伦理气氛的正向作用。

3）团队伦理气氛对服务型领导与员工创新行为的中介作用

服务型领导和其他种类的领导风格是不一样的，具体表现在这种领导风格更加关注员工个体的主观感受，对员工的心理等个人发展方面的因素更为重视。其对组织成员的创新行为的产生所起到的促进作用并不是直接的，而是作用于团队层面的伦理气氛从而间接实现的。

服务型领导对组织公民行为的产生有正向作用，我们可以尝试用心理契约和社会交换这两种理论来加以解释。因为服务型领导主张领导者考虑问题时以员工感受为出发点，为员工的个人利益与发展提供服务，以期达成下级员工与上级领导者之间的心理契约。Brikner 于 2000 年提出，组织独特的伦理气氛的产生取决于该组织处理伦理问题的态度、方式和价值评判标准，而员工工作行为表现和工作态度在不同类型的组织伦理气氛的影响下也产生了显著差异，在此基础上进一步发展出了与伦理相关的类似于金字塔风格的研究模型和研究框架。瑞伯在21世纪元年指出，与低迷等情绪氛围相对的组织伦理气氛使成员更愿意主动与其他同事沟通，加深了解，使沟通的质量更高；在成员对组织的发展充满信心时，其对公司的认可与归属感也将更强烈，因此员工更有意愿去主动接受那些不确定性比较强的、具有一定风险的工作，并且上级领导者与下级成员之间的互信和关心能够激发员工的创新行为，员工采取创新行为的自觉性更高。Wickham在1996年的研究中发现，如果组织层面的伦理气氛是积极、正向的，组织中的团队氛围也应该是融洽和睦、积极向上的，同属于一个团队的员工之间互相勉励、携手奋进，振奋工作士气，工作更加主动，使组织更加团结。

伦理气氛可以在极大程度上影响组织成员的任务完成情况。范丽群等研究者在21世纪初发现，伦理气氛对于团队成员的行为和态度具有重要影响，因此可以从伦理气氛这一视角探究领导风格对员工行为的作用机制。凌茜等人于2010年针对服务行业的情况进行了专门研究，收集到的数据证明，领导风格与员工的工作表现之间联系紧密，并且组织伦理气氛在其中发挥中介作用。Lee和Robert在2010年对有效的领导风格和领导方式给予了系统而全面的介绍和解释，即上级擅长利用自身的特点去正向影响组织成员的创新活动。服务型领导风格关注的重点在于组织成员，具体有成员的自身利益、成员内心的需要，促使成员自我提高，同时关心并尊重成员。刘松博等研究者在2013年阐明，道德觉悟高的领导能够减少员工的非道德行为产生的可能性，组织伦理气氛在这一作用机制中发挥中介作用。

在工具型团队伦理气氛下，服务型领导旨在满足组织成员的自身需要，帮助并服务组织成员。成员有了领导的支持，在理性的作用下，会不断地追求个人的进步，最大限度地获取个人利益，在组织中具体表现为工作积极性的提高和工作绩效的增长。成员在关怀型伦理气氛下享受到了来自服务型领导所给予的自由和所需要的服务内容，促使自身积极探索以满足好奇心，因此促进了员工的创新行为。当团队为规则型和法规型伦理气氛时，服务型领导充分重视员工价值并给予鼓励，关注员工个人进步与提高。基于此，成员在遵法守规的基础上，对于组织和团队的责任与荣耀意识也得到了提高，会在创新方面有更好的表现，这对团队发展有很大好处。当团队是独立型伦理气氛时，服务型领导给予员工充分的尊重和信任，致力于对下属进行授权，使成员能够自在地发展。成员在组织内得到充分的重视，作为回馈，会产生更多的创新行为。

基于上文的论述，本部分假设如下：

H12：团队成员的创新行为和服务型领导的关系受到工具型伦理气氛的中介作用。

H13：团队成员的创新行为和服务型领导的关系受到关怀型伦理气氛的中介作用。

H14：团队成员的创新行为和服务型领导的关系受到规则型伦理气氛的中介作用。

H15：团队成员的创新行为和服务型领导的关系受到法规型伦理气氛的中介作用。

H16：团队成员的创新行为和服务型领导的关系受到独立型伦理气氛的中介作用。

二、实证研究设计

(一)变量测量

1.问卷开发

关于团队中的领导风格和伦理气氛，下属的认识更为准确，可信度也更高；关于下属与创新相关的行动和表现，领导的感知更为准确。为避免同源误差，本部分开发了两种问卷。问卷 1 包括两个量表，分别是测量团队伦理气氛和服务型领导的量表，由下属负责完成；问卷 2 是测量下属与创新相关的行为量表，由领导负责完成。

问卷 1 包括以下三个方面：①参与本次调研的下属的人口统计学信息；②服务型领导的测量量表；③团队伦理气氛的测量量表。问卷 2 包括以下两个方面：①参与本次调研的领导的人口统计学信息；②测量下属创新行为的量表。除被调查者的人口统计学信息外，本部分选取 Likert 五点计分法来测量变量。

2.变量选择

本部分将服务型领导作为自变量，团队伦理气氛起中介作用，员工创新行为作为因变量，此外还有控制变量。第二章已经梳理了前人文献并进行了综述，本部分将其与理论支撑和逻辑路线加以整合，选取了适合不同变量的量表。

1)服务型领导

本部分选用的是学者孙健敏、王碧英于2010年根据中国本土实践调整后的量表，该量表也经过了检验，修订后的量表共含有智慧、利他主义、情绪抚慰、理性说服和社会责任感5个维度，每个维度又分别由2—3个题项组成，整个量表共有14个题项，如“我的领导在团队成员中建立了一种团队意识”“我的领导以成员个人发展为工作重点”。本部分的研究对象是在中国文化背景下的服务型领导，且量表经检验证实内部一致性较好，据此认为该量表较为可信、准确。

2)团队伦理气氛

题项有“在我们团队，成员普遍严格遵守规章制度”“在我们团队，最有效的方式总是正确的方式”等。该量表采用了“翻译—回译”程序，并且在国内学者对于团队伦理气氛的研究中被多次引用，信度和效度较好。

3)员工创新行为

本部分选取的创新工作行为(innovative work behavior)量表，是Janssen在2000年设计出来的。这个量表对组织成员的创新行为的测量是从创新理念的产生、创新理念的宣传、创新理念的实施这几个维度展开的，共由9个题项组成，如“该成员能够针对问题提出有创意的解决办法”“该成员经常将创新点子转化为有用的实践”等。该量表经过了“翻译—回译”程序，并且在国内学者对于创新行为的研究中被多次引用，信度和效度较好。

4)控制变量

本部分着重对与人口统计学相关的变量进行了控制，主要有：性别(“男”设置为“1”，“女”设置为“2”)，年龄(25岁及以下设置为“1”，26—35岁设置为“2”，36—45岁设置为“3”，46—55岁设置为“4”，56岁及以上设置为“5”)，受教育程度(大专及以下设置为“1”，大学本科设置为“2”，硕士及以上设置为“3”)，团队工作时间(1年以下设置为“1”，1—3年设置为“2”，4—6年设置为“3”，7—10年设置为“4”，11年及以上设置为“5”)。

(二)问卷预调研

问卷采用了领导—成员互评的形式，力求减少同源误差和社会称许性误差的影响。以团队为基础分发问卷，每个信封装有5套匹配好的问卷，分别是问卷1和问卷2，同时对信封进行编码，可以用A、B来表示，问卷也做这样的处理，配对编码。组织成员完成问卷1，领导完成问卷2。举例说明，团队B有一名员工c，他的问卷编号为(1)B-c。团队B领导根据员工c在创新方面的表现填写问卷,该问卷编号为(2)B-c,则该套问卷包括了问卷(1)B-c和问卷(2)B-c两份。在预调研过程中,选取了3家营业地点位于山东省济南市的公司,又从这三家公司中抽取了42个团队作为预测验样本,从以上各团队中任意选中3—5名组织成员,完成问卷1。他们的领导依照组织成员在创新方面的表现填写问卷2。共发放问卷132份,成功收回127份,收回的问卷中有7份是无效的,最终得到有效问卷120份。

(三)信效度检验

1.信度检验

我们将选用的量表进行检验,以确保信度达到研究要求,各量表检验数据结论在表8-1中得到了清晰的显示。其中,独立型伦理气氛的Cronbach's α 系数值是0.774,关怀型伦理气氛的值是0.821,法规型伦理气氛的值是0.874,规则型伦理气氛的值是0.882,工具型伦理气氛的值是0.700。测量组织成员创新行为的量表的Cronbach's α 系数值达到了0.952。各量表的系数值都大于0.7,完全满足对量表信度的要求。

表8-1　量表信度检验

量表	题项(个数)	α
服务型领导	14	0.945
团队伦理气氛	26	0.787
工具型伦理气氛	7	0.700
关怀型伦理气氛	7	0.821
规则型伦理气氛	4	0.882
法规型伦理气氛	4	0.874
独立型伦理气氛	4	0.774
员工创新行为	9	0.952

2.效度分析

为了检验效度,我们利用KMO和Bartlett球形检验处理了在预调研中得到的数据,结果显示数据满足因子分析的要求。具体结果如表8-2所示,服务型领导KMO的值达到了0.920,团队伦理气氛的KMO的值达到了0.808,员工创新行为的KMO的值达到了0.946,均大于标准0.7。同时经过Bartlett球形检验,服务型领导的Approx. Chi-Square的值是1209.763,

团队伦理气氛的值是 1530.575，员工创新行为的值是 935.692，同时各项的显著性水平均在 0.001 以下。综合上面的阐释，预调研搜集的数据满足了开展因子分析的要求。团队伦理气氛的因子分析结果如表 8-3 所示。

表 8-2　KMO 和 Bartlett 球形检验结果

量表	KMO	χ^2	df	Sig.
服务型领导	0.920	1209.763	91	0.000
团队伦理气氛	0.808	1530.575	325	0.000
员工创新行为	0.946	935.692	36	0.000

表 8-3　团队伦理气氛量表旋转后的因子分析

题项	因子				
	1	2	3	4	5
ECQ1		0.688			
ECQ2		0.772			
ECQ3		0.744			
ECQ4		0.707			
ECQ5		0.636			
ECQ6		0.592			
ECQ7		0.590			
ECQ8				0.642	
ECQ9				0.689	
ECQ10				0.776	
ECQ11				0.637	
ECQ12				0.560	
ECQ13				0.534	
ECQ14				0.574	
ECQ15	0.836				
ECQ16	0.812				
ECQ17	0.787				
ECQ18	0.884				
ECQ19			0.863		

续表

题项	因子				
	1	2	3	4	5
ECQ20			0.778		
ECQ21			0.803		
ECQ22			0.766		
ECQ23					0.600
ECQ24					0.766
ECQ25					0.828
ECQ26					0.766

三、实证研究和数据分析

(一)问卷发放

我们以团队为基础,在北京、深圳、日照、烟台、济南、青岛、淄博、临沂8个城市的18家公司分发问卷。采用随机抽样的方式从每家公司选取3—8个团队进行问卷发放,共选取了120个团队。本部分调查历时3个月,从2015年6月持续到9月。在18家公司中,研发型、生产制造型、服务型、其他类型企业数量分别为4个、3个、6个、5个,所占比例分别为22.2%、16.7%、33.3%、27.8%。

分发问卷的方式与预调研时相同。此次调研总计收回问卷240份,筛选出完成情况不好的无效问卷,其他的问卷采用团队—领导—下属的模式集中到一起,最终得到了来自105个团队的问卷316份。具体问卷内容见附录5。我们对该部分问卷描述性统计如表8-4所示。

表8-4　样本描述统计

	样本分布	领导问卷		员工问卷	
		样本数	比例	样本数	比例
性别	男	62	59%	122	38.6%
	女	43	41%	194	61.4%

续表

	样本分布	领导问卷		员工问卷	
		样本数	比例	样本数	比例
年龄	25 岁及以下	1	1%	10	3.2%
	26—35 岁	54	51.4%	213	67.4%
	36—45 岁	43	41.0%	39	12.3%
	46—55 岁	7	6.6%	34	10.8%
	56 岁及以上	0	0	20	6.3%
受教育程度	大专及以下	41	39.0%	140	44.3%
	本科	55	52.4%	156	49.4%
	硕士及以上	9	8.6%	20	6.3%
团队工作时间	1 年以下	7	6.7%	38	12.0%
	1—3 年	30	28.6%	133	42.1%
	4—6 年	23	21.9%	56	17.7%
	7—10 年	28	26.7%	55	17.4%
	11 年及以上	17	16.2%	34	10.8%

表 8-4 显示了所有问卷的描述性统计结果，分为领导和团队成员两个层面。在性别方面，领导层面的男性比例为 59%，女性比例为 41%，男性比例高于女性比例；而团队成员中女员工占比 61.4%，男员工占比 38.6%，男员工占比比女员工低，不过男性与女性的比重相差不大，基于此可消除性别的不同对结果造成的不利影响，从而使其更加科学可信。从年龄来看，领导比例较高的是 26—35 岁和 36—45 岁这两个年龄段，分别为 51.4%和 41.0%；员工层面 26—35 岁年龄段所占比重较高，为 67.4%，而 36—45 岁、46—55 岁、56 岁及以上三个年龄段分布差别不大。在学历分布上，绝大多数领导最高学历是本科及以下，共计 96 人，占总数的 91.4%；在员工层面，硕士及以上、本科、大专及以下的员工所占比例分别为 6.3%、49.4%、44.3%。从在团队的工作年限来看，大部分领导在团队中工作超过了 1 年，只有 6.7%的领导在团队中的工作年限少于 1 年；在员工层面，工作 1—3 年的人数最多，所占比例为 42.1%，工作 4—6 年的员工人数位居次席，所占比例为 17.7%，工作超过 11 年的成员占比只有 10.8%。

(二)团队层面汇聚分析

在本部分中,服务型领导和团队伦理气氛(共5种类型)这6个变量需要聚合到团队层面才能进行下一步处理,因此要先进行数据检验,以判定这6个变量的数据是否达到了在团队层面进行聚合的要求。刘军和陈晓萍分别在2008年、2012年阐释了团队层面的变量聚合,需要先计算出同一团队中成员所完成的问卷数据的平均水平,团队的变量就由平均水平来表示,基于此达到个体变量在团队层面实现聚合的目的。*Rwg* 代表的是组内一致性,*ICC*(1)和 *ICC*(2)代表的是组内相关性。

自变量和中介变量数据聚合后获得的结果如表8-5所示。服务型领导的 *Rwg*＞0.7的团队数量是98个,比重超过了90%;对中介变量而言,工具型、关怀型、规则型、法规型、独立型伦理气氛 *Rwg*＞0.7的团队数量分别为102、104、100、97、97个,同时它们的比重都超过了90%。结果表明,每一个变量的 *Rwg* 的平均水平以及中位数都达到了"超过0.70"的要求,*MSB* 和 *MSW* 差异性均较为明显,*ICC*(1)超过了0.05,*ICC*(2)超过了0.50。综合以上关于聚合有效性的数据结论不难发现,对不同种类的团队伦理气氛以及服务型领导的评价是能够在团队层面完成聚合的。

表8-5　团队层面数据聚合检验

		Rwg 均值	*Rwg* 中值	*MSB*	*MSW*	*ICC*(1)	*ICC*(2)
服务型领导		0.92	0.97	3.179	0.141	0.88	0.96
团队伦理气氛	工具型	0.91	0.96	2.991	0.119	0.89	0.96
	关怀型	0.82	0.93	4.886	0.279	0.85	0.94
	规则型	0.89	0.93	3.558	0.148	0.88	0.96
	法规型	0.85	0.91	4.397	0.205	0.87	0.95
	独立型	0.85	0.91	6.422	0.210	0.91	0.97

(三)验证性因子分析

运用AMOS 20.0对本部分所涉及的变量进行验证性因子分析,以获得其区分效度。国内学者侯杰泰等在1999年指出,CMIN/df、RMSEA、IFI、TLI和CFI这些指标在验证性因子分析时可以用来评估变量的结构效度。如果模型拟合很好的话,CMIN/df应当小于3,拟合程度越高,RMSEA的值应当越趋于0;当RMSEA小于0.08的时候,我们就可以说模型拟合得很完美。IFI、TLI和CFI越接近于1，代表拟合度越好，一般认为指标大于0.9时，模型拟合效果理想。将各模型之间的拟合程度进行对比(见表8-6)，发现七因子模型($\chi^2/df=1.51$，RMSEA=0.04，IFI=0.93，TLI=0.93，CFI=0.93)的拟合程度要比六因子模型以及单因子模型好得多，也就是说，测量的区分效度是令人满意的。

表8-6 验证性因子分析结果

模型	χ^2/df	RMSEA	IFI	TLI	CFI
零模型a	7.87	0.15	0.00	0.00	0.00
七因子模型	1.51	0.04	0.93	0.93	0.93
六因子模型b	1.77	0.05	0.90	0.89	0.89
六因子模型	1.83	0.05	0.89	0.88	0.89
六因子模型	1.84	0.05	0.88	0.88	0.88
六因子模型	1.81	0.05	0.89	0.88	0.89
六因子模型	1.80	0.50	0.89	0.88	0.89
单因子模型c	1.69	0.11	0.91	0.90	0.91

注：a：在零模型中，所有测量项目之间没有关系。

b：将服务型领导和5种类型伦理气氛依次合并为一个潜在因子。

c：将所有项目合并为一个潜在因子。

(四)描述性统计分析

我们首先判断通过调研采集的数据是不是呈正态分布，再对数据进行处理，因此对两份调查问卷中各个题项进行样本量、均值、标准差、偏度和峰度的描述性统计分析。通过表8-7可以看出，样本基本符合正态分布的要求，偏度范围和峰度范围分别是−1.579—1.620和−0.894—2.938，这两个数据范围都分别达到了绝对值比3小以及比10小的标准。

表8-7 各量表测量题项数据的描述性统计

题项	样本量统计	均值统计	标准差统计	偏度		峰度	
				统计	标准差	统计	标准差
S1	316	4.51	0.738	−1.524	0.066	2.083	0.132
S2	316	4.53	0.706	−1.472	0.066	1.789	0.132

续表

题项	样本量统计	均值统计	标准差统计	偏度		峰度	
				统计	标准差	统计	标准差
S3	316	4.51	0.726	−1.542	0.066	2.239	0.132
S4	316	4.41	0.788	−1.339	0.066	1.671	0.132
S5	316	433	0.877	−1.234	0.066	0.996	0.132
S6	316	3.82	1.030	−0.719	0.066	−0.011	0.132
S7	316	4.39	0.775	−1.307	0.066	1.994	0.132
S8	316	4.57	0.681	−1.481	0.066	1.568	0.132
S9	316	4.33	0.780	−1.214	0.066	1.558	0.132
S10	316	4.39	0.760	−1.182	0.066	1.259	0.132
S11	316	4.47	0.817	−1.579	0.066	2.077	0.132
S12	316	4.26	0.895	−0.983	0.066	0.067	0.132
S13	316	4.01	1.014	−0.749	0.066	−0.220	0.132
S14	316	4.00	0.955	−0.748	0.066	0.025	0.132
ECQ1	316	2.10	0.982	0.669	0.066	−0.301	0.132
ECQ2	316	1.63	0.739	1.174	0.066	1.623	0.132
ECQ3	316	1.59	0.788	1.379	0.066	1.739	0.132
ECQ4	316	1.48	0.689	1.446	0.066	1.859	0.132
ECQ5	316	1.72	0.876	1.561	0.066	2.938	0.132
ECQ6	316	1.87	0.955	1.385	0.066	2.026	0.132
ECQ7	316	2.58	1.174	0.639	0.066	−0.366	0.132
ECQ8	316	4.36	0.850	−1.535	0.066	2.530	0.132
ECQ9	316	3.59	1.141	−0.509	0.066	−0.432	0.132
ECQ10	316	3.69	1.045	−0.499	0.066	−0.352	0.132
ECQ11	316	4.05	0.942	−0.882	0.066	0.542	0.132
ECQ12	316	4.38	3.126	1.620	0.066	2.354	0.132
ECQ13	316	3.98	0.943	−0.856	0.066	0.509	0.132
ECQ14	316	3.99	0.870	−0.727	0.066	0.630	0.132
ECQ15	316	4.40	0.732	−1.040	0.066	0.558	0.132

续表

题项	样本量统计	均值统计	标准差统计	偏度		峰度	
				统计	标准差	统计	标准差
ECQ16	316	4.30	0.752	−0.913	0.066	0.468	0.132
ECQ17	316	4.03	0.870	−0.678	0.066	−0.003	0.132
ECQ18	316	4.38	0.801	−1.423	0.066	2.243	0.132
ECQ19	316	3.97	0.930	−0.706	0.066	0.061	0.132
ECQ20	316	4.07	0.861	−0.721	0.066	0.198	0.132
ECQ21	316	4.29	0.807	−1.119	0.066	1.264	0.132
ECQ22	316	4.20	0.877	−1.002	0.066	0.756	0.132
ECQ23	316	3.90	0.995	−0.781	0.066	0.126	0.132
ECQ24	316	2.47	1.166	0.573	0.066	−0.442	0.132
ECQ25	316	2.71	1.215	0.250	0.066	−0.894	0.132
ECQ26	316	3.03	1.154	−0.129	0.066	−0.747	0.132
IWB1	316	3.92	0.919	−0.479	0.137	−0.508	0.273
IWB2	316	3.93	0.888	−0.465	0.137	−0.541	0.273
IWB3	316	3.97	0.908	−0.526	0.137	−0.559	0.273
IWB4	316	3.86	1.012	−0.654	0.137	−0.176	0.273
IWB5	316	3.74	0.990	−0.429	0.137	−0.331	0.273
IWB6	316	3.78	1.016	−0.453	0.137	−0.588	0.273
IWB7	316	3.92	0.923	−0.410	0.137	−0.769	0.273
IWB8	316	4.03	0.878	−0.509	0.137	−0.598	0.273
IWB9	316	3.86	0.965	−0.386	0.137	−0.865	0.273

团队层面的作用可以参见表8-8，不难发现，服务型领导与工具型、独立型、法规型、规则型、关怀型的团队伦理气氛、团队工作时间、成员性别都有明显的关联性。个体层面的作用可以参见表8-9，年龄与组织成员的创新行为以及团队工作时间存在显著相关关系，成员的创新行为与成员在团队中的工作年限之间的关联性也很明显。

表 8-8　团队层面变量均值、标准差和相关分析

变量	均值	标准差	1	2	3	4	5	6	7	8	9	10
1.服务型领导	4.32	0.61	1.00									
2.工具型团队伦理气氛	1.85	0.58	−0.33**	1.00								
3.关怀型团队伦理气氛	4.00	0.79	0.36**	−0.14**	1.00							
4.规则型团队伦理气氛	4.28	0.64	0.29**	−0.14**	0.43**	1.00						
5.法规型团队伦理气氛	4.13	0.72	0.24**	−0.11**	0.24**	0.33**	1.00*					
6.独立型团队伦理气氛	3.03	0.83	0.10**	0.06*	0.16**	0.19**	0.22**	1.00				
7.性别	1.45	0.56	0.15**	−0.19**	0.18**	0.19**	0.20**	0.08**	1.00			
8.年龄	2.53	0.64	0.04	0.03	−0.02	0.04	−0.02	−0.07**	−0.21**	1.00*		
9.受教育程度	1.75	0.64	−0.03	−0.04	−0.11**	−0.14**	−0.13**	−0.08**	−0.22**	−0.02	1.00	
10.团队工作时间	3.22	1.21	0.12**	−0.04	−0.08**	−0.04**	−0.08**	−0.04	0.05	0.39**	−0.12**	1.00

表 8-9　个体层面变量均值、标准差和相关分析

变量	均值	标准差	1	2	3	4	5
1.员工创新行为	3.89	0.78	1.00				
2.性别	1.64	0.51	0.60	1.00			
3.年龄	2.11	0.71	0.12*	−0.04	1.00		
4.受教育程度	1.62	0.60	0.08	−0.10	−0.04	1.00	
5.团队工作时间	2.73	1.20	0.11*	0.02	0.60**	−0.03	1.00

(五)假设检验

1.回归分析

由于上文所涉及的变量均属于团队层面的变量,因此可以选择 SPSS 17.0 对假设 H2—H6 开展回归分析。我们要做的第一项工作是建立模型 1:把与人口统计学相关的变量以及工作年限作为控制变量,把 5 个不同种类的团队层面的伦理气氛作为因变量,把服务型领导当作自变量,基于此开展回归分析。

数据结果如表 8-10 所示,与人口统计学相关的变量以及 5 类伦理气氛的相关性均不显著。性别与工具型($\beta=-0.24, p<0.01$)、规则型($\beta=0.24, p<0.05$)、关怀型($\beta=0.29, p<0.05$)、法规型($\beta=0.26, p<0.05$)这四种类型的团队伦理气氛相关性显著,而与独立型团队伦理气氛不存在明显的关联性。受教育程度与工具型($\beta=-0.17, p<0.05$)有明显的负关联性。团队工作时间和 5 类伦理气氛不存在明显的关联性。我们开展了工具型、关怀型、规则型和法规型伦理气氛模型的 F 值检验,结果显示方程的拟合程度相对理想,代表显著性的 p 值在 0.05 以下,工具型、法规型、规则型和关怀型伦理气氛受服务型领导影响明显。

表 8-10　服务型领导与团队伦理气氛关系回归分析结果

	工具型		关怀型		规则型		法规型		独立型	
	模型 1	模型 2	模型 3	模型 4	模型 5	模型 6	模型 7	模型 8	模型 9	模型 10
控制变量										
性别	−0.24**	−0.19*	0.29*	0.20*	0.24*	0.19*	0.26*	0.20	0.08	0.06
年龄	0.02	0.01	0.06	0.07	0.10	0.11	0.08	0.09	−0.11	−0.11

续表

	工具型		关怀型		规则型		法规型		独立型	
	模型 1	模型 2	模型 3	模型 4	模型 5	模型 6	模型 7	模型 8	模型 9	模型 10
受教育程度	−0.17*	−0.15*	−0.11	−0.14	−0.12	−0.13	−0.12	−0.14	−0.14	−0.14
团队工作时间	−0.05	−0.01	−0.04	−0.10*	−0.03	0.06	0.05	−0.09	−0.03	−0.04
自变量										
服务型领导		−0.32***		0.50***		0.28**		0.35**		0.13
R^2	0.11	0.25	0.09	0.28	0.09	0.18	0.09	0.19	0.04	0.05
F 值	3.17*	6.41***	2.35	7.87***	2.59*	4.21**	2.35	4.60**	0.99	0.99
ΔR^2	0.11	0.13	0.09	0.20	0.09	0.08	0.09	0.10	0.04	0.01
ΔF	3.17*	17.32***	2.35*	27.46***	2.59*	9.79**	2.35	12.51**	0.99	1.05

注：表格中的回归系数为标准化回归系数，* 表示 $p<0.05$，** 表示 $p<0.01$，*** 表示 $p<0.001$。下同。

工具型、法规型、规则型和关怀型这四种伦理气氛和服务型领导有很明显的回归系数，具体来说，服务型领导与工具型伦理气氛之间存在显著的负相关关系（$\beta=-0.32$，$p<0.001$），对关怀型（$\beta=0.50$，$p<0.001$）、规则型（$\beta=0.28$，$p<0.01$）和法规型伦理气氛（$\beta=0.35$，$p<0.01$）有显著的正向影响。同时，独立型伦理气氛和服务型领导没有明显的相关关系（$\beta=0.13$，$p>0.05$）。除了假设 H6，H2—H5 均得到了验证。

2.跨层次分析

Kenny 与 Baron 在 1986 年阐明了对中介变量进行检验的四个流程，可参见表 8-11。按照他们二人的方法，我们选择 SPSS 17.0 和 HLM 6.0 的统计软件工具，对 5 种不同种类的伦理气氛的中介效果展开检验工作。

表 8-11　中介作用检验步骤

步骤	内容
1	主效应分析，即检验自变量对因变量的影响
2	检验自变量对中介变量的影响
3	检验中介变量对因变量的影响
4	中介效应分析，即在引入自变量的基础上，检验中介变量对因变量的影响

1)自变量对因变量的作用

本部分的自变量是服务型领导,因变量是员工创新行为,假设 H1 强调的是服务型领导能够正向作用于组织成员的创新行为。我们把组织成员的创新行为当作因变量,接着设立第一个层次,即下属层面的控制变量,然后设立第二个层次,即团队层面的控制变量,在最后一步将服务型领导加入进去。选取 HLM 6.0 来验证 H1,具体的数据结论参见表 8-12。不难发现,组织成员的创新行为受到服务型领导十分明显的正向作用(模型 2 中,$\beta=0.37$,$p<0.001$),因此,数据检验结果支持了 H1。

表 8-12　组织成员的创新行为受服务型领导作用分析

		员工创新行为	
		模型 1	模型 2
截距		0.87	0.36
第一层控制变量	性别	0.06(0.08)	0.06(0.08)
	年龄	−0.02(0.07)	−0.02(0.07)
	受教育程度	0.02(0.07)	0.02(0.07)
	团队工作时间	0.02(0.04)	0.02(0.04)
第二层控制变量	性别	0.34(0.13)*	0.28(0.12)*
	年龄	0.06(0.12)	0.06(0.11)
	受教育程度	−0.16(0.12)	−0.18(0.12)
	团队工作时间	0.05(0.06)	0.01(0.05)
自变量	服务型领导		0.37(0.11)***
方差成分估计	Sigma_square	0.17	0.17
	Tau	0.39	0.36
	Chi-square(df)	789.48(100)***	716.72(99)***
第一层	Pseudo R^2 change		0
第二层	Pseudo R^2 change		7.69%

注:* 表示 $p<0.05$,** 表示 $p<0.01$,*** 表示 $p<0.001$。

2)自变量对中介变量的作用

由于自变量和中介变量都是在团队这一层面,基于此,我们把自变量与中介变量聚合到一起,接着开展5类团队伦理气氛受到服务型领导中介作用的回归分析,最终的数据结论参见表8-10(假设H2—H5成立,而H6未被验证)。

3)中介变量对因变量的作用

中介变量为团队层面的伦理气氛,因变量是组织成员的创新行为。为探究中介变量对因变量的作用,我们列出假设H7—H11,即5种不同种类的团队伦理气氛和组织成员的创新行为之间具备明显的关联性。为验证该假设,我们把组织成员的创新行为当作因变量加入模型,接着把第一层控制变量加入进去,再把第二层控制变量放入其中,之后逐一放入作为中介变量的5种团队伦理气氛。分析结果如表8-13所示。

表8-13　团队伦理气氛对员工创新行为影响分析

		员工创新行为					
		模型1	模型2	模型3	模型4	模型5	模型6
截距		0.87	0.87	0.86	0.82	0.86	0.86
第一层控制变量	性别	0.06 (0.08)	0.06 (0.08)	0.06 (0.08)	0.06 (0.08)	0.06 (0.08)	0.06 (0.08)
	年龄	−0.02 (0.07)	−0.02 (0.07)	−0.02 (0.07)	−0.02 (0.07)	−0.02 (0.07)	−0.02 (0.07)
	受教育程度	0.02 (0.07)	0.02 (0.07)	0.02 (0.07)	0.02 (0.07)	0.02 (0.07)	0.02 (0.07)
	团队工作时间	0.02 (0.04)	0.02 (0.04)	0.02 (0.04)	0.02 (0.04)	0.02 (0.04)	0.02 (0.04)
第二层控制变量	性别	0.34 (0.13)*	0.31 (0.13)	0.25 (0.13)	0.17 (0.12)	0.24 (0.14)	0.32 (0.11)**
	年龄	0.06 (0.12)	0.06 (0.12)	0.04 (0.11)	−0.02 (0.10)	0.02 (0.11)	0.09 (0.11)
	受教育程度	−0.16 (0.12)	−0.18 (0.13)	−0.12 (0.12)	−0.08 (0.09)	−0.11 (0.12)	−0.12 (0.12)
	团队工作时间	0.05 (0.06)	0.05 (0.06)	0.07 (0.05)	0.07 (0.05)	0.07 (0.05)	0.06 (0.05)

续表

		员工创新行为					
		模型 1	模型 2	模型 3	模型 4	模型 5	模型 6
中介变量	工具型伦理气氛		−0.14 (0.15)				
	关怀型伦理气氛			0.33 (0.11)**			
	规则型伦理气氛				0.71 (0.13)***		
	法规型伦理气氛					0.38 (0.17)*	
	独立型伦理气氛						0.32 (0.08)***
方差成分估计	Sigma_square	0.17	0.17	0.17	0.17	0.17	0.17
	Tau	0.39	0.39	0.36	0.26	0.35	0.34
	Chi-square(df)	789.48 (100)***	782.93 (99)***	721.76 (99)***	556.56 (99)***	705.89 (99)***	702.97 (99)***
第一层	Pseudo R^2 change		0	0	0	0	0
第二层	Pseudo R^2 change		0	7.69%	33.33%	10.26%	12.82%

注：* 表示 $p<0.05$，** 表示 $p<0.01$，*** 表示 $p<0.001$。

如表 8-13 所示，在中介变量对因变量影响的检验中，工具型伦理气氛与员工创新行为之间的相关关系不显著（模型 2 中，$\beta=-0.14$），故假设 H7 不成立。关怀型伦理气氛与员工创新行为（模型 3 中，$\beta=0.33$，$p<0.01$）、规则型伦理气氛与员工创新行为（模型 4 中，$\beta=0.71$，$p<0.001$）、法规型伦理气氛与员工创新行为（模型 5 中，$\beta=0.38$，$p<0.05$）、独立型伦理气氛与员工创新行为（模型 6 中，$\beta=0.32$，$p<0.001$）均具有显著的正向相关关系，因此假设 H8—H11 均得到了数据的支持。

4）中介效应分析

对中介变量进行探究，也就是在已经有自变量的前提下，对中介变量施加于因变量的影响展开探究。由此提出假设 H12—H16：5 种团队层面的伦理气氛在服务型领导和组织成员的创新行为的关系中发挥中介作用。我们首先把组织成员的创新行为当成因变量放入模型，然后参照上文的检验方式一一放入各层次变量。最终的数据结论参见表 8-14 至表 8-18。

表 8-14 工具型伦理气氛的中介效应检验

		员工创新行为			
		模型 1	模型 2	模型 3	模型 4
截距		0.87	0.36	0.87	0.86
第一层控制变量	性别	0.06(0.08)	0.06(0.08)	0.06(0.08)	0.06(0.08)
	年龄	−0.02(0.07)	−0.02(0.07)	−0.02(0.07)	−0.02(0.07)
	受教育程度	0.02(0.07)	0.02(0.07)	0.02(0.07)	0.02(0.07)
	团队工作时间	0.02(0.04)	0.02(0.04)	0.02(0.04)	0.02(0.04)
第二层控制变量	性别	0.34(0.13)*	0.28(0.12)*	0.31(0.13)	0.29(0.13)*
	年龄	0.06(0.12)	0.06(0.11)	0.06(0.12)	0. 06(0.11)
	受教育程度	−0.16(0.12)	−0.18(0.12)	−0.18(0.13)	−0.18(0.12)
	团队工作时间	0.05(0.06)	0.01(0.05)	0.05(0.06)	0.01(0.05)
自变量	服务型领导		0.37(0.11)***		0.38(0.12)**
中介变量	工具型伦理气氛			−0.14(0.15)	0.03(0.17)
方差成分估计	Sigma_square	0.17	0.17	0.17	0.17
	Tau	0.39	0.36	0.39	0.36
	Chi-square(df)	789.48 (100)***	716.72 (99)***	782.93 (99)***	716.18 (98)***
第一层	Pseudo R^2 change		0	0	0
第二层	Pseudo R^2 change		7.69%	0	7.69%

表 8-15 关怀型伦理气氛的中介效应检验

		员工创新行为			
		模型 1	模型 2	模型 3	模型 4
截距		0.87	0.36	0.86	0.86
第一层控制变量	性别	0.06(0.08)	0.06(0.08)	0.06(0.08)	0.06(0.08)
	年龄	−0.02(0.07)	−0.02(0.07)	−0.02(0.07)	−0.02(0.07)
	受教育程度	0.02(0.07)	0.02(0.07)	0.02(0.07)	0.02(0.07)
	团队工作时间	0.02(0.04)	0.02(0.04)	0.02(0.04)	0.02(0.04)

续表

		员工创新行为			
		模型 1	模型 2	模型 3	模型 4
第二层控制变量	性别	0.34(0.13)*	0.28(0.12)*	0.25(0.13)	0.24(0.13)
	年龄	0.06(0.12)	0.06(0.11)	0.04(0.11)	0. 05(0.11)
	受教育程度	−0.16(0.12)	−0.18(0.12)	−0.12(0.12)	−0.15(0.11)
	团队工作时间	0.05(0.06)	0.01(0.05)	0.07(0.05)	0.03(0.05)
自变量	服务型领导		0.37(0.11)***		0.26(0.11)*
中介变量	关怀型伦理气氛			0.33(0.11)**	0.22(0.10)*
方差成分估计	Sigma_square	0.17	0.17	0.17	0.17
	Tau	0.39	0.36	0.36	0.35
	Chi-square(df)	789.48(100)***	716.72(99)***	721.76(99)***	693.66(98)***
第一层	Pseudo R^2 change		0	0	0
第二层	Pseudo R^2 change		7.69%	7.69%	2.78%

表 8-16 规则型伦理气氛的中介效应检验

		员工创新行为			
		模型 1	模型 2	模型 3	模型 4
截距		0.87	0.36	0.82	0.82
第一层控制变量	性别	0.06(0.08)	0.06(0.08)	0.06(0.08)	0.06(0.08)
	年龄	−0.02(0.07)	−0.02(0.07)	−0.02(0.07)	−0.02(0.07)
	受教育程度	0.02(0.07)	0.02(0.07)	0.02(0.07)	0.02(0.07)
	团队工作时间	0.02(0.04)	0.02(0.04)	0.02(0.04)	0.02(0.04)
第二层控制变量	性别	0.34(0.13)*	0.28(0.12)*	0.17(0.12)	0.15(0.11)
	年龄	0.06(0.12)	0.06(0.11)	−0.02(0.10)	−0. 00(0.10)
	受教育程度	−0.16(0.12)	−0.18(0.12)	−0.08(0.09)	−0.09(0.09)
	团队工作时间	0.05(0.06)	0.01(0.05)	0.07(0.05)	0.05(0.04)
自变量	服务型领导		0.37(0.11)***		0.19(0.10)
中介变量	规则型伦理气氛			0.71(0.13)***	0.65(0.13)***

续表

		员工创新行为			
		模型 1	模型 2	模型 3	模型 4
方差成分估计	Sigma_square	0.17	0.17	0.17	0.17
	Tau	0.39	0.36	0.26	0.26
	Chi-square(df)	789.48(100)***	716.72(99)***	556.56(99)***	539.53(98)***
第一层	Pseudo R^2 change		0	0	0
第二层	Pseudo R^2 change		7.69%	33.33%	0

表 8-17　法规型伦理气氛的中介效应检验

		员工创新行为			
		模型 1	模型 2	模型 3	模型 4
截距		0.87	0.36	0.86	0.85
第一层控制变量	性别	0.06(0.08)	0.06(0.08)	0.06(0.08)	0.06(0.08)
	年龄	−0.02(0.07)	−0.02(0.07)	−0.02(0.07)	−0.02(0.07)
	受教育程度	0.02(0.07)	0.02(0.07)	0.02(0.07)	0.02(0.07)
	团队工作时间	0.02(0.04)	0.02(0.04)	0.02(0.04)	0.02(0.04)
第二层控制变量	性别	0.34(0.13)*	0.28(0.12)*	0.24(0.14)	0.22(0.13)
	年龄	0.06(0.12)	0.06(0.11)	0.02(0.11)	0. 04(0.11)
	受教育程度	−0.16(0.12)	−0.18(0.12)	−0.11(0.12)	−0.14(0.12)
	团队工作时间	0.05(0.06)	0.01(0.05)	0.07(0.05)	0.04(0.05)
自变量	服务型领导		0.37(0.11)***		0.27(0.13)*
中介变量	法规型伦理气氛			0.38(0.17)*	0.30(0.16)
方差成分估计	Sigma_square	0.17	0.17	0.17	0.17
	Tau	0.39	0.36	0.35	0.34
	Chi-square(df)	789.48(100)***	716.72(99)***	705.89(99)***	672.25(98)***
第一层	Pseudo R^2 change		0	0	0
第二层	Pseudo R^2 change		7.69%	10.26%	2.86%

表 8-18　独立型伦理气氛的中介效应检验

		员工创新行为			
		模型 1	模型 2	模型 3	模型 4
截距		0.87	0.36	0.86	0.85
第一层控制变量	性别	0.06(0.08)	0.06(0.08)	0.06(0.08)	0.06(0.08)
	年龄	−0.02(0.07)	−0.02(0.07)	−0.02(0.07)	−0.02(0.07)
	受教育程度	0.02(0.07)	0.02(0.07)	0.02(0.07)	0.02(0.07)
	团队工作时间	0.02(0.04)	0.02(0.04)	0.02(0.04)	0.02(0.04)
第二层控制变量	性别	0.34(0.13)*	0.28(0.12)*	0.32(0.11)**	0.26(0.10)*
	年龄	0.06(0.12)	0.06(0.11)	0.09(0.11)	0. 10(0.11)
	受教育程度	−0.16(0.12)	−0.18(0.12)	−0.12(0.12)	−0.14(0.12)
	团队工作时间	0.05(0.06)	0.01(0.05)	0.06(0.05)	0.26(0.05)
自变量	服务型领导		0.37(0.11)***		0.33(0.10)**
中介变量	独立型伦理气氛			0.32(0.08)***	0.29(0.09)**
方差成分估计	Sigma_square	0.17	0.17	0.17	0.17
	Tau	0.39	0.36	0.34	032
	Chi-square(df)	789.48(100)***	716.72(99)***	702.97(99)***	645.01(98)***
第一层	Pseudo R^2 change		0	0	0
第二层	Pseudo R^2 change		7.69%	12.82%	5.88%

注：* 表示 $p<0.05$，** 表示 $p<0.01$，*** 表示 $p<0.001$。

由表 8-14 可以得出：①由模型 2 可知，服务型领导对员工创新行为具有显著正向影响($\beta=0.37$，$p<0.001$)；②由于中介变量工具型伦理气氛与因变量组织成员的创新行为不存在明显的关联性，基于此不能验证工具型伦理气氛在自变量与因变量的关系中是否发挥中介作用。

由表 8-15 可以得出：①由模型 2 可知，服务型领导对员工创新行为具有显著正向影响($\beta=0.37$，$p<0.001$)；②由模型 3 可知，关怀型伦理气氛对员工创新行为具有显著的正向影响($\beta=0.33$，$p<0.01$)；③由表 8-10 中的模型 4 可知，服务型领导对关怀型伦理气氛具有显著的正向影响($\beta=0.50$，$p<0.001$)；④参见模型 4，我们将关怀型伦理气氛当作中介变量，此时自变量对因变量的系数明显下降，但影响依然是显著的($\beta=0.26$，$p<0.05$)，因此关怀型伦理气氛在服务型领导和组织成员的创新行为的关系中发挥中介

作用($\beta=0.22$,$p<0.05$)。基于此,假设 H13 成立。

由表 8-16 可以得出:①由模型 2 可知,服务型领导对员工创新行为具有显著正向影响($\beta=0.37$,$p<0.001$);②参见模型 3,组织成员的创新行为受到规则型伦理气氛的显著正向作用($\beta=0.71$,$p<0.001$);③由表 8-10 中的模型 6 可知,服务型领导对规则型伦理气氛($\beta=0.28$,$p<0.01$)存在明显的积极作用;④参见模型 4,把规则型伦理气氛当作中介变量,此时自变量对因变量的系数明显下降,同时再也不具备显著性($\beta=0.19$,$p>0.05$),但是中介变量对员工创新行为依旧有显著的正向影响($\beta=0.65$,$p<0.001$)。基于此,假设 H14 得到验证。

由表 8-17 可以得出:①由模型 2 可知,服务型领导对组织成员的创新行为具有显著正向影响($\beta=0.37$,$p<0.001$);②由模型 3 可知,法规型伦理气氛对员工创新行为具有显著的正向影响($\beta=0.38$,$p<0.05$);③由表 8-10 中的模型 8 可知,服务型领导对法规型伦理气氛具有显著的正向影响($\beta=0.35$,$p<0.01$);④由模型 4 可知,加入中介变量法规型伦理气氛后,自变量服务型领导对因变量员工创新行为的系数明显下降,但影响依然是明显的($\beta=0.27$,$p<0.05$)。基于此,假设 H15 得到验证。

由表 8-18 可以得出:①由模型 2 可知,服务型领导对组织成员的创新行为具有显著正向影响($\beta=0.37$,$p<0.001$);②由模型 3 可知,独立型伦理气氛对员工创新行为具有显著正向影响($\beta=0.32$,$p<0.001$);③由表 8-10 中模型 10 可知,服务型领导对独立型伦理气氛不存在显著影响($\beta=0.13$,$p>0.05$),即自变量与中介变量之间相关性不显著,因此无法证明独立型伦理气氛在自变量服务型领导和因变量员工创新行为之间发挥了中介作用。因此,假设 H16 未得到验证。

四、研究结论与展望

在梳理学者们研究成果的基础上,我们使用跨层次分析方法研究了领导风格、5 种团队层面的伦理气氛和组织成员创新行为之间的关联性,同时解析了伦理气氛在领导风格和员工创新行为之间起到的中介效应。

(一)研究结论

1.直接效应

综合前文的论述,我们归纳出组织成员的创新行为受到服务型领导的明显正向作用,如表 8-19 所示。服务型领导是重要且应用较广泛的领导风格之一，通过营造团队良好的创新氛围、采取实际行动支持员工发展等方式激发员工的创造力。团队成员感知到服务型领导的程度越强，那么其对组织成员创新理念的出现、宣传就越有效，同时促使成员将创新理念与自身任务匹配起来。

表 8-19　关于服务型领导的直接效应数据结果

研究假设	验证结果
H1：服务型领导对团队成员创新行为有显著影响	显著正向

2.中介作用

领导风格存在差异，对团队层面的伦理气氛的作用也就不一样，进而作用于组织成员的创新行为。本部分检验了 5 种类型的团队伦理气氛（见表 8-20），其中服务型领导与工具型、关怀型、规则型和法规型伦理气氛存在明显的关联性，工具型伦理气氛和服务型领导存在明显的负向关联性，法规型、规则型和关怀型伦理气氛与服务型领导存在明显的正向关联性。服务型领导强调领导者的服务意识，尽可能地帮助员工，尽力满足员工物质层面和精神层面的需求，为团队营造融洽和谐、互相信任的氛围。成员乐享关怀彼此、遵法守规的法规型、关怀型和规则型伦理气氛，受到服务型领导正向的促进；以个人利益为核心、对同事疏远与怀疑的工具型伦理气氛则被该种领导风格抑制。服务型领导旨在促进同事间的和谐温馨的关系，为团队成员提供服务。在这种氛围下，员工的行为也会受到影响。

组织成员的创新行为受到团队层面 5 种不同的伦理气氛的差异化影响。如表 8-20 所示，在 5 种伦理气氛类型中，仅有工具型伦理气氛对员工创新行为没有显著的影响，而关怀型、法规型、规则型和独立型伦理气氛都起到促进、激发员工创新行为的作用。处于工具型伦理气氛之下，员工以个人利益为核心，担心做得越多，错得越多。基于犯错误会抑制个人发展这一基本认识，组织成员不乐于采取任何职责范围以外的行动。综合上面的阐述，工具型伦理气氛和组织成员的创新行为二者间无明显的关联性。在关怀型伦理气氛下，同事之间互相关怀，大家关系非常和谐，互相给予对方尊重与信任。团队成员愿意主动实施个人行为去增加团队的共同利益，员工创新激情更容易被激发，更容易产生创新思维并应用于实践，促进了员工创新行为。规则型和法规型伦理气氛旨在促使员工遵法守规，敦促员工遵守行业、组织内部特有的规章制度，员工不会轻易违反章程，同时乐于以遵法守规为前提，促使自己不断提高，从而带来团队绩效的不断上升，因而促进了员工创新行为。在独立型伦理气氛之中，下属把自身的价值观念和对道德的要求作为标杆，其乐于开展行动来使自己和所在团队的效益得到提升，这也有利于员工创新行为的发生。

服务型领导与组织成员的创新行为的关联性受到5种团队层面伦理气氛的中介作用，法规型和关怀型伦理气氛在自变量服务型领导和因变量组织成员的创新行为之间发挥了中介作用，规则型伦理气氛在自变量服务型领导和因变量组织成员的创新行为之间则发挥了完全的中介作用。已经被验证的是，服务型领导与工具型伦理气氛以及组织成员的创新行为间的关联性是明显的，但工具型伦理气氛和组织成员的创新行为间没有明显的关联性。基于此，工具型伦理气氛在两者关系中的中介作用未得到验证。对于独立型伦理气氛而言，服务型领导和独立型伦理气氛与组织成员的创新行为间明显正向关联，不足之处在于服务型领导与独立型伦理气氛间的关联性没有得到证实。

表 8-20　团队伦理气氛的中介效应的数据结论

研究假设	验证结果
H2：服务型领导对工具型伦理气氛有显著影响	显著负向
H3：服务型领导对关怀型伦理气氛有显著影响	显著正向
H4：服务型领导对规则型伦理气氛有显著影响	显著正向
H5：服务型领导对法规型伦理气氛有显著影响	显著正向
H6：服务型领导对独立型伦理气氛有显著影响	不支持
H7：工具型伦理气氛对团队成员创新行为有显著影响	不支持
H8：关怀型伦理气氛对团队成员创新行为有显著影响	显著正向
H9：规则型伦理气氛对团队成员创新行为有显著影响	显著正向
H10：法规型伦理气氛对团队成员创新行为有显著影响	显著正向
H11：独立型伦理气氛对团队成员创新行为有显著影响	显著正向
H12：工具型伦理气氛在服务型领导与团队成员创新行为之间起中介作用	不支持
H13：关怀型伦理气氛在服务型领导与团队成员创新行为之间起中介作用	部分中介

续表

研究假设	验证结果
H14:规则型伦理气氛在服务型领导与团队成员创新行为之间起中介作用	完全中介
H15:法规型伦理气氛在服务型领导与团队成员创新行为之间起中介作用	部分中介
H16:独立型伦理气氛在服务型领导与团队成员创新行为之间起中介作用	不支持

(二)管理启示

本部分从105个团队中采集数据,探讨了自变量——服务型领导、因变量——组织成员的创新行为以及中介变量——团队层面的伦理气氛的关联性。我们发现,组织成员的创新行为受到服务型领导的明显积极影响,同时,团队层面的伦理气氛在它们的关系中发挥了中介作用。综合上面的阐释,我们就实际应用给出如下建议。

1.个体层面

首先,致力于自身素质的提高,崇尚创新,培养优秀的领导者。随着我国经济的发展,越来越多的企业将“以客户为中心”摆在一个突出的位置,眼光往往向着市场看,却忽视了企业内部员工这一重要的“客户”。市场的竞争归根结底是资源的竞争,人才资源在企业资源配置中的重要性逐渐凸显。进入职场的新生代员工的诉求发生了一些改变,他们更关注能否赢得领导的认可、关心和尊重,组织能否实现人文管理。既然新生代员工存在这样的实际需要,领导者就必须与时俱进,使个人的素质和能力有明显的增强。首要一点是培养、提升个人道德素养,保持终身学习的态度,获得优秀理论的支撑,不断增强领导方面的才能。领导要充分明确自己的位置和责任,不断强化开拓创新意识,用自己的人格魅力影响成员,实现团队的发展和下属的成长,促进团队成员创新行为的产生。

其次,提升领导效能,向服务型领导转变。领导者应采取人性化的管理方式,提升领导效能,重视与员工的心理联结和情感沟通,转变个人意识,随着外界环境的变化向服务型领导转变。领导者除了要主动去了解员工物质层面和精神层面的需求外,还应该关注员工个人心理动态。组织应该以人为本,实行人性化管理,在管理措施和流程上体现出人文关怀,只有这样员工才会对组织产生归属感,更愿意为组织的发展贡献自己的力量,进而引发组织公民行为，为增进公共福祉不计较个人利益得失。比如，有些员工会在工作过程中不仅完成自己的工作，还会钻研业务以提高工作效率和质量，并且会积极宣传自己的新想法、新方案，产生员工创新行为。从中国企业实际管理情况来看，领导者所采取的领导方式还比较滞后，没有顺应时代的进步，鲜有贯彻服务型领导的企业。相当一部分较为先进的企业也还停留在纸面上，在实际经营活动中却没有体现出对于服务型领导的深刻认识。因而领导者应该转变观念和领导方式，在经营活动中以身作则，积极倡导和推广服务型领导，使服务型领导能够被广为接受并使其理念真正深入人心。只有当领导者真正虚怀若谷、集思广益，并且在心理层面尊重和关怀员工，在资源分配上给予倾斜，满足这些条件后，才能促进员工的创新行为。除此以外，员工的工作负荷也是一个值得考虑的因素，过重的工作量会降低员工的工作满意度，打击其积极性，引发情绪耗竭。因此可以从工作负荷角度着手加以调整，促进员工的创新行为。

2.团队层面

首先，应充分认识到不同的领导风格对成员创新行为的作用机制，正如本部分研究结论所显示的，服务型领导在其中扮演着重要角色、发挥着重要的作用，并且团队伦理气氛在二者之间发挥了中介作用。这意味着团队成员受这种服务型领导风格的影响越明显，就会越有助于员工创新能力的提高和相关行为的产生。基于此，团队应努力营造包容和谐、成员间相亲相爱、互惠互利的氛围，这有利于鼓励员工遇到问题时积极主动地寻求新的解决方案，从而培养激发员工的创新思想。

其次，应"因地制宜""因材施教"般将不同类型的领导风格与不同类型的团队伦理气氛予以匹配，从而更有助于员工创新能力和创新行为得到最大限度的激发。团队领导者可以通过改变领导行为、塑造不同的领导风格抑或培养不同风格的伦理气氛，来间接地、潜移默化地激发团队成员的创新能力和创新主动性。在如今的管理实践中，员工的信息接受度更高，信息来源更广，心理需求也日益增长，期望得到更高层次需求的满足。因而，领导和上级应将团队伦理气氛的营造上升到战略高度，这样才能有助于组织的健康发展以及员工工作积极性和满意度的提高，最终促进企业平稳发展。

3.组织层面

首先，形成鼓励创新、宽容下属的组织氛围和文化。组织氛围和环境会对员工个人的思考和行为举止产生很大的影响，因此一个组织需要营造一种鼓励下属创新、宽容下属错误的氛围，促进员工产生更多创新行为。组织勇于创新，使员工充分发挥积极主动性，并勇于宣传实践其创新的想法，有助于企业核心竞争力的形成和发展。创新是与企业的目标及利益相符的，为了能够使组织成员从内心接受这一点，企业应该站在文化的角度和高度来鼓励员工创新，让员工对自身所处的宽容理解、提倡创新、自由开明的组织环境产生共鸣，以此来自发产生创新行为。

其次，构建高效的与组织配套的学习制度。俗话说，"活到老，学到老"，学习这件事情在当今知识经济时代意味着终身学习，这种理念带动着社会热潮，同时也应得到企业领导者的高度认可和重视。如果一个企业未对员工培训和培养加以重视，员工的个人能力和素养跟不上变化的社会需要，这将对企业的长期发展产生不利影响，甚至可能对企业目前的经营状况产生威胁。因此，企业应该防患于未然，结合实际情况有针对性地为每个员工打造有效的培训和学习规划，使员工知识不断增加，观念不断更新，使企业的人才知识结构与企业经营的实际需求相配套，以此增强竞争实力。考虑到企业目前的经营状况和有效的人才需要，企业还应丰富培训内容，设计形式多样的员工培养方案。企业通过丰富的培训安排，为员工的成长与发展提供强有力的支持，不断从广度和深度两个方面充实员工的知识，摆脱思维定式的禁锢和知识的匮乏局限，为其创新行为提供知识储备与支持。

再次，创建顺畅可行的沟通机制。本书认为，领导者越趋向于服务型领导方式，越能激发员工的创新行为。虽然当今在团队中愈发倡导转变领导风格，树立服务员工的观念，但事实上领导者表现出的领导风格与下属感受到的存在着较大的不同，而这种差距可以通过有效的沟通机制来解决。团队领导和下属如果能进行有效的沟通，通过双向沟通渠道充分表达自己的想法，不仅可减少人际关系矛盾，使气氛更加和谐友善，促进员工之间的协作，而且有利于提升员工为了团队目标、企业目标奋斗的意愿，有利于集思广益，并将创意进行整合，将员工在个人层面上的创新升华至团队层面、组织层面，让组织层面的创新更进一步。

最后，创建对员工行之有效的激励机制。领导尊重员工的想法和意见，毫无保留地倾力支持其创新行为，并且适时地给予员工一定的反馈与引导，有利于激发员工在创新方面的热忱，进而促进员工的创新行为。精神鼓励是必需的，但是有效的物质激励也是不可或缺的。企业要加大对于创新的技术投入，在创新方面树立合理的目标，对员工的创新行为给予物质上的奖励，使员工保持创新的热忱。同时，激励机制应该是员工与领导共同进步的手段，领导应该不断改进激励机制与个人的领导风格，使之更人性化，更能适应员工与组织的发展现状。员工要在领导的帮助下不断提升创新的自我效能感，紧跟领导步伐，为团队目标的实现不断奉献自己的力量。

（三）研究局限和展望

我们探讨了服务型领导、团队层面的伦理气氛、组织成员的创新行为这三者之间的关系，得出了具有借鉴性的结论，但是本部分仍有许多不足之处需要改进。

1.控制变量的增加

本部分主要探讨了在组织层面、团队层面和个人层面，服务导向型领导、团队伦理气氛和员工创新行为这三者的关系，但是在多层次分析的过程中，只把最基础的人口统计学变量作为控制变量，没有一些其他类别的控制变量。在未来研究的过程中，如果能加上诸如企业规模、企业性质、所处地域等其他类别的控制变量，那么研究得出的结论会更具有参考价值。

2.样本容量的扩大

在样本的空间分布上，本部分收集的样本数据基本来自我国北部，缺乏代表性。在今后的研究中，要进一步考虑地域及企业性质等可能带来的偏差，从全国各地区、各行业收集数据进行整体研究或者分别研究，以使研究更具有针对性和实用性。在样本的时间分布上，Morrison 于 2011 年提出，当在不同的时间段对变量进行多次收集时，它们之间会显示出更加明确的因果关系，测量效果也会更好。而本部分采用的是时间截面数据，只分别发放与收集了一次问卷，没有进行纵向研究，未反映出三个变量之间的动态关系。在今后的研究过程中，可以采用纵向研究，在不同的时间段对数据进行多次收集。

3.中国情境下量表的开发

中国的传统文化与国外有一定差别，中国文化强调中庸，国外文化鼓励创新。因此，本部分采用的国外员工创新行为量表虽然是成熟量表，但由于没有重新设计以适应中国情境，因此会有一定偏差。在未来的研究中，可以重新开发中国情境下的员工创新行为测量量表，使之具有中国特色，这样研究会更有效，也更具有指导意义。

4.相关研究的延伸

对于服务型领导，国外的研究已经比较成熟了，而国内才刚刚开始。因此可以在中国特殊的文化情境下整合西方学者们的理论贡献，将权力距离以及中庸等符合国情的变量放入模型。在未来的研究中，为进一步丰富我国管理实践，还可以进一步探讨服务型领导与员工创新行为之间的中介效应，选择信任、组织成员的敬业程度、组织成员的心理安全程度、成员对组织的承诺以及领导成员交换等当作中介变量，打开服务型领导与员工创新行为之间的“黑箱”。

第九章 总 结

本书对中国情境下领导风格、团队伦理气氛与员工偏差行为关系进行了初步的探索，旨在厘清以下四个问题：员工偏差行为的影响因素探究，中国情境下领导风格对员工偏差行为的作用，中国情境下团队伦理气氛在领导风格和员工偏差行为之间所起到的中介作用，中国情境下领导风格作用于员工偏差行为的边界条件。

作为一种发生在员工身上的角色外行为，职场偏差行为违反组织规范并且会给组织或成员造成一定威胁。探究员工偏差行为的产生原因，提出避免和解决的方案，已成为各学者和组织高度重视的现实挑战。本书选取了员工亲社会违规行为、员工反生产行为以及员工沉默行为三种员工偏差行为进行深入探讨。

已有研究表明，组织中领导风格是导致员工职场偏差行为的重要因素，因此，在中国情境下探讨领导风格对员工偏差行为的影响，不仅能够彰显中国情境下特殊的领导特质，而且对避免和解决员工偏差行为极具现实意义。另外，为更鲜明地展现中国情境下领导风格的不同作用，本书还选取了员工建言行为和创新行为进行对比研究。

与此同时，研究还发现，领导风格对员工偏差行为产生影响是通过团队伦理气氛作用的。领导风格、团队伦理气氛能够作用于员工偏差行为并对其产生影响，同时领导风格与团队伦理气氛之间存在相关关系，领导风格也能显著影响团队内部的伦理气氛，而不同类型的伦理气氛最终对员工偏差行为产生的影响也不尽相同。综上可得，团队伦理气氛在整个影响机制中起到了中介作用。

此外，领导风格在作用于团队伦理气氛的过程中会受到领导有效性、信任等情境因素的影响，领导有效性与信任的增强，使得领导风格对团队伦理气氛的影响相应也得到了增强；员工偏差行为在受到团队伦理气氛影响时，也会受到气氛强度和员工忠诚度的调节作用。当气氛强度和员工忠诚度这二者增强时，会影响中介变量与因变量间的关系，即团队伦理气氛对员工偏差行为的影响更显著。

本书具体研究结果总结如下。

研究一：中国情境下真诚型领导对员工亲社会违规行为的作用。结果显示：真诚型领导能够正向影响员工亲社会违规行为，即在领导对待下属较为真诚的情况下，下属愿意做出符合组织利益但是却违反组织规定的行为。真诚型领导还对团队伦理气氛具有显著影响（真诚型领导有利于工具型团队伦理气氛、关怀型团队伦理气氛和独立型团队伦理气氛的形成，对法规型团队伦理气氛有负向影响）。此外，团队伦理气氛对员工亲社会违规行为具有显著作用（工具型团队伦理气氛、关怀型团队伦理气氛和独立型团队伦理气氛能够促进员工亲社会违规行为的发生，法规型团队伦理气氛会抑制员工亲社会违规行为的发生）。因此，团队伦理气氛在真诚型领导和员工亲社会违规行为之间起到中介作用。

研究二：中国情境下伦理型领导对员工反生产行为的作用。结果显示：伦理型领导对员工反生产行为具有负向影响，即在团队中领导展现出更多的伦理行为，员工更不易做出反生产行为。同时，伦理型领导还能够对团队伦理气氛造成影响（伦理型领导对工具型团队伦理气氛产生负向影响，而对关怀型团队伦理气氛、法律与规则型团队伦理气氛以及独立型团队伦理气氛产生正向影响）。此外，本书还发现，团队伦理气氛能够有效影响员工反生产行为（工具型团队伦理气氛会促进员工反生产行为，而关怀型团队伦理气氛、法规型团队伦理气氛以及独立型团队伦理气氛会抑制员工反生产行为）。因此，伦理型领导是通过影响团队伦理气氛进而对员工反生产行为产生影响的，即团队伦理气氛在伦理型领导和员工反生产行为之间起到中介作用。

研究三：中国情境下包容型领导对员工建言行为的跨层次影响。结果显示：包容型领导能够有效促进员工建言行为（促进性建言和抑制性建言），即在团队中，领导越包容，员工越易展现出更多的建言行为。同时，包容型领导对关怀型团队伦理气氛具有显著正向影响，关怀型伦理气氛正向影响员工的建言行为，即包容型领导通过关怀型团队伦理气氛正向影响员工建言行为，关怀型团队伦理气氛在包容型领导和员工建言行为之间起中介作用。

研究四：中国情境下服务型领导对员工创新行为的跨层次影响。结果显示：服务型领导能够有效促进员工创新行为，即团队中领导的服务型特征有助于员工展现出更多的创新行为。同时，服务型领导对团队伦理气氛具有显著影响(服务型领导对工具型伦理气氛有负向影响，而对关怀型伦理气氛、规则型伦理气氛、法规型伦理气氛以及独立型伦理气氛具有正向影响)。工具型伦理气氛对团队成员创新行为有负向影响，而关怀型伦理气氛、规则型伦理气氛、法规型伦理气氛以及独立型伦理气氛对团队成员创新行为有跨层次正向影响。因此，服务型领导通过团队伦理气氛对员工创新行为产生跨层次作用，即团队伦理气氛在服务型领导和员工创新行为之间起中介作用。

研究五：中国情境下威权型领导对员工沉默行为的跨层次影响。研究发现：威权型领导对员工沉默行为具有跨层次正向作用，即团队中领导的威权行为会导致员工“三缄其口”。同时，团队中领导者的威权还会造成团队工具型伦理气氛的生成，并且工具型伦理气氛会正向影响员工的沉默行为。由此可见，威权型领导通过工具型伦理气氛对员工沉默行为产生跨层次正向作用，即工具型伦理气氛在威权型领导和员工沉默行为之间起中介作用。与此同时，研究还发现，团队信任能够调节威权型领导与工具型团队伦理气氛的关系。团队信任度越高，威权型领导对工具型伦理气氛的促进作用就越弱，反之则越强。

为保证研究结果的普适性和信效度，本项目调研前后共涉及 20 余个行业、500 多家企业，开展的 5 个研究的数据调查均采用了领导—成员配对互评的方式，并且将数据结果对研究假设分别进行了验证。结果不仅实现了本项目的研究预期，而且对中国情境下领导风格和团队伦理气氛、员工行为关系及其边界条件进行了相应的补充研究，同时对实践中缘何产生以及如何有效避免员工职场偏差行为，怎样有效提升员工积极行为(建言行为、创新行为)提供了一定的理论支持和指导，此外还对中国情境下企业甄别何种领导风格最有效提供了一定的参考。当然，囿于时间和能力的限制，本书存在诸多不足之处，欢迎各位同仁批评指正！

三载春秋随风去，年岁回首自思量。
勤为容衰心未满，奋作平凡千椽梁。
悟以往之不可谏，知来者之亦可追。
路漫漫其修远兮，吾将上下而求索。

附　录

附录 1

真诚型领导与员工亲社会违规行为关系研究调查问卷 1(团队成员填写)

尊敬的问卷填答者:

您好！非常感谢您参加这项管理学研究。本问卷调查内容是关于您所在团队的领导行为以及您在目前团队中的工作感受。问卷调查结果仅供学术研究及贡献学术新知之用,答案无对错之分,您所提供的数据和个人资料均会被严格保密。您的协助对这项研究非常重要!

第一部分　基本情况

1.性别:(1)男　　(2)女

2.年龄:＿＿＿＿岁

3.受教育程度:(1)大专及以下　(2)大学本科　(3)硕士　(4)博士

4.您在目前公司的工作时间?　＿＿＿＿年

5.您在目前团队的工作时间?　＿＿＿＿年

6.您与目前的团队领导共事时间?　＿＿＿＿年

第二部分　测量题项

一、下列描述是关于您团队主管的领导行为,请您根据自身的认可程度,圈选符合实际情况的选项。 **真诚型领导**	完全不同意	不太同意	一般同意	比较同意	完全同意
1.我的领导如实表达自己的想法。	1	2	3	4	5

续表

一、下列描述是关于您团队主管的领导行为，请您根据自身的认可程度，圈选符合实际情况的选项。 **真诚型领导**	完全不同意	不太同意	一般同意	比较同意	完全同意
2.如果我的领导在工作上犯了错，他/她愿意承认错误。	1	2	3	4	5
3.我的领导鼓励每个人说出自己的想法。	1	2	3	4	5
4.我的领导告诉我事情的真相。	1	2	3	4	5
5.我的领导直接表露自己的真实感受。	1	2	3	4	5
6.我的领导言行一致。	1	2	3	4	5
7.我的领导根据他/她的道德原则作决策。	1	2	3	4	5
8.我的领导要求我坚守自己的道德原则。	1	2	3	4	5
9.无论有多难，我的领导都会坚守自己的伦理道德标准。	1	2	3	4	5
10.我的领导广泛征求别人的意见，特别是那些能挑战他/她基本立场的观点。	1	2	3	4	5
11.我的领导在作出决定之前会客观地分析各种相关数据。	1	2	3	4	5
12.我的领导在下结论之前会认真听取不同的观点。	1	2	3	4	5
13.我的领导积极了解别人对他/她的看法，并以此改进与别人的相处方式。	1	2	3	4	5
14.我的领导很清楚别人如何评价他/她的工作能力。	1	2	3	4	5
15.我的领导知道何时需要重新评估自己在某些重要事情上的立场。	1	2	3	4	5
16.我的领导表明他/她知道某些具体行动会给别人带来的影响。	1	2	3	4	5
二、下列描述是关于您团队的伦理气氛，请您根据自身的认可程度，圈选符合实际情况的选项。 **团队伦理气氛**	完全不同意	不太同意	一般同意	比较同意	完全同意
1.在我们团队，成员普遍把保护自己的个人利益看得很重要。	1	2	3	4	5
2.在我们团队，成员总是想从别人身上占点便宜。	1	2	3	4	5
3.在我们团队，成员个人的道德和价值判断是不被重视的。	1	2	3	4	5

续表

二、下列描述是关于您团队的伦理气氛，请您根据自身的认可程度，圈选符合实际情况的选项。 **团队伦理气氛**	完全不同意	不太同意	一般同意	比较同意	完全同意
4.在我们团队，成员普遍认为只要自己的利益不受损失，团队利益与我无关。	1	2	3	4	5
5.我们团队希望成员为了团队的利益做任何事，而不顾结果。	1	2	3	4	5
6.我们团队认为只有损害团队利益的事才是违规的。	1	2	3	4	5
7.在我们团队，成员最大的责任是控制成本。	1	2	3	4	5
8.在我们团队，成员之间都彼此关照。	1	2	3	4	5
9.在我们团队，成员可以为了整体利益而牺牲自我。	1	2	3	4	5
10.在我们团队，成员通常都非常关心同事的利益。	1	2	3	4	5
11.团队非常关注成员的整体利益。	1	2	3	4	5
12.团队希望成员做有利于大众的事情。	1	2	3	4	5
13.在我们团队，最有效的方式总是正确的方式。	1	2	3	4	5
14.在我们团队，成员要满足以上要求高效工作。	1	2	3	4	5
15.在我们团队，遵守规章制度非常重要。	1	2	3	4	5
16.在我们团队，成员普遍都严格遵守规章制度。	1	2	3	4	5
17.在我们团队，只有遵守规章制度的成员才能取得职业成功。	1	2	3	4	5
18.我们团队希望每个成员都能严格遵守规章制度。	1	2	3	4	5
19.在我们团队，遵循法律和专业准则超越其他考虑因素。	1	2	3	4	5
20.在我们团队，法律和专业道德是最重要的考虑因素。	1	2	3	4	5
21.在我们团队，成员需要严格遵守法律和专业准则。	1	2	3	4	5
22.在我们团队，首要考虑因素是决策是否违背了法律。	1	2	3	4	5
23.在我们团队，成员遵循个人的道德信仰。	1	2	3	4	5
24.我们团队的成员自行决定对与错。	1	2	3	4	5
25.在我们团队，最重要的是个人是非感知。	1	2	3	4	5
26.在我们团队，成员受自身伦理道德支配。	1	2	3	4	5

真诚型领导与员工亲社会违规行为关系研究调查问卷2(团队领导填写)

尊敬的问卷填答者：

您好！非常感谢您参加这项管理学研究。本问卷的内容是有关您所在团队成员的行为表现。问卷调查结果仅供学术研究及贡献学术新知之用，答案无对错之分，您所提供的数据和个人资料均会被严格保密。您的协助对这项研究非常重要！

第一部分　基本情况

1.性别：(1)男　　　　(2)女

2.年龄：__________岁

3.受教育程度：(1)大专及以下　(2)大学本科　(3)硕士　(4)博士

4.您在目前公司的工作时间？　　__________年

5.您在目前团队的工作时间？　　__________年

第二部分　测量题项

您的团队中有几个成员，请您填写几份，每份问卷的编号与各个成员的编号一致。

如：您对“团队成员 A”作评价，请您在该问卷右上部分标上“团队成员 A”。

下列描述是关于您所负责团队内成员的表现，请您根据自身的认可程度，圈选符合实际情况的选项。 **亲社会违规行为**	完全不同意	不太同意	一般同意	比较同意	完全同意
1.该员工为了提高自己的工作效率违反团队规则或政策。	1	2	3	4	5
2.该员工为了节省公司的时间和金钱违反团队政策。	1	2	3	4	5
3.该员工会忽略团队规定，减少繁文缛节，做一个更有效率的员工。	1	2	3	4	5
4.当团队的规则妨碍该员工完成工作时，该员工会违背这些规则。	1	2	3	4	5
5.由于该员工没有遵守团队规则而造成团队效率的降低。	1	2	3	4	5
6.如果该员工的同事需要工作上的帮助，该员工会违背团队规则(帮助同事)。	1	2	3	4	5

续表

下列描述是关于您所负责团队内成员的表现，请您根据自身的认可程度，圈选符合实际情况的选项。 **亲社会违规行为**	完全不同意	不太同意	一般同意	比较同意	完全同意
7.当其他员工需要该员工的帮助时，该员工会违背团队政策帮助他/她。	1	2	3	4	5
8.该员工通过违背团队规则帮助其他员工完成工作。	1	2	3	4	5
9.该员工会帮助其他员工，即使这会违背团队规则。	1	2	3	4	5
10.该员工会为了提供优质的顾客服务而违背团队规则。	1	2	3	4	5
11.该员工会为了给顾客提供优质服务而忽视妨碍工作的团队政策。	1	2	3	4	5
12.该员工会为了提供更好的顾客服务而违背团队规则。	1	2	3	4	5
13.该员工违背团队规则是为了给客户提供最好的帮助。	1	2	3	4	5

附录 2

伦理型领导与员工反生产行为关系研究调查问卷 1(团队成员填写)

尊敬的女士/先生：

您好！非常感谢您参加这项管理学研究。本问卷的内容是有关您所在团队的领导行为以及您在目前团队中的工作感受。问卷调查结果仅供学术研究及贡献学术新知之用，答案无对错之分，您所提供的数据和个人资料均会被严格保密。您的协助对这项研究非常重要！

最后祝您：天天开心，事业如意！

第一部分　基本情况

1.性别：(1)男　　(2)女

2.年龄：__________岁

3.受教育程度：(1)大专及以下　(2)大学本科　(3)硕士　(4)博士

4.您在目前公司的工作时间？　__________年

5.您在目前团队的工作时间？　__________年

6.您与目前团队领导的共事时间？　__________年

第二部分　测量题项

一、下列描述是关于您团队主管的领导行为，请您根据自身的认可程度，圈选符合实际情况的选项。 **伦理型领导**	完全不同意	不太同意	一般同意	比较同意	完全同意
1.我的领导会认真吸纳团队成员的合理意见。	1	2	3	4	5
2.我的领导会惩罚不遵守道德规范的团队成员。	1	2	3	4	5
3.我的领导在日常生活中遵守道德标准。	1	2	3	4	5
4.我的领导关心团队成员的利益。	1	2	3	4	5
5.我的领导进行决策时公正、公平。	1	2	3	4	5
6.我的领导是个可信赖的人。	1	2	3	4	5
7.我的领导和团队成员探讨伦理道德或价值观的问题。	1	2	3	4	5
8.我的领导在工作中树立了伦理道德的榜样。	1	2	3	4	5
9.我的领导认为成功不仅看重结果，还看重过程。	1	2	3	4	5
10.我的领导进行决策时会考虑“做什么才符合道德规范”。	1	2	3	4	5
下列描述是有关您团队的氛围，请您根据自身的认可程度，圈选符合实际情况的选项。 **团队伦理气氛**	完全不同意	不太同意	一般同意	比较同意	完全同意
1.在我们团队，成员更注意个人利益。	1	2	3	4	5
2.在我们团队，成员总是设法从他人身上占便宜。	1	2	3	4	5
3.在我们团队，团队不重视成员的道德和价值判断。	1	2	3	4	5
4.在我们团队，成员普遍认为只要自己利益不受损害，团队利益和我无关。	1	2	3	4	5
5.我们团队希望成员为了团队的利益做事，而不是个人利益。	1	2	3	4	5
6.我们团队认为只有损害团队利益的事才是违规的。	1	2	3	4	5
7.在我们团队，成员最大的责任是节约成本。	1	2	3	4	5
8.在我们团队，成员之间都相互照顾。	1	2	3	4	5
9.在我们团队，成员为了保全团队利益而牺牲自己的利益。	1	2	3	4	5
10.在我们团队，成员平时非常关心同事的利益。	1	2	3	4	5

续表

下列描述是有关您团队的氛围，请您根据自身的认可程度，圈选符合实际情况的选项。 **团队伦理气氛**	完全不同意	不太同意	一般同意	比较同意	完全同意
11.团队十分关注成员的整体利益。	1	2	3	4	5
12.团队希望成员做有利于大家的事情。	1	2	3	4	5
13.在我们团队，什么方式有效，则什么方式正确。	1	2	3	4	5
14.在我们团队，成员要满足以上要求高效工作。	1	2	3	4	5
15.在我们团队，遵守规章制度非常重要。	1	2	3	4	5
16.在我们团队，成员严格执行公司规章制度。	1	2	3	4	5
17.在我们团队，只有遵守规章制度的成员方能获得事业成功。	1	2	3	4	5
18.我们团队希望每个成员都能严格遵守规章制度。	1	2	3	4	5
19.在我们团队，成员遵循法律和专业准则超越其他因素。	1	2	3	4	5
20.在我们团队，法律和专业道德是最重要的考虑因素。	1	2	3	4	5
21.在我们团队，成员需要严格遵守法律和专业准则。	1	2	3	4	5
22.在我们团队，决策时首要考虑因素是是否违背了法律。	1	2	3	4	5
23.在我们团队，成员遵循自己的道德信仰。	1	2	3	4	5
24.我们团队的成员自己判断决定是否正确。	1	2	3	4	5
25.在我们团队，最重要的是个人是非感知。	1	2	3	4	5
26.在我们团队，成员受自身伦理道德支配。	1	2	3	4	5

伦理型领导与员工反生产行为关系研究调查问卷2(团队领导填写)

尊敬的女士/先生：

您好！非常感谢您参加这项管理学研究。本问卷的内容是有关您所在团队的成员行为。问卷调查结果仅供学术研究及贡献学术新知之用，答案无对错之分，您所提供的数据和个人资料均会被严格保密。您的协助对这项研究非常重要！

最后祝您：天天开心，万事如意！

第一部分　基本情况

1.性别:(1)男　　　　(2)女

2.年龄:__________岁

3.受教育程度:(1)大专及以下　(2)大学本科　(3)硕士　(4)博士

4.您在目前公司的工作时间?　　　　__________年

5.您在目前团队的工作时间?　　　　__________年

第二部分　测量题项

您的团队中有几个成员,请您填写几份,每份问卷的编号与各个成员的编号一致。

如:您对“团队成员 A”评价,请您在该问卷右上部分标上“团队成员 A”。

下列描述是有关您所负责团队内成员的表现,请您根据自身的认可程度,圈选符合实际情况的选项。 **员工反生产行为**	完全不同意	不太同意	一般同意	比较同意	完全同意
1.该员工自己不高兴时习惯恶意取笑其他同事。	1	2	3	4	5
2.该员工说过伤害其他同事的话,做过伤害其他同事的事。	1	2	3	4	5
3.该员工私下偷偷骂过其他同事。	1	2	3	4	5
4.该员工有意干扰、破坏其他同事的工作。	1	2	3	4	5
5.该员工对待其他同事缺少礼貌和谦逊的态度。	1	2	3	4	5
6.该员工在他人面前使其他成员难堪。	1	2	3	4	5
7.该员工未经许可私自拿走公司的财物。	1	2	3	4	5
8.该员工上班时间工作不专心,胡思乱想。	1	2	3	4	5
9.该员工在报账时弄虚作假以得到更多的钱。	1	2	3	4	5
10.该员工擅自延长休息时间。	1	2	3	4	5
11.该员工未经许可上班迟到。	1	2	3	4	5
12.该员工故意将公司物品乱放,乱扔垃圾。	1	2	3	4	5
13.该员工不听从上级的指示。	1	2	3	4	5

续表

下列描述是有关您所负责团队内成员的表现，请您根据自身的认可程度，圈选符合实际情况的选项。 **员工反生产行为**	完全不同意	不太同意	一般同意	比较同意	完全同意
14.该员工故意放慢工作速度。	1	2	3	4	5
15.该员工将单位保密信息或重要信息告诉他人。	1	2	3	4	5
16.该员工工作不负责任。	1	2	3	4	5
17.该员工故意延长工作时间从而获得更多的加班费。	1	2	3	4	5

附录 3

威权型领导与员工沉默行为关系研究调查问卷 1(团队成员填写)

尊敬的问卷填答者：

您好！非常感谢您参与本项问卷调研。本问卷的内容涉及您所在的团队领导行为以及您在目前团队中的工作感受。问卷调查结果仅供学术研究及贡献学术新知之用，答案无对错之分，您所提供的数据和个人资料均会被严格保密。您的协助对本项研究非常重要！

第一部分　基本情况

1.您的性别：(1)男　　(2)女

2.您的年龄：(1)25 岁及以下　(2)26—35 岁　(3)36—45 岁　(4)46—55 岁　(5)56 岁及以上

3.您的受教育程度：(1)大专及以下　(2)大学本科　(3)硕士　(4)博士

4.您在目前团队工作时间：(1)1 年以下　(2)1—3 年　(3)4—6 年　(4)7—10 年　(5)11 年及以上

5.您所处的行业：

(1)农业，请具体注明__________　(2)制造业，请具体注明__________

(3)服务业，请具体注明__________(4)其他__________

第二部分 测量题项

一、下列描述是有关您团队主管的领导行为，请您根据自身的认可程度，选择符合实际情况的选项。 **威权型领导**	完全不同意	不太同意	一般同意	比较同意	完全同意
1.我的领导要求我完全服从他的领导。	1	2	3	4	5
2.当我当众反对领导时，会遭到冷言讽刺。	1	2	3	4	5
3.我的领导心目中的模范部属，必须对他言听计从。	1	2	3	4	5
4.团队内大小事情都由领导独自决定。	1	2	3	4	5
5.开会时，都会照领导的意思作最后的决定。	1	2	3	4	5
6.领导不把重要信息透露给我们知道。	1	2	3	4	5
7.领导很少让我们察觉他真正的意图。	1	2	3	4	5
8.在我们面前，领导表现出威严的样子。	1	2	3	4	5
9.与领导一起工作时，他带给我很大的压力。	1	2	3	4	5
10.领导采用严格的管理方法与手段。	1	2	3	4	5
11.当任务无法达成时，领导会斥责我们。	1	2	3	4	5
12.领导强调我们的工作表现一定要超过其他部门/单位。	1	2	3	4	5
13.领导遵照原则办事，触犯者会受到严厉的处罚。	1	2	3	4	5
二、下列描述是有关您团队的气氛，请您根据自身的认可程度，选择符合实际情况的选项。 **工具型伦理气氛**	完全不同意	不太同意	一般同意	比较同意	完全同意
1.在我们团队，成员普遍把保护自己的个人利益看得很重要。	1	2	3	4	5
2.在我们团队，成员总是想从别人身上占点便宜。	1	2	3	4	5
3.在我们团队，成员个人的道德和价值判断是不被重视的。	1	2	3	4	5
4.在我们团队，成员普遍认为只要自己的利益不受损，团队利益与我无关。	1	2	3	4	5
5.我们团队希望成员为了团队的利益做任何事，而不顾结果。	1	2	3	4	5
6.我们团队认为只有损害团队利益的事才是违规的。	1	2	3	4	5
7.在我们团队，成员最大的责任是控制成本。	1	2	3	4	5

续表

下列描述是有关您的团队信任,请您根据自身的认可程度,选择符合实际情况的选项。 **团队信任**	完全不同意	不太同意	一般同意	比较同意	完全同意
1.我相信团队有能力给予我相应的报酬及福利。	1	2	3	4	5
2.我相信团队在发展过程中会顾及我的利益。	1	2	3	4	5
3.据我所知,大多数团队成员都觉得团队值得依靠。	1	2	3	4	5
4.团队会履行对成员作出的承诺。	1	2	3	4	5
5.我对团队充满信心。	1	2	3	4	5

威权型领导与员工沉默行为关系研究调查问卷2(团队领导填写)

尊敬的问卷填答者:

您好!非常感谢您参与本项问卷调研。本问卷的内容涉及您所在团队的成员的行为表现。问卷调查结果仅供学术研究及贡献学术新知之用,答案无对错之分,您所提供的数据和个人资料均会被严格保密。您的协助对本项研究非常重要!

第一部分　基本情况

1.您的性别:(1)男　　(2)女

2.您的年龄:(1)25岁及以下　(2)26—35岁　(3)36—45岁　(4)46—55岁　(5)56岁及以上

3.您的受教育程度:(1)大专及以下　(2)大学本科　(3)硕士　(4)博士

4.您在目前的团队工作时间:(1)1年以下　(2)1—3年　(3)4—6年　(4)7—10年　(5)11年及以上

5.您所处的行业:

(1)农业,请具体注明__________　(2)制造业,请具体注明__________

(3)服务业,请具体注明__________(4)其他__________

第二部分 测量题项

下列描述是有关您所负责团队内成员的行为，请您根据自身的认可程度，选择符合实际情况的选项。 **员工沉默行为**	完全不同意	不太同意	一般同意	比较同意	完全同意
1.团队中的该成员因为与组织对立，而不愿说出有助于组织变革的建议。	1	2	3	4	5
2.团队中的该成员有辞职倾向，所以消极地隐瞒针对组织的想法。	1	2	3	4	5
3.团队中的该成员消极地保留如何解决组织问题的意见。	1	2	3	4	5
4.团队中的该成员因为不自信，所以保留任何有关组织改进的想法。	1	2	3	4	5
5.团队中的该成员因为与组织对立，所以隐瞒有关改进工作的想法。	1	2	3	4	5
6.团队中的该成员因为恐惧，而不说出有关变革的意见。	1	2	3	4	5
7.团队中的该成员因为恐惧，隐瞒相关信息。	1	2	3	4	5
8.团队中的该成员为了保护自己，而对问题视而不见。	1	2	3	4	5
9.团队中的该成员出于自我保护，而回避说出有关改进的想法。	1	2	3	4	5
10.团队中的该成员因为害怕，而隐瞒解决问题的办法。	1	2	3	4	5
11.团队中的该成员配合组织保守机密。	1	2	3	4	5
12.团队中的该成员为了组织的利益，保护知识产权信息。	1	2	3	4	5
13.团队中的该成员抗住外人带来的压力，防止组织机密泄露。	1	2	3	4	5
14.团队中的该成员拒绝透露任何可能损害组织的信息。	1	2	3	4	5
15.团队中的该成员出于对组织的关心，妥善保护机密信息。	1	2	3	4	5

附录 4

包容型领导与员工建言行为关系研究调查问卷 1(团队成员填写)

尊敬的问卷填答者：

您好！我们是山东大学课题调研组，非常感谢您参加这项管理学研究。本问卷的内容是有关您所在团队领导的行为以及您在目前团队中的工作感受。问卷调查结果仅供学术研究之用，答案无对错之分，您所提供的数据和个人资料均会被严格保密，感谢您的配合！

第一部分　基本情况

1.您的性别：(1)男　　　(2)女

2.您的年龄：(1)25 岁及以下　(2)26—35 岁　(3)36—45 岁
(4)46—55 岁　(5)56 岁及以上

3.您的受教育程度：(1)大专及以下　(2)大学本科　(3)硕士　(4)博士

4.您在目前团队的工作时间：(1)1 年以下　(2)1—3 年　(3)4—6 年
(4)7—10 年　(5)11 年及以上

第二部分　测量题项

一、下列描述是有关您团队主管的领导行为，请您根据自身的认可程度，选择符合实际情况的选项。 **包容型领导**	完全不同意	不太同意	一般同意	比较同意	完全同意
1.领导愿意倾听新的观点。	1	2	3	4	5
2.领导能留意新的机会，从而加快工作进程。	1	2	3	4	5
3.领导愿意讨论期待的目标以及达到目标的新途径。	1	2	3	4	5
4.领导鼓励我在出现新问题时找他/她。	1	2	3	4	5
5.领导可以被找来讨论新出现的问题。	1	2	3	4	5
6.如果有问题时，随时可以找领导咨询。	1	2	3	4	5
7.领导一直存在于团队中，随时可以找到他/她。	1	2	3	4	5
8.我想向领导咨询专业问题时，随时可以找到他/她。	1	2	3	4	5
9.领导总是愿意倾听我的请求。	1	2	3	4	5

续表

二、下列描述是有关您在团队中感知到的气氛，请您根据自身的认可程度，选择符合实际情况的选项。 **关怀型团队伦理气氛**	完全不同意	不太同意	一般同意	比较同意	完全同意
1.在我们团队，成员之间都彼此关照。	1	2	3	4	5
2.在我们团队，成员可以为了整体利益而牺牲自我。	1	2	3	4	5
3.在我们团队，成员通常都非常关心同事的利益。	1	2	3	4	5
4.团队非常关注成员的整体利益。	1	2	3	4	5
5.团队希望成员做有利于大众的事情。	1	2	3	4	5
6.在我们团队，最有效的方式总是正确的方式。	1	2	3	4	5
7.在我们团队，成员要满足团队领导要求高效工作。	1	2	3	4	5

包容型领导与员工建言行为关系研究调查问卷2(团队领导填写)

尊敬的问卷填答者：

您好！我们是山东大学课题调研组，非常感谢您参加这项管理学研究。本问卷的内容是有关您所在团队成员的行为。问卷调查结果仅供学术研究之用，答案无对错之分，您所提供的数据和个人资料均会被严格保密，感谢您的配合！

第一部分 基本情况

1.您的性别：(1)男 (2)女

2.您的年龄：(1)25岁及以下 (2)26—35岁 (3)36—45岁 (4)46—55岁 (5)56岁及以上

3.您的受教育程度：(1)大专及以下 (2)大学本科 (3)硕士 (4)博士

4.您在目前团队的工作时间：(1)1年以下 (2)1—3年 (3)4—6年 (4)7—10年 (5)11年及以上

第二部分 测量题项

下列描述是有关您所负责团队内成员的行为，请您根据自身的认可程度，选择符合实际情况的选项。 **员工建言行为**	完全不同意	不太同意	一般同意	比较同意	完全同意
1.对可能影响本团队的事，团队中的该成员会积极谋发展、提建议。	1	2	3	4	5
2.团队中的该成员积极建议对本团队有利的项目。	1	2	3	4	5
3.团队中的该成员为改进本团队工作流程提供建议。	1	2	3	4	5
4.团队中的该成员为帮助本团队达成目标积极建言献策。	1	2	3	4	5
5.团队中的该成员为改进本团队运营提出建设性意见。	1	2	3	4	5
6.团队中的该成员劝阻其他成员不要做出对绩效不利的事。	1	2	3	4	5
7.即使存在反对意见，团队中的该成员还是会坦诚指出可能严重影响本团队的问题。	1	2	3	4	5
8.对于可能影响本团队效率的事情勇于建言，即使这样做会使其他人难堪。	1	2	3	4	5
9.当本团队出现问题时，勇于指出问题所在，即使这样做会影响自己和其他成员的关系。	1	2	3	4	5
10.在工作出现需要协调的问题时，会主动向上级反映。	1	2	3	4	5

附录 5

服务型领导与员工创新行为关系研究调查问卷 1(团队成员填写)

尊敬的问卷填答者：

您好！非常感谢您参加这项管理学研究。本问卷的内容是有关您所在团队领导的行为以及您在目前团队中的工作感受。问卷调查结果仅供学术研究及贡献学术新知之用，答案无对错之分，您所提供的数据和个人资料均会被严格保密。您的协助对这项研究非常重要！

第一部分 基本情况

1.您的性别:(1)男　　　　(2)女

2.您的年龄:(1)25 岁及以下　(2)26—35 岁　(3)36—45 岁
(4)46—55 岁　(5)56 岁及以上

3.您的受教育程度:(1)大专及以下　(2)大学本科　(3)硕士及以上

4.您在目前的团队工作时间:(1)1 年以下　(2)1—3 年　(3)4—6 年
(4)7—10 年　(5)11 年及以上

第二部分 测量题项

下列描述是有关您团队主管的领导行为,请您根据自身的认可程度,圈选符合实际情况的选项。 **服务型领导**	完全不同意	不太同意	一般同意	比较同意	完全同意
1.我的领导会花时间与团队成员建立良好的关系。	1	2	3	4	5
2.我的领导在团队成员中建立了一种团队意识。	1	2	3	4	5
3.我的领导作决策时会参考团队成员的意见。	1	2	3	4	5
4.在作重要决策时,我的领导设法在团队成员中达成一致。	1	2	3	4	5
5.我的领导在工作场所以外对成员体察入微。	1	2	3	4	5
6.我的领导以成员个人发展为工作重点。	1	2	3	4	5
7.我的领导坚持对团队成员高标准的伦理要求。	1	2	3	4	5
8.我的领导遵守诺言。	1	2	3	4	5
9.我的领导平衡处理日常细节和未来规划之间的关系。	1	2	3	4	5
10.我的领导在探寻解决工作难题的方案上展现出广泛的知识和兴趣。	1	2	3	4	5
11.我的领导让我觉得是和他“一起”工作而不是“为他”工作。	1	2	3	4	5
12.我的领导努力寻找方法帮助他人追求卓越。	1	2	3	4	5
13.我的领导鼓励员工参与工作以外的社区服务和志愿者活动。	1	2	3	4	5
14.我的领导强调回馈社会的重要性。	1	2	3	4	5

续表

下列描述是有关您团队的氛围，请您根据自身的认可程度，圈选符合实际情况的选项。 **团队伦理气氛**	完全不同意	不太同意	一般同意	比较同意	完全同意
1.在我们团队，成员普遍把保护自己的个人利益看得很重要。	1	2	3	4	5
2.在我们团队，成员总是想从别人身上占点便宜。	1	2	3	4	5
3.在我们团队，成员个人的道德和价值判断是不被重视的。	1	2	3	4	5
4.在我们团队，成员普遍认为只要自己的利益不受损，团队利益与我无关。	1	2	3	4	5
5.我们团队希望成员为了团队的利益做任何事，而不顾结果。	1	2	3	4	5
6.我们团队认为只有损害团队利益的事才是违规的。	1	2	3	4	5
7.在我们团队，成员最大的责任是控制成本。	1	2	3	4	5
8.在我们团队，成员之间都彼此关照。	1	2	3	4	5
9.在我们团队，成员可以为了整体利益而牺牲自我。	1	2	3	4	5
10.在我们团队，成员通常都非常关心同事的利益。	1	2	3	4	5
11.团队非常关注成员的整体利益。	1	2	3	4	5
12.团队希望成员做有利于大众的事情。	1	2	3	4	5
13.在我们团队，最有效的方式总是正确的方式。	1	2	3	4	5
14.在我们团队，成员要满足以上要求高效工作。	1	2	3	4	5
15.在我们团队，遵守规章制度非常重要。	1	2	3	4	5
16.在我们团队，成员普遍都严格遵守规章制度。	1	2	3	4	5
17.在我们团队，只有遵守规章制度的成员才能取得职业成功。	1	2	3	4	5
18.我们团队希望每个成员都能严格遵守规章制度。	1	2	3	4	5
19.在我们团队，遵循法律和专业准则超越其他考虑因素。	1	2	3	4	5
20.在我们团队，法律和专业道德是最重要的考虑因素。	1	2	3	4	5
21.在我们团队，成员需要严格遵守法律和专业准则。	1	2	3	4	5
22.在我们团队，首要考虑因素是决策是否违背了法律。	1	2	3	4	5
23.在我们团队，成员遵循个人的道德信仰。	1	2	3	4	5

续表

下列描述是有关您团队的氛围,请您根据自身的认可程度,圈选符合实际情况的选项。 **团队伦理气氛**	完全不同意	不太同意	一般同意	比较同意	完全同意
24.我们团队的成员自行决定对与错。	1	2	3	4	5
25.在我们团队,最重要的是个人是非感知。	1	2	3	4	5
26.在我们团队,成员受自身伦理道德支配。	1	2	3	4	5

服务型领导与员工创新行为关系研究调查问卷2(团队领导填写)

尊敬的问卷填答者:

您好! 非常感谢您参加这项管理学研究。本问卷的内容是有关您所在团队的成员的日常表现。问卷调查结果仅供学术研究及贡献学术新知之用,答案无对错之分,您所提供的数据和个人资料均会被严格保密。您的协助对这项研究非常重要!

第一部分　基本情况

1.您的性别:(1)男　　(2)女

2.您的年龄:(1)25岁及以下　(2)26—35岁　(3)36—45岁　(4)46—55岁　(5)56岁及以上

3.您的受教育程度:(1)大专及以下　(2)大学本科　(3)硕士及以上

4.您在目前的团队工作时间:(1)1年以下　(2)1—3年　(3)4—6年　(4)7—10年　(5)11年及以上

第二部分　测量题项

下列描述是有关您所负责团队内成员的行为,请您根据自身的认可程度,圈选符合实际情况的选项。 **员工创新行为**	完全不同意	不太同意	一般同意	比较同意	完全同意
1.团队中的这名成员经常在工作环境中引入创新想法。	1	2	3	4	5
2.团队中的这名成员经常为改善工作绩效提出新点子。	1	2	3	4	5
3.团队中的这名成员经常主动搜寻新的工作方法、技术,或者工具。	1	2	3	4	5

续表

下列描述是有关您所负责团队内成员的行为，请您根据自身的认可程度，圈选符合实际情况的选项。 **员工创新行为**	完全不同意	不太同意	一般同意	比较同意	完全同意
4.团队中的这名成员经常向他人推广创新点子并寻求支持。	1	2	3	4	5
5.团队中的这名成员总是想方设法使组织成员提供新点子。	1	2	3	4	5
6.团队中的这名成员常常动员他人支持创新。	1	2	3	4	5
7.团队中的这名成员经常将创新点子转化为有用的实践。	1	2	3	4	5
8.团队中的这名成员能够针对问题提出有创意的解决办法。	1	2	3	4	5
9.团队中的这名成员经常跟踪评价创新点子的应用效果。	1	2	3	4	5

参考文献

一、中文文献

蔡宁伟.反生产行为研究:以“中国式”新闻情景为例[J].华东理工大学学报(社会科学版),2011(1):54-63.

曹仰锋,李平.中国领导力本土化发展研究:现状分析与建议[J].管理学报,2010,7(11):1704-1709.

晁罡,熊吟竹,王磊,等.组织伦理气氛对工作满足感和员工越轨行为的影响研究[J].管理学报,2013,10(11):1611-1617.

陈国权,李兰.中国企业领导者个人学习能力对组织创新成效和绩效影响研究[J].管理学报, 2009, 6(5):601-606.

陈璐,井润田,杨百寅.家长式领导、人际信任与高管团队有效性:一项本土化研究[J].战略管理,2010(2):10-16.

陈为新,汪纯孝,刘芳,等.酒店部门管理人员的真诚型领导风格与员工的敬业程度和工作绩效之间的关系[J].北京第二外国语学院学报,2013,45(9):47-60.

陈晓萍,刘东,丽贝卡·波特诺.情绪文化智力、组织多元化氛围及文化销售的多层级研究:美国房地产企业的实证分析(英文)[J].跨文化管理,2012(0):20-55.

邓今朝,黄中梅,余绍忠.员工建言行为与团队绩效的关系:成员目标取向的作用[J].软科学,2015(6):81-85.

邓今朝.团队成员目标取向与建言行为的关系:一个跨层分析[J].南开管理评论,2010(5):12-21.

段锦云,陈红,孙维维,等.沉默:组织改变和发展的阻力[J].人类工效学,2007,13(2):69-71.

段锦云,王重鸣,钟建安.大五和组织公平感对进谏行为的影响研究[J].心理科学,2007,30(1):19-22.

范丽群,石金涛.组织伦理气氛与道德行为关系的理论分析[J].华东经济管理,2006,20(7):53-56.

范丽群,周祖城.企业伦理气氛与不道德行为关系的实证研究[J].软科学,2006(4):117-121.

方阳春,金惠红.包容型领导风格对高校科研团队绩效影响的实证研究[J].技术经济,2014,33(4):53-57.

方阳春.包容型领导风格对团队绩效的影响:基于员工自我效能感的中介作用[J].科研管理,2014,35(5):152-160.

盖玉妍.酒店关怀型伦理气氛对员工组织承诺的影响机制研究[D].天津:南开大学,2013.

高建丽,孙明贵.基于心理资本的包容型领导对创新行为的作用路径[J].软科学,2015,29(4):100-103.

顾远东,彭纪生.组织创新氛围对员工创新行为的影响:创新自我效能感的中介作用[J].南开管理评论,2010,13(1):30-41.

顾远东,周文莉,彭纪生.组织创新支持感对员工创新行为的影响机制研究[J].管理学报,2014,11(4):548-554.

郭晓薇,严文华.国外反生产行为研究述评[J].心理科学,2008,31(4):936-939.

韩翼,杨百寅.真实型领导、心理资本与员工创新行为:领导成员交换的调节作用[J].管理世界,2011,12:78-86+188.

韩翼,杨百寅.真实型领导:理论、测量与最新研究进展[J].科学学与科学技术管理,2009(2):170-175.

韩振华,任剑峰.社会调查研究中的社会称许性偏见效应[J].华中科技大学学报(社会科学版),2002,16(3):47-50.

洪雁,王端旭.管理者真能"以德服人"吗?:社会学习和社会交换视角下伦理型领导作用机制研究[J].科学学与科学技术管理,2011,32(7):175-179.

侯杰泰,成子娟,马殊赫伯特.验证性因素分析:问卷题数及小样本应用策略[J].心理学报,1999,31(1):76-83.

胡青，王胜男，张兴伟，等.工作中的主动性行为的回顾与展望[J].心理科学进展，2011，19(10)：1534-1543.

黄致凯.组织创新气候知觉、个人创新行为、自我效能知觉与问题解决形态关系之研究：以银行业为研究对象[D].高雄：中山大学，2004.

贾娟宁.企业员工沉默研究[J].中外企业家，2009(18)：38-39.

贾真.家长式领导风格、员工沉默与工作绩效的实证研究[D].南京：南京理工大学，2014.

景保峰.包容型领导对员工创造力的影响：基于内在动机和心理可得性的双重中介效应[J].技术经济，2015，34(3)：27-32.

鞠芳辉，谢子远，宝贡敏.西方与本土：变革型、家长型领导行为对民营企业绩效影响的比较研究[J].管理世界，2008(5)：85-101.

康乐乐.家长式领导、组织支持感与员工沉默的关系研究[D].大连：东北财经大学，2012.

李波.中国企业组织伦理气氛问卷编制及其结构的研究[D].太原：山西大学，2008.

李朝阳.服务型领导与下属反生产行为关系的实证研究[D].长沙：中南大学，2010.

李焕荣，唐红瑞.企业员工沉默行为研究述评及启示[J].区域经济评论，2011(7)：92-96.

李锐，凌文辁，方俐洛.上司支持感知对下属建言行为的影响及其作用机制[J].中国软科学，2010(4)：106-115.

李姗姗.中国情境下伦理型领导对组织公民行为影响研究[D].长沙：中南大学，2012.

李燕萍，杨婷，潘亚娟，等.包容性领导的构建与实施：基于新生代员工管理视角[J].中国人力资源开发，2012(3)：31-35.

李颖，王振华，王卫征.支持性人力资源实践、自我效能感与创新行为的关系研究[J].科技管理研究，2009(10)：478-480.

李芝山.探讨促进自主创新的企业文化策略[J].中外企业文化，2009(8)：66-67.

林玲，唐汉瑛，马红宇.工作场所中的反生产行为及其心理机制[J].心理科学进展，2010(1)：151-161.

凌茜，汪纯孝，张秀娟.公仆型领导：服务氛围与员工集体的情感性归属感对员工的服务质量的影响[J].旅游论坛,2010(2):199-207.

刘冰,蔺璇.团队伦理气氛对团队效能的影响研究:以团队沟通为中介变量[J].中国管理科学,2012(A2):740-746.

刘冰,袁雨晴,张晓田.中国企业团队伦理气氛类型研究[J].山东大学学报(哲学社会科学版),2015(1):91-100.

刘芳,汪纯孝,张秀娟,等.饭店管理人员的真诚型领导风格对员工工作绩效的影响[J].旅游科学,2010(4):12-25.

刘军,宋继文,吴隆增.政治与关系视角的员工职业发展影响因素探讨[J].心理学报,2008,40(2):201-209.

刘松博,李育辉,杜晓琳.道德领导对员工非道德行为的影响机制:组织伦理氛围的中介效应[J].管理学家(学术版),2013(9):31-41.

刘文彬,井润田,李贵卿.员工人格特质对反生产行为的影响机制研究:团队伦理气氛的跨层次调节[J].预测,2014,33(4):8-14.

刘文彬,井润田,李贵卿,等.员工"大五"人格特质、组织伦理气氛与反生产行为:一项跨层次检验[J].管理评论,2014,26(11):141-151.

刘文彬,井润田.组织文化影响员工反生产行为的实证研究:基于组织伦理气氛的视角[J].中国软科学,2010(9):118-129.

刘文彬,井润田,林志扬.组织结构对员工反生产行为的影响机理[J].软科学,2014(11):76-80.

刘文彬.组织伦理气氛与员工越轨行为间关系的理论与实证研究[D].厦门:厦门大学,2009.

刘云,石金涛.创新气氛的概念形成、测量与影响因素[J].科学学与科学技术管理,2009,30(12):70-75.

刘云,石金涛.组织创新气氛与激励偏好对员工创新行为的交互效应研究[J].管理世界,2009(10):88-101.

刘彧彧,张佳良,刘雨萌.伦理气氛下道德强度对组织员工伦理决策行为的影响研究[J].管理学报,2015,12(8):1217-1223.

卢瑞容.战国时代"势"概念发展析探[J].台大历史学报,2000,1(25):53-83.

卢雪.道德领导对员工建言影响的实证研究[J].市场研究,2014(9):33-35.

陆昌勤,凌文辁,方俐洛.管理自我效能感与管理者工作态度和绩效的关系[J].北京大学学报(自然科学版),2006(2):250-276.

罗瑾琏,赵佳,张洋.知识团队真实型领导对团队创造力的影响及作用机理研究[J].科技进步与对策,2013(8):152-156.

马跃如,程伟波,周娟美.心理所有权和犬儒主义在包容性领导对员工离职倾向影响中的中介作用[J].湖南医科大学学报(社会科学版),2014,20(3):6-12.

毛军权,汤馥萍.员工反生产行为组织控制的演化博弈分析[J].经济与管理,2012,26(1):43-47.

莫申江,王重鸣.国外伦理型领导研究前沿探析[J].外国经济与管理,2010(2):32-37.

彭贺.反生产行为理论研究综述[J].管理学报,2010(6):834-840.

彭贺.知识员工反生产行为的结构及测量[J].管理科学,2011,24(5):12-22.

彭小海,李欣.钥匙:打造高效团队秘笈[M].北京:机械工业出版社,2008.

彭正龙,赵红丹,梁东.中国情境下领导—部属交换与反生产行为的作用机制研究[J].管理工程学报,2011,25(2):30-36.

邱盛林.转型式、家长式领导模式与效能之比较:以退辅会所机构人员为例[D].高雄:中山大学,2001.

阮超.威权型领导力和服务型领导力对下属工作结果的影响[D].哈尔滨:哈尔滨工业大学,2010.

沈舒琪.服务型领导与员工工作满意度和绩效的关系研究[D].上海:上海交通大学,2010.

石冠峰,梁鹏.中国情境下包容型领导风格如何影响员工建言行为[J].领导科学,2015(29):51-54.

宋典,袁勇志,张伟炜.战略人力资源管理、创新氛围与员工创新行为的跨层次研究[J].科学学与科学技术管理,2011,32(1):172-179.

孙健敏,王碧英.公仆型领导:概念的界定与量表的修订[J].商业经济与管理,2010(5):24-30.

孙琳.霍曼斯与布劳交换理论之比较分析[J].东南传播,2010(1):89-90.

唐士其.儒家学说与正义观念:兼论与西方思想的比较[J].国际政治研究,2003,40(4):25-35.

汪纯孝，凌茜，张秀娟.我国企业公仆型领导量表的设计与检验[J].南开管理评论，2009，12(3)：94-103.

王春艳.关怀性组织伦理氛围与组织公民行为关系探讨[J].商业时代，2014(3)：114-116.

王端旭，李溪.包容型领导对员工从错误中学习的影响机制研究[J].世界科技研究与发展，2015(1)：61-66.

王菲菲.服务型领导、组织公民行为与员工离职关系的实证研究[D].杭州：浙江理工大学，2011.

王士红，徐彪，彭纪生.组织氛围感知对员工创新行为的影响：基于知识共享意愿的中介效应[J].科研管理，2013，34(5)：130-135.

王艳子，罗瑾琏.目标取向对员工创新行为的影响研究：基于知识共享的中介效应[J].科学学与科学技术管理，2011，32(5)：164-169.

王雁飞，朱瑜.组织伦理气氛的理论与研究[J].心理科学进展，2006(2)：300-308.

王一争，祝庆，李艺敏，等.不同领导行为对员工组织认同的预测结果：基于优势分析的比较[J].心理研究，2013(6)：71-80.

王永跃，叶佳佳.工具主义伦理气氛对员工沉默行为的影响：犬儒主义和传统性的作用[J].心理科学，2015(3)：686-692.

王勇，陈万明.真诚领导感知、心理资本与工作嵌入关系研究[J].华东经济管理，2013(5)：123-127.

吴道友，朱迪，段锦云.仁慈领导对员工沉默的影响：组织内自尊和面子的作用[J].应用心理学，2014，20(4)：306-315.

吴红梅.西方组织伦理氛围研究探析[J].外国经济与管理，2005，27(9)：32-38.

吴隆增，曹昆鹏，陈苑仪，等.变革型领导行为对员工建言行为的影响研究[J].管理学报，2011，8(1)：61-66.

吴明隆.结构方程模型：AMOS的操作与应用[M].重庆：重庆大学出版社，2010.

吴明隆.问卷统计分析实务：SPSS操作与应用[M].重庆：重庆大学出版社，2010.

吴维库，姚迪.服务型领导与员工满意度的关系研究[J].管理学报，2009，6(3)：338-341.

吴宗祐,徐玮伶,郑伯壎.怒不可遏?或忍气吞声?华人企业中主管威权型领导行为与部属愤怒情绪反应的关系[J].本土心理学研究,2002(19):3-49.

向方新.组织伦理氛围对知识共享与工作绩效的影响研究[D].武汉:武汉科技大学,2015.

肖方鑫.家长式领导对公务员组织沉默的影响研究[D].苏州:苏州大学,2014.

谢衡晓.诚信领导的内容结构及其相关研究[D].广州:暨南大学,2007.

谢礼珊,关新华,Catherine Mercier-Suissa.个体与组织情景因素对旅游服务员工创新行为的影响[J].旅游学刊,2015,30(2):79-89.

严丹.上级辱虐管理对员工建言行为的影响:来自制造型企业的证据[J].管理科学,2012(2):41-50.

严晓辉.领导—成员交换对建言行为的影响及其作用机制[D].杭州:浙江工商大学,2012.

杨继平,李波.西方学者对组织伦理气氛结构的研究[J].心理科学,2008(1):173-176.

杨中芳,彭泗清.中国人人际信任的概念化:一个人际关系的观点[J].社会学研究,1999(2):3-23.

于海波,方俐洛,凌文辁.组织学习整合理论模型[J].心理科学进展,2004,12(2):246-255.

于海波,郑晓明,方俐洛,等.如何领导组织学习:变革型领导与组织学习的关系[J].科学学与科学技术管理,2008,29(3):183-188.

于静静,蒋守芬,赵曙明.冲突管理方式与员工建言行为的关系研究:基于心理安全感和权力距离视角[J].华东经济管理,2015,29(10):168-174.

于静静,赵曙明.员工建言行为研究前沿探析与未来展望[J].外国经济与管理,2013(5):23-30.

余志远,朱玉华,张希.饭店企业组织伦理氛围对组织承诺的影响研究[J].旅游科学,2009,23(4):50-56.

詹延遵,凌文辁,方俐洛.领导学研究的新发展:诚信领导理论[J].心理科学进展,2006(5):710-715.

张海丽,杨从杰.伦理型领导:内涵、维度与作用[J].科技管理研究,2011,31(7):133-136.

张捷.EAP国际动态与中国实践[M].北京:世界图书出版公司,2013.

张伟兵，包先进，张永军.反生产行为正负效应及管理策略研究[J].华东经济管理，2011(8)：81-84.

张新安，何惠，顾锋.家长式领导行为对团队绩效的影响：团队冲突管理方式的中介作用[J].管理世界，2009(3)：121-133.

张永军.伦理型领导对员工反生产行为的影响：基于社会学习与社会交换双重视角[J].商业经济与管理，2013(12)：23-32.

张志军.激活你的下属[M].北京：中国经济出版社，2009.

赵安安，高尚仁.台湾地区华人企业家长式领导风格与员工压力之关联[J].应用心理研究，2005(27)：111-131.

赵旭，胡斌.基于突变理论的企业员工反生产行为研究[J].管理科学，2012，25(4)：44-55.

郑伯壎，周丽芳，樊景立.家长式领导：三元模式的建构与测量[J].本土心理学研究，2000(14)：3-64.

郑伯壎，周丽芳，黄敏萍，等.家长式领导的三元模式：中国大陆企业组织的证据[J].本土心理学研究，2003，20(6)：209-252.

郑晓涛，柯江林，石金涛，等.中国背景下员工沉默的测量以及信任对其的影响[J].心理学报，2008，40(2)：219-227.

周蕾蕾.企业诚信领导对员工组织公民行为影响研究：以领导—成员交换为中介变量[D].武汉：武汉大学，2010.

周婉茹.专权与威权型领导的效果：心理赋能的中介与仁慈领导的调节[D].台北：台湾大学，2009.

周耀峰.组织伦理气氛对工作满意度及组织承诺的影响研究[D].太原：山西大学，2009.

朱颖俊，黄瑶佳.组织伦理气氛与成员信息伦理行为关系的实证研究[J].情报杂志，2011，30(3)：202-206.

朱瑜，钱姝婷.包容型领导研究前沿探析与未来展望[J].外国经济与管理，2014，36(2)：55-64.

邹艳贤，陈银娟，刘姗姗.伦理气氛及相关实证的研究进展[J].现代临床护理，2014(3)：77-80.

二、英文文献

Anja S V A, Amos S E. The relationship between transformational leadership, integrity and an ethical climate in organizations: Original research [J]. SA Journal of Human Resource Management, 2009, 7(1): 1-9.

Abraham C, Reiter-Palmon R, Ziv E. Inclusive leadership and employee involvement in creative tasks in the workplace: The mediating role of psychological safety[J]. Creativity Research Journal, 2010,22(3): 250-260.

Agarwal J, Malloy D C. Ethical work climate dimensions in a not-for-profit organization: An empirical study[J]. Journal of Business Ethics, 1999, 20(1): 1-14.

Amabile T M, Conti R, Coon H, et al. Assessing the work environment for creativity[J]. Academy of Management Journal, 1996,39: 1154-1184.

Andrew D. Trust in organizations: Frontiers of theory and research [J]. Management Learning, 1996, 27(4): 504-506.

Argyris C. Double loop learning in organizations [J]. Harvard Business Review, 1977,55(5): 115-125.

Aronson E. Integrating leadership styles and ethical perspectives [J]. Canadian Journal of Administrative Sciences, 2001, 18(4): 244-256.

Ashford S J, Sutcliffe K M, Christianson M K. Speaking up and speaking out: The leadership dynamics of voice in organizations. In Greenberg J & Edwards M S (eds.), Voice and silence in organizations [M]. Emerald Group Publishing Limited, 2009.

Avery D R,Mckay P F, Wilson D C, et al. Does voice go flat? How tenure diminishes the impact of voice[J]. Human Resource Management, 2011,50(1): 147-158.

Avolio B J, Gardner W L. Authentic leadership development: Getting to the root of positive forms of leadership [J]. The Leadership Quarterly, 2005, 16(3): 315-338.

Avolio B J. Promoting more integrative strategies for leadership theory building [J]. American Psychologist, 2007, 62(1): 25-33.

Avolio B J, Gardner W L, Walumbwa F O, et al. Unlocking the

mask: A look at the process by which authentic leaders impact follower attitudes and behaviors [J]. The Leadership Quarterly, 2004, 15(6): 801-823.

Bandura A, Cervone D. Differential engagement of self-reactive influences in cognitive motivation [J]. Organizational Behavior & Human Decision Processes, 1986, 38(1): 92-113.

Bandura A. Social foundations of thought and action: A social cognitive theory [M]. Prentice-Hall, Inc, 1986.

Barker J R. Tightening the iron cage: Concertive control in self-managing teams [J]. Administrative Science Quarterly, 1993, 38(3): 408-437.

Baron R A, Neuman J H. Workplace violence and workplace aggression: Evidence on their relative frequency and potential causes [J]. Aggressive Behavior, 1996, 22(3): 161-173.

Bartels K K, Harrick E, Martell K, et al. The relationship between ethical climate and ethical problems within human resource management [J]. Journal of Business Ethics, 1998, 17(7): 799-804.

Belak J, Mulej M. Enterprise ethical climate changes over life cycle stages [J]. Kybernetes, 2009, 38(7/8): 1377-1398.

Bellah R N. Father and son in Christianity and Confucianism. In Bellah R N(ed.), Beyond belief: Essays on religion in a post-traditional world [M]. New York: Harper & Row, 1970.

Bennett R J, Robinson S L. Development of a measure of workplace deviance[J]. Journal of Applied Psychology, 2000, 85: 349-360.

Bennett R J. Perceived powerlessness as a cause of employee deviance. In Griffin R W, O'Leary-Kelly A & Collins J M (eds.), Dysfunctional behavior in organizations: Violent and deviant behavior [M]. Elsevier Science/JAI Press, 1998.

Block P. The empowered manager: Positive political skills at work [J]. The Jossey-Bass Management Series, 1987.

Boon S D. Dynamics of interpersonal trust: Resolving uncertainty in the face of risk. In Hinde R A & Groebel J (eds.), Cooperation and prosocial behavior [M]. UK: Cambridge University Press, 1991.

Bourantas D, Vakola M, Nikolaou I. Who speaks up at work? Dispositional influence on employees' voice behavior [J]. Personnel Review, 2008, 37(6): 666-679.

Bourne S, Snead J D. Environmental determinants of organizational ethical climate: A community perspective [J]. Journal of Business Ethics, 1999, 21(4): 283-290.

Bowen F, Blackmon K. Spirals of silence: The dynamic effects of diversity on organizational voice [J]. Journal of Management Studies, 2003, 40(6): 1393-1417.

Bowers K W, Robertson M, Parchman M L. How inclusive leadership can help your practice adapt to change [J]. Family Practice Management, 2012, 19(1): 8-11.

Brown M E, Treviño L K, Harrison D A. Ethical leadership: A social learning perspective for construct development and testing [J]. Organizational Behavior and Human Decision Processes, 2005, 97(2): 117-134.

Brown M E, Treviño L K. Ethical leadership: A review and future directions [J]. The Leadership Quarterly, 2006, 17(6): 595-616.

Bunce D, West M A. Self-perceptions and perceptions of group climate as predictors of individual innovation at work [J]. Applied Psychology: An International Review, 1995, 44: 199-215.

Buzzanell P M. Gaining a voice feminist organizational communication theorizing [J]. Management Communication Quarterly, 1994, 7(4): 339-383.

Carlson D S, Perrewe P L. Institutionalization of organizational ethics through transformational leadership [J]. Journal of Business Ethics, 1995, 14(10):829-838.

Carmeli A, Reiter P R, Ziv E. Inclusive leadership and employee involvement in creative tasks in the workplace: The mediating role of psychological safety [J]. Creativity Research Journal, 2010, 22(3): 250-260.

Caza A, Bagozzi R P, Woolley L, et al. Psychological capital and authentic leadership: Measurement structure, gender comparison, and cultural extension [J]. Asia Pacific Journal of Business Administration, 2010, 2(1): 53-70.

Chan W S. A source book in Chinese philosophy[M]. NJ: Princeton University Press, 1963.

Chen M H. Understanding the benefits and detriments of conflict on team creativity process[J]. Creativity and Innovation Management, 2006, 15(1): 105-116.

Cheng B S, Chou L F, Wu T Y, et al. Paternalistic leadership and subordinate responses: Establishing a leadership model in Chinese organizations [J]. Asian Journal of Psychology, 2004, 7(1): 89-117.

Chiang & Ting Ju. Two faces of a control freak: Decomposing authoritarian leadership and its effects on work unit effectiveness[R]. University of Washington, 2012.

Claudia P, Jenny S W, Bernhard S, et al. Authentic leadership: An empirical test of its antecedents, consequences, and mediating mechanisms [J]. J Bus Ethics, 2012, 107: 331-348

Coleman J. Foundations of social theory [C]. Cambridge: International Symposium on Mobile Agents, 1990.

Cropanzano R, Mitchell M S. Social exchange theory: An interdisciplinary review [J]. Journal of Management, 2005, 31 (6): 874-900.

Cullen J B, Parboteeah K P, Victor B. The effects of ethical climates on organizational commitment: A two-study analysis [J]. Journal of Business Ethics, 2003, 46(2): 127-141.

Deci E L, Ryan R M. Cognitive evaluation theory [J]. Perspectives in Social Psychology, 1985, 87-112.

Deconinck J B. The influence of ethical climate on marketing employees' job attitudes and behaviors [J]. Journal of Business Research, 2010, 63(4): 384-391.

Den H D N, DeHoogh A H B. Empowering behaviour and leader

fairness and integrity: Studying perceptions of ethical leader behaviour from a levels-of-analysis perspective [J]. European Journal of Work and Organizational Psychology, 2009, 18(2): 199-230.

Deshpande S P, George E, Joseph J. Ethical climates and managerial success in russian organizations [J]. Journal of Business Ethics, 2000, 23(2): 211-217.

Deshpande S P. The impact of ethical climate types on facets of job satisfaction: An empirical investigation [J]. Journal of Business Ethics, 1996, 15(6): 655-660.

Detert J R, Burris E R. Leadership behavior and employee voice: Is the door really open? [J]. Academy of Management Journal, 2007, 50(4): 869-884.

Dickson M W, Smith D B, Grojean M W, et al. An organizational climate regarding ethics: The outcome of leader values and the practices that reflect them [J]. The Leadership Quarterly, 2001, 12(2): 197-217.

Dickson M W, Smith D B, Grojean M W, et al. Ethical climate: The result of interactions between leadership, leader values, and follower values [J]. Leadership Quarterly, 2001, 12(2): 1-21.

Dileep K M, Alagappar P N, Govindarajo N. The impact of organizational silence on job stress, organizational commitment and intention to leave among expatriate employees [C]. International Postgraduate Conference on Business Administration and Management, 2015.

Dockter G, Nacu I, Kohlberger E. Determination of protease-cleaved p-aminobenzoic acid (PABA) in serum after oral administration of n-benzoyl-l-tyrosyl-p-aminobenzoic acid (PABA-peptide) in children [J]. European Journal of Pediatrics, 1981, 135(3): 277-279.

Dreu C K W D, Weingart L R. Task versus relationship conflict, team performance, and team member satisfaction: A meta-analysis [J]. Journal of Applied Psychology, 2003, 88(4): 741-749.

Duffy M K, Ganster D C, Pagon M. Social undermining in the workplace [J]. Academy of Management Journal, 2002, 45(2): 331-351.

Dutton J E, Ashford S J, Neill O R M, et al. Reading the wind: How middle managers assess the context for selling issues to top managers [J]. Strategic Management Journal, 1997, 18: 407-425.

Dyne L V, Ang S, Botero I C. Conceptualizing employee silence and employee voice as multidimensional constructs [J]. Journal of Management Studies, 2003, 40(6): 1359-1392.

Ehrhart M G. Leadership and justice climate as antecedents of unit-level organizational citizenship behavior[J]. Personnel Psychology, 2007, 57(1): 61-94.

Eisenberger R, Huntington R, Hutchison S. Organizational support [J]. Journal of Applied Psychology, 2002, 71: 500-507.

Eisenberger R. Perceived organizational support [J]. Journal of Applied Psychology, 1986, 11: 500-507.

Elizabeth W M. Employee voice behavior: Integration and directions for future research[J]. Academy of Management Annals, 2011, 5(1): 373-412.

Elliot A J, Devine P G. On the motivational nature of cognitive dissonance: Dissonance as psychological discomfort [J]. Journal of Personality & Social Psychology, 1994, 67(3): 382-394.

Enderle G. Some perspectives of managerial ethical leadership [J]. Journal of Business Ethics, 1987, 6(8): 657-663.

Ettlie J E. Cognitive style and innovation in organizations [J]. European Journal of Innovation Management, 1998, 17(6): 1009-1018.

Farh J L, Cheng B S. A cultural analysis of paternalistic leadership in Chinese organizations [M]. In Jiatao L, Anne T, Elizabeth W. Management and organizations in the Chinese context. UK: Palgrave Macmillan, 2000, 84-127.

Farh J L, Hackett R, Chen Z J. Organizational citizenship behavior in the global world[M]. In Smith P B, Peterson M, Thomas D C. The handbook of cross-cultural management research. Calif.: Sage Publications, 2008:165-184.

Farling M L, Stone A G, Winston B E. Servant leadership: Setting the stage for empirical research [J]. Journal of Leadership &

Organizational Studies, 1999, 6(6): 49-72.

Ferris G R, Liden R C, Munyon T P, Summers J K, Basik K J, Buckley M R. Relationships at work: Toward a multidimensional conceptualization of dyadic work relationships[J]. Journal of Management, 2009, 35: 1379-1403.

Fox S, Spector P E, Miles D. Counterproductive work behavior (CWB) in response to job stressors and organizational justice: Some mediator and moderator tests for autonomy and emotions [J]. Journal of Vocational Behavior, 2001, 59(3): 291-309.

Frazier M L, Fainshmidt S. Voice climate, work outcomes, and the mediating role of psychological empowerment: A multilevel examination [J]. Group & Organization Management, 2012, 37(37): 691-715.

Freud S, Breuer J. Studies on hysteria [M]. The Hogarth Press and the Institute of Psycho-Analysis, 1955.

Fritz C, Sonnentag S. Antecedents of day-level proactive behavior: A look at job stressors and positive affect during the workday [J]. Journal of Management, 2009, 35(1): 94-111.

Fritzsche D J. Ethical climates and the ethical dimension of decision making [J]. Journal of Business Ethics, 2000, 24(2): 125-140.

Gardner W L, Avolio B J, Luthans F, et al. "Can you see the real me?" A self-based model of authentic leader and follower development [J]. The Leadership Quarterly, 2005, 16: 343-372.

Gardner W L, Cogliser C C, Davis K M, et al. Authentic leadership: A review of the literature and research agenda [J]. The Leadership Quarterly, 2011, 22: 1120-1145.

Gilligan C. In a different voice: Psychological theory and women's development [M]. Cambridge: Harvard University Press, 1990.

Gough H G. A creative personality scale for the adjective checklist [J]. Journal of Personality and Social Psychology, 1979, 37: 1389-1405.

Graham S, Golan S. Motivational influences on cognition: Task involvement, ego involvement, and depth of information processing [J]. Journal of Educational Psychology, 1991, 83(2): 187-194.

Greenleaf R. The servant-leader [J]. International Journal of Servant-Leadership, 2010, 6(4): i-ii(2).

Grover S L, Enz C A. The influence of company tules, ethical climate, and individual characteristics on sales representative's honesty [J]. Journal of Management & Organization, 2005, 11(2):27-36.

Halim F W, Omar F, Zainah A Z, Farhadi H, Nasir R, Khairudin R. Stress and job satisfaction as antecedents of work place deviant behavior [J].World Applied Sciences Journal, 2011, 12: 46-51.

Heifetz R A. Leadership without easy answers [M]. Cambridge: Harvard University Press, 1994.

Hannah S T, Walumbwa F O & Fry J. Leadership in action teams: Team leader and members' authenticity, authenticity strength, and performance outcomes [J]. Personnel Psychology, 2011, 64: 771-801.

Henle C A. Predicting workplace deviance from the interaction between organizational justice and personality[J]. Journal of Managerial Issues, 2005, 17(2):247-263.

Hirak R, Peng A C, Carmeli A, et al. Linking leader inclusiveness to work unit performance: The importance of psychological safety and learning from failures[J]. Leadership Quarterly, 2012, 23(1):107-117.

Hirschman A O. Exit, voice, and the state[J]. World Politics, 1978, 31:90-107.

Hmieleski K M, Cole M S, Baron R A. Shared authentic leadership and new venture performance [J]. Journal of Management, 2011,38(5): 1476-1499.

Hofstede G. Culture and organizations [J]. International Studies of Management & Organization, 1980, 10(4):15-41.

Hantula D A. Inclusive leadership: The essential leader-follower relationship[J]. Psychological Record, 2010,59(4): 701-703.

Hollinger R C, Clark J P. Formal and informal social controls of employee deviance [J]. Sociological Quarterly, 1982, 23(3):333-343.

Hosmer L T. Trust: The connecting link between organizational theory and philosophical ethics [J]. Academy of Management Review,

1995, 20(2): 379-403.

Hsiung H H. Authentic leadership and employee voice behavior: A multi-level psychological process [J]. Journal of Business Ethics, 2012, 107(3): 349-361.

Hu J, Liden R C. Research report antecedents of team potency and team effectiveness: An examination of goal and process clarity and servant leadership [J]. Journal of Applied Psychology, 2011, 96(4): 851-862.

Huang X, Evert V D V, Gerben V D V. Break the silence: Do management openness and employee involvement raise employee voice worldwide? [J]. Academy of Management Proceedings, 2003, (1)k1-k6.

Hunter E M, Neubert M J, Perry S J, et al. Servant leaders inspire servant followers: Antecedents and outcomes for employees and the organization[J]. Leadership Quarterly, 2013, 24(2):316-331.

Hurt H, Joseph K, Cook C. Scales for the measurement of innovativeness [J]. Human Communication Research, 1977, 4(1): 58-65.

Ilies R, Morgeson F P, Nahrgang J D. Authentic leadership and eudemonic well-being: Understanding leader-follower outcomes [J]. The Leadership Quarterly, 2005, 16(3): 373-394.

Ingram T N, LaForge R W, Schwepker Jr C H. Salesperson ethical decision making: The impact of sales leadership and sales management control strategy [J]. Journal of Personal Selling & Sales Management, 2007, 27(4): 301-315.

Irving J A. Utilizing the organizational leadership assessment as a strategic tool for increasing the effectiveness of teams within organizations [J]. Journal of Management & Marketing Research, 2008, 12(1): 111-124.

Ivancevich J M, Donnelly J H. Relation of organizational structure to job satisfaction, anxiety-stress, and performance [J]. Administrative Science Quarterly, 1975, 20(2):272-280.

Laub J A. Assessing the servant organization: Development of the servant organizational leadership (SOLA) instrument [D]. Florida: Florida Atlantic University, 1999.

James C W, Shepard J M, Markham S E. An empirical examination of the relationship between ethical climate and ethical behavior from multiple levels of analysis [J]. Journal of Business Ethics, 1997,16: 1705-1716.

James L R, Demaree R G, Wolf G. Rwg: An assessment of within-group interrater agreement [J]. Journal of Applied Psychology, 1993, 78 (2):306-309.

Janssen O. How fairness perceptions make innovative behavior more or less stressful[J]. Journal of Organizational Behavior, 2004, 25: 201-215.

Janssen O. Job demands, perceptions of effort-reward fairness, and innovative work behavior [J]. Journal of Occupational and Organizational Psychology, 2000, 73:287-302.

Jaramillo F, Grisaffe D B, Chonko L B, et al. Examining the impact of servant leadership on salesperson's turnover intention [J]. Journal of Personal Selling & Sales Management, 2009, 29(4):351-365.

Jeffrey A L, Linn V D. Voice and cooperative behavior as contrasting forms of contextual performance: Evidence of differential relationships with big five personality characteristics and cognitive ability[J]. Journal of Applied Psychology, 2001, 86(2):326-336.

Johannes R, Jeanne M C, Unger J M, et al. Proactive customer service performance: Relationships with individual, task, and leadership variables [J]. Human Performance, 2007, 20(4):363-390.

Judge T A, Bono J E. Five-factor model of personality and transformational leadership [J]. Journal of Applied Psychology, 2000, 85 (5):751-765.

Judge T A, Scott B A,Ilies R. Hostility, job attitudes, and workplace deviance: Test of a multilevel model [J]. Journal of Applied Psychology, 2006, 91(1): 126-138.

Kaiser R B, Hogan R, Craig S B. Leadership and the fate of organizations [J]. American Psychologist, 2008, 63(2): 96-110.

Kanawattanachai P, Yoo Y. Dynamic nature of trust in virtual teams [J]. Journal of Strategic Information Systems, 2002, 11(3-4):187-213.

Kanungo R N, Mendonca M. Ethical leadership in three dimensions

[J]. Journal of Human Values, 1998, 4(2): 133-148.

Kelley S W, Dorsch M J. Ethical climate, organizational commitment, and indebtedness among purchasing executives [J]. The Journal of Personal Selling and Sales Management, 1991, 11(4):55-66.

Kelly D M, Cullen J B. Continuities and extensions of ethical climate theory: A meta-analytic review [J]. Journal of Business Ethics, 2006, 69: 175-194.

Kelloway E K, Turner N, Barling J, et al. Transformational leadership and employee psychological well-being: The mediating role of employee trust in leadership [J]. Work & Stress, 2012, 26(1): 39-55.

Kelloway E K, Weigand H, Mckee M C, et al. Positive leadership and employee well-being[J]. Journal of Leadership & Organizational Studies, 2013, 20(1): 107-117.

Kiazad K, Restubog S L D, Zagenczyk T J, et al. In pursuit of power: The role of authoritarian leadership in the relationship between supervisors' machiavellianism and subordinates' perceptions of abusive supervisory behavior [J]. Journal of Research in Personality, 2010, 44(4): 512-519.

Kirkman B L, Gibson C B. The impact of team empowerment on virtual team performance: The moderating role of face-to-face interaction [J]. Academy of Management Journal, 2004, 47(2):175-192.

Kirton M. Adaptors and innovators: A description and measure [J]. Journal of Applied Psychology, 1976, 61(5): 622-629.

Kleysen R F, Street C T. Toward a multi-dimensional measure of individual innovative behavior [J]. Journal of Intellectual Capital, 2001, 2(3): 284-296.

Korman A K. Toward an hypothesis of work behavior [J]. Journal of Applied Psychology, 1970, 54:31-41.

Kouzes J M, Posner B Z. Leadership practices inventory (LPI): A self-assessment and analysis [M]. San Diego, CA: Pfeiffer & Co., 1993.

Kozlowski S W, Doherty M L. Integration of climate and leadership: Examination of a neglected issue [J]. Journal of Applied Psychology,

1989, 74(4):546-553.

Laeeque S H. Employee silence as a determinant of organizational commitment: Evidence from the higher education sector of Pakistan [J]. European Journal of Business & Management, 2014,6(20):46-51.

Langlois L. Corporate integrity: Rethinking organizational ethics, and leadership [J]. Relations Industrielles, 2005, 61(3):554-555.

Lepine J A, Dyne L V. Predicting voice behavior in work groups [J]. Journal of Applied Psychology, 1998, 83(6):853-868.

Lepine J A, Dyne L V. Voice and cooperative behavior as contrasting forms of contextual performance: Evidence of differential relationships with big five personality characteristics and cognitive ability [J]. Journal of Applied Psychology, 2001, 86(2):326-336.

Lepine J A, Hollenbeck J R, Ilgen D R, et al. Effects of individual differences on the performance of hierarchical decision-making teams: Much more than g[J]. Journal of Applied Psychology, 1997, 82(5): 803-811.

Lewis J D, Weigert A J. The social dynamics of trust: Theoretical and empirical research(1985-2012)[J]. Social Forces, 2012, 91(1):25-31.

Li Y, Sun J M. Traditional Chinese leadership and employee voice behavior: A cross-level examination [J]. Leadership Quarterly, 2015, 26 (2):172-189.

Liang J C, Farh C I, Farh J L. Psychological antecedents of promotive and prohibitive voice: A two-wave examination [J]. Academy of Management Journal, 2012, 55(1):71-92.

Liden R C, Wayne S J, Zhao H, et al. Servant leadership: Development of a multi-dimensional measure and multi-level assessment [J]. Leadership Quarterly, 2008, 19(2):161-177.

Trevino L K, Kenneth D B, Donald L M. The ethical context in organizations: Influences on employee attitudes and behaviors [J]. Business Ethics Quarterly, 1998, 8(3):447-477.

Trevino L K, Brown M E, Harrison D A. Ethical leadership: A social learning perspective for construct development and testing [J].

Organizational Behavior and Human Decision Processes, 2005, 97(2): 117-134.

Loch K D, Conger S. Evaluating ethical decision making and computer use [J]. Comm. of ACM, 1996, 39 (7):74-83.

Luthans F, Avolio B J. Authentic leadership: A positive developmental approach [J]. In Cameron K S, Dutton J E, Quinn R E (eds.), Positive organizational scholarship: Foundations of a new discipline. San Francisco: Berrett-Koehler, 2003, 241-261.

Luthans F, Avolio B J, Avey J B, et al. Positive psychological capital: Measurement and relationship with performance and satisfaction [J]. Personnel Psychology, 2007, 60(3):541-572.

Macciocchi S N, Stringer A Y. Assessing risk and harm: The convergence of ethical and empirical considerations [J]. Archives of Physical Medicine & Rehabilitation, 2001, 82(12 Suppl 2):S15-S19.

Malloy D C, Agarwal J. Ethical climate in nonprofit organizations: Propositions and implications [J]. Nonprofit Management & Leadership, 2001, 12(1):39-54.

March J G. Exploration and exploitation in organizational learning [J]. Organization Science, 1991, 2(1): 71-87.

Marcus B, Schuler H. Antecedents of counterproductive behavior at work:A general perspective [J]. Journal of Applied Psychology, 2004, 89 (4): 647-660.

Martin K D, Cullen J B. Continuities and extensions of ethical climate theory: A meta-analytic review [J]. Journal of Business Ethics, 2006, 69 (2):175-194.

Martinko M J, Gundlach M J, Douglas S C. Toward an integrative theory of counterproductive workplace behavior: A causal reasoning perspective [J]. International Journal of Selection and Assessment, 2002, 10(1-2): 36-50.

Mayer D M, Kuenzi M,Greenbaum R L. Examining the link between ethical leadership and employee misconduct: The mediating role of ethical climate[J]. Journal of Business Ethics, 2010, 95(1 Supplement):7-16.

Mayer D M, Kuenzi M, Greenbaum R, et al. How low does ethical leadership flow? Test of a trickle-down model [J]. Organizational Behavior and Human Decision Processes, 2009, 108(1): 1-13.

Mayer D M, Caldwell J, Ford R C, et al. Should I serve my customer or my supervisor? A relational perspective on pro-social rule breaking [R]. Paper presented at the 67th Annual Meeting of the Academy of Management, Philadelphia, PA, 2007.

McAllister D J. Affect and cognition-based trust as foundations for interpersonal cooperation in organizations [J]. Academy of Management Journal, 1995, 38(1):24-59.

Mccrae R R, Costa P T, Piedmont R L. Folk concepts, natural language, and psychological constructs: The California psychological inventory and the five-factor model [J]. Journal of Personality, 2006, 61 (1):1-26.

McDonald G M. An anthology of codes of ethics [J]. European Business Review, 2009, 21(4):344-372.

Mesut S. The empowering leadership and teachers' innovative behavior: The mediating role of innovation climate [J]. African Journal of Business Management, 2012, 6(4): 1635-1641.

Michael A, John M, Adam R. To empower or not to empower your sales force? An empirical examination of the influence of leadership empowerment behavior on customer satisfaction and performance [J]. Journal of Applied Psychology, 2005, 90(5):945-955.

Miles D E, Borman W E, Spector P E, et al. Building an integrative model of extra role work behaviors: A comparison of counterproductive work behavior with organizational citizenship behavior [J]. International Journal of Selection and Assessment, 2002, 10(1-2): 51-57.

Milliken F J, Morrison E W, Hewlin P F. An exploratory study of employee silence: Issues that employees don't communicate upward and why [J]. Journal of Management Studies, 2003, 40(6):1453-1476.

Mitchell R, Boyle B, Parker V, et al. Managing inclusiveness and diversity in teams: How leader inclusiveness affects performance through status and team identity[J]. Human Resource Management, 2015, 54(2): 217-239.

Moorman C, Deshpandé R, Zaltman G. Factors affecting trust in market research relationships[J]. Journal of Marketing, 1993, 57(1): 81-101.

Moriano J A, Molero F, Mangin J P L. Authentic leadership: Concept and validation of the ALQ in Spain [J]. Psicothema, 2011, 23(2): 336-341.

Morrison E W, Milliken F J. Organizational silence: A barrier to change and development in a pluralistic world[J]. Academy of Management Review, 2000, 25(4):706-725.

Morrison E W. Doing the job well: An investigation of pro-social rule breaking [J]. Journal of Management, 2006, 32(1): 5-28.

Morrison E W. Employee voice and silence [J]. Procedia, 2014, 1(1): 173-197.

Mulki J P,Jaramillo J F, Locander W B. Critical role of leadership on ethical climate and salesperson behaviors [J]. Journal of Business Ethics, 2009, 86(2): 125-141.

Munton A G, West M A. Innovations and personal change: Patterns of adjustment to relocation [J]. Journal of Organizational Behavior, 1995, 16(4): 363-375.

Nembhard I M, Edmondson A C. Making it safe: The effects of leader inclusiveness and professional status on psychological safety and improvement efforts in health care teams [J]. Journal of Organizational Behavior, 2006, 27(7): 941-966.

Nemeth C J. Managing innovation: When less is more[J]. California Management Review, 1997, 40(1):59-74.

Neubaum D O, Mitchell M S, Schminke M. Firm newness, entrepreneurial orientation, and ethical climate[J]. Journal of Business Ethics, 2004, 52(4): 335-347.

Neubert M J, Carlson D S,Kacmar K M, et al. The virtuous influence of ethical behavior: Evidence from the field[J]. Journal of Business Ethics,

2009, 90(2):157-170.

Neubert M J,Kacmar K M, Carlson D S, et al. Regulatory focus as a mediator of the influence of initiating structure and servant leadership on employee behavior [J]. Journal of Applied Psychology, 2008, 93(6):20-33.

Ng T W H,Feldmn C D. Employee voice behavior: A meta-analytic test of the conservation of resources framework[J]. Journal of Organization Behavior, 2012, 33(2): 216-234.

Nishii L H, Mayer D M, et al. Do inclusive leaders help to reduce turnover in diverse groups? The moderating role of leader-member exchange in the diversity to turnover relationship [J]. Journal of Applied Psychology, 2009, 94(6):12-26.

Noelle-Neumann E. The spiral of silence: A theory of public opinion [J]. Journal of Communication, 1974, 24(2):43-51.

Ofori G. Ethical leadership: Examining the relationships with full range leadership model, employee outcomes, and organizational culture [J]. Journal of Business Ethics, 2009, 90(4): 533-547.

Ohly S, Sonnentag S, Pluntke F. Routinization, work characteristics and their relationships with creative and proactive behaviors[J]. Journal of Organizational Behavior, 2006, 27(3):257-279.

Okpara J O. The influence of ethical climate types on job satisfaction of IT managers: Implications for management practice and development in a developing economy[R]. Academy of Business & Administrative Sciences (ABAS), 2002 Seventh International Conference, San Jose, Costa Rica, 2002.

Oldham G R, Cummings A. Employee creativity: Personal and contextual factors at work [J]. Academy of Management Journal, 1996, 39 (3):607-634.

Ones D S, Mount M K, Barrick M R, et al. Personality and job performance: A critique of the Tett, Jackson, and Rothstein (1991) meta-analysis [J]. Personnel Psychology, 1994, 47(1):147-156.

Owens B P. Paternalistic leadership and employee innovative behavior: Unlocking the moving parts [J]. Academy of Management Proceedings,

2012, (1):16292.

Ötken A B, Cenkci T. The impact of paternalistic leadership on ethical climate: The moderating role of trust in leader [J]. Journal of Business Ethics, 2012, 108(4):525-536.

Liu P, Wang H. Study on authoritarian leader-member relationship [J]. Journal of US-China Public Administration, 2015, 12(4): 304-313.

Page D, Wong P T P. A conceptual framework for measuring servant-leadership[C]. Spanish Bioinformatics Conference, 2000.

Paul S D, Athanassiades T J, Speirs R S. The immunosuppressive effect of dactinomycin on experimentally induced granulomas: A quantitative study [J]. Experimental Biology and Medicine, 1973, 143(1): 222-229.

Perlow L A, Repenning N P. The dynamics of silencing conflict [J]. Research in Organizational Behavior, 2009, 29:195-223.

Perlow L, Williams S. Is silence killing your company? [J]. Harvard Business Review, 2003, 81(5):52-58+128.

Peterson D K. Deviant workplace behavior and the organization's ethical climate [J]. Journal of Business and Psychology, 2002, 17(1): 47-61.

Peterson R S, Behfar K J. The dynamic relationship between performance feedback, trust, and conflict in groups: A longitudinal study [J]. Organizational Behavior & Human Decision Processes, 2003, 92 (1-2):102-112.

Peterson S J, Galvin B M, Lange D. CEO servant leadership: Exploring executive characteristics and firm performance [J]. Personnel Psychology, 2012, 65(3):565-596.

Peterson S J, Walumbwa F O, Avolio B J, et al. The relationship between authentic leadership and follower job performance: The mediating role of follower positivity in extreme contexts [J]. The Leadership Quarterly, 2012, 23(3): 502-516.

Phil C B, Charlotte A D, Julie I H, et al. When rule makers become rule breakers: Employee level outcomes of managerial pro-social rule breaking [J]. Employee Responsibilities & Rights Journal, 2010, 22(2): 101-112.

Pinder C C, Harlos K P. Employee silence: Quiescence and acquiescence as responses to perceived injustice [J]. Research in Personnel & Human Resources Management, 2001, 20:331-369.

Porter T W, Lilly B S. The effects of conflict, trust, and task commitment on project team [J]. International Journal of Conflict Management, 1996, 7(4):361-376.

Porter L W, McLaughlin G B. Leadership and the organizational context: Like the weather [J]. The Leadership Quarterly, 2006, 17(6): 559-576.

Precey R. Inclusive leadership for inclusive education: The Utopia worth working towards[J]. Contemporary Management Quarterly, 2011 (2):35-44.

Premeaux S F, Bedeian A G. Breaking the silence: The moderating effects of self-monitoring in predicting speaking up in the workplace [J]. Journal of Management Studies, 2003, 40(6):1537-1562.

Quinn R E, Spreitzer G M. The road to empowerment: Seven questions every leader should consider [J]. Organizational Dynamics, 1997, 26(2):37-49.

Redding W C. Rocking boats, blowing whistles, and teaching speech communication [J]. Communication Education, 1985, 34(3):245-258.

Resick C J, Hanges P J, Dickson M W, et al. A cross-cultural examination of the endorsement of ethical leadership [J]. Journal of Business Ethics, 2006, 63(4): 345-359.

Restubog S L D, Scott K L, Zagenczyk T J. When distress hits home: The role of contextual factors and psychological distress in predicting employees' responses to abusive supervision [J]. Journal of Applied Psychology, 2011, 96(4): 713-729.

Ronald F P, Mary B, David M M, et al. Does high quality leader-member exchange accentuate the effects of organizational justice? [J]. European Journal of Work & Organizational Psychology, 2008, 17(2):

273-298.

Rosen S, Tesser A. On reluctance to communicate undesirable information: The MUM effect [J]. Sociometry, 1970, 33(3):253-263.

Ruppel C P, Harrington S J. The relationship of communication, ethical work climate, and trust to commitment and innovation [J]. Journal of Business Ethics, 2000, 25(4):313-328.

Ryan J. Inclusive leadership and social justice for schools [J]. Leadership & Policy in Schools, 2006, 5(1):3-17.

Ryan J. Inclusive leadership: A review [J]. Journal of Educational Administration & Foundations, 2007, 18(1-2):92-125.

Ryan R M, Deci E L. Self-determination theory and the facilitation of intrinsic motivation, social development, and well-being [J]. American Psychologist, 2000, 55(1):68-78.

Sagnak M. The relationship between transformational school leadership and ethical climate [J]. Educational Sciences: Theory and Practice, 2010, 10(2): 1135-1152.

Schminke M, Ambrose M L, Neubaum D O. The effect of leader moral development on ethical climate and employee attitudes [J]. Organizational Behavior & Human Decision Processes, 2005, 97(2): 135-151.

Schwepker C H. Ethical climate's relationship to job satisfaction, organizational commitment, and turnover intention in the salesforce [J]. Journal of Business Research, 2001, 54(1):39-52.

Scott S G, Bruce R A. Determinants of innovative behavior: A path model of individual innovation in the work place [J]. Academy of Management Journal, 1994, 37: 580-607.

Seger T, Hazzan O, Barnahor R. How does readiness for agile development relate to team climate and individual personality attributes? [J]. Agile Processes in Software Engineering & Extreme Programming, 2007, 4536: 257-260.

Sen S, Brian C. Servant leadership behaviour scale: A hierarchical model and test of construct validity [J]. European Journal of Work &

Organizational Psychology, 2011, 20(3):416-436.

Sendjaya S, Sarros J C, Santora J C. Defining and measuring servant leadership behaviour in organizations [J]. Journal of Management Studies, 2008, 45(2):402-424.

Shamir B, Eilam G. "What's your story?" A life-stories approach to authentic leadership development [J]. The Leadership Quarterly, 2005, 16 (3): 395-417.

Simons T L, Peterson R S. Task conflict and relationship conflict in top management teams: The pivotal role of intragroup trust [J]. Journal of Applied Psychology, 2000, 85(1):102-111.

Skarlicki D P, Folger R, Tesluk P. Personality as a moderator in the relationship between fairness and retaliation [J]. Academy of Management Journal, 1999, 42(1): 100-108.

Skogstad A, Einarsen S, Torsheim T, et al. The destructiveness of laissez-faire leadership behavior [J]. Journal of Occupational Health Psychology, 2007, 12(1): 80-92.

Spears L C. Servant-leadership[J]. Executive Excellence, 1998,41(1): 280-284.

Spector P E. Behavior in organizations as a function of employee's locus of control [J]. Psychological Bulletin, 1982, 91(3):482-497.

Strauss K, Griffin M A, Rafferty A E. Proactivity directed toward the team and organization: The role of leadership, commitment and role-breadth self-efficacy[J]. British Journal of Management, 2009, 9(1): 1-11.

Suzanne J P, Fred O W, Bruce J A, et al. The relationship between authentic leadership and follower job performance: The mediating role of follower positivity in extreme contexts [J]. The Leadership Quarterly, 2012, 23(3): 502-516.

Swann W B. The trouble with change: Self-verification and allegiance to the self [J]. Psychological Science, 1997, 8(3):177-180.

Thau S, Bennett R J, Mitchell M S, et al. How management style moderates the relationship between abusive supervision and workplace deviance: An uncertainty management theory perspective [J].

Organizational Behavior and Human Decision Processes, 2009, 108(1): 79-92.

Thomas K W, Velthouse B A. Cognitive elements of empowerment: An interpretive model of intrinsic task motivation [J]. Academy of Management Review, 1990, 15 (4): 666-681.

Treviño L K, Brown M, Hartman L P. A qualitative investigation of perceived executive ethical leadership: Perceptions from inside and outside the executive suite [J]. Human Relations, 2003, 56(1): 5-37.

Trevino L K, Hartman L P, Brown M. Moral person and moral manager: How executives develop a reputation for ethical leadership [J]. California Management Review, 2000, 42(4): 128-142.

Tsai M T, Huang C C. The relationship among ethical climate types, facets of job satisfaction, and the three components of organizational commitment: A study of nurses in Taiwan [J]. Journal of Business Ethics, 2008, 80(3): 565-581.

Upchurch R S, Ruhland S K. An analysis of ethical work climate and leadership relationship in lodging operations [J]. Journal of Travel Research, 1995, 34(2):36-42.

Vardaman J M, Gondo M B, Allen D G. Ethical climate and pro-social rule breaking in the workplace [J]. Human Resource Management Review, 2014, 24(1):108-118.

Vardi Y. The effect of organizational and ethical climates on misconduct at work [J]. Journal of Business Ethics, 2001, 29 (4): 325-337.

Victor B, Cullen J B. A theory and measure of ethical climate in organizations [J]. Research Corporate Social Performance and Policy, 1987,9(1):51-71.

Victor B, Cullen J B. The organizational bases of ethical work climates [J]. Administrative Science Quarterly, 1988, 33(1):101-125.

Walumbwa F O, Avolio B J, Gardner W L, et al. Authentic leadership: Development and validation of a theory-based measure [J]. Journal of Management, 2008, 34(1): 89-126.

Walumbwa F O, Hartnell C A, Adegoke O. Servant leadership, procedural justice climate, service climate, employee attitudes, and organizational citizenship behavior: A cross-level investigation [J]. Journal of Applied Psychology, 2010, 95(3):517-529.

Walumbwa F O, John S. Leader personality traits and employee voice behavior: Mediating roles of ethical leadership and work group psychological safety [J]. Journal of Applied Psychology, 2009, 94(5): 1275-1286.

Walumbwa F O, Mayer D M, Wang P, et al. Linking ethical leadership to employee performance: The roles of leader-member exchange, self-efficacy, and organizational identification [J]. Organizational Behavior and Human Decision Processes, 2011, 115(2): 204-213.

Walumbwa F O, Wang P, Lawler J J, et al. The role of collective efficacy in the relations between transformational leadership and work outcomes [J]. Journal of Occupational & Organizational Psychology, 2004, 77(4):515-530.

Wang H, Sui Y, Luthans F, et al. Impact of authentic leadership on performance: Role of followers' positive psychological capital and relational processes [J]. Journal of Organizational Behavior, 2014, 35(1): 5-21.

Warren D E. Constructive and destructive deviance in organizations [J]. Academy of Management Review, 2003, 28(4):622-632.

Washington R R, Sutton C D, Feild H S. Individual differences in servant leadership: The roles of values and personality [J]. Leadership & Organization Development Journal, 2006, 27(8):700-716.

West M A, Farr J L. Innovation at work: Psychological perspectives [J]. Social Behaviour, 1989, 4(1):15-30.

Whetton D A. What constitute a theoretical contribution [J]. The Academy of Management Review, 1989, 14(4): 490-495.

Wimbush J C, Shepard J M. Toward an understanding of ethical climate: Its relationship to ethical behavior and supervisory influence[J]. Journal of Business Ethics, 1994, 13(8):637-647.

Wong C A, Laschnger H K S, Cummings G G. Authentic leadership and nurses' voice behavior and perceptions of care quality [J]. Journal of Nursing Management, 2010, 18(8):889-900.

Zhang X M, Bartol K M. The influence of creative process engagement on employee creative performance and overall job performance: A curvilinear assessment [J]. Journal of Applied Psychology, 2010, 95(5): 862-873.

Yuan F, Woodman R W. Innovative behavior in the workplace: The role of performance and image outcome expectations [J]. Academy of Management Journal, 2010, 53(2):323-342.

Yunus O M, Khalid K & Nordin M. A personality trait and workplace deviant behaviors [J]. Human Resource Management, 2012, 47(1): 8678-8683.

Zhang X, Walumbwa F O, Aryee S, et al. Ethical leadership, employee citizenship and work withdrawal behaviors: Examining mediating and moderating processes [J]. The Leadership Quarterly, 2013, 24(1):284-297.

Zohar D, Luria G. A multilevel model of safety climate: Cross-level relationships between organization and group-level climates [J]. Journal of Applied Psychology, 2005, 90(4):616-628.

Zohar D. A group-level model of safety climate: Testing the effect of group climate on microaccidents in manufacturing jobs [J]. Journal of Applied Psychology, 2000, 85(4):587-596.

后 记

鲁迅曾言:“凡事总须研究,才会明白。”我想本书的完成正是这句话的体现。

过去五年,我一直在山东大学管理学院教授领导力和组织行为学课程,授课对象涵盖了本科生、学术型硕士研究生、MBA 及 EMBA。不同对象的教学工作对我提出了关注学术和观察实践的双重要求,从而深化了我对领导力和组织行为的理解。本书就是这些年学术研究与实践观察的主要成果。

本书的完成离不开一众人士的鼎力支持。首先,我要感谢我教过的所有学生,他们促使我不断了解、学习、思考新事物、新现象,以更好地进行传道授业解惑;其次,感谢我的研究团队(张晓田、曹梦雪、袁雨晴、徐亚楠、许骁、李逢雨、刘梦丽、白明磊)和合作者齐蕾,他们的专业知识和辛勤工作使得这项研究得以顺利进行;最后,我要感谢所有配合我们参与访谈及问卷调查的企业和员工,没有他们的支持和配合,这项研究是不可能成功的。

还要感谢山东大学出版社的编辑李艳玲。她对我们最初提交的书稿进行了细致的修改批注,对全书最终的呈现有着重要影响。

本书承蒙国家社会科学基金资助(批准号:14BGL073),特此致谢!

古人云:句有可削,足见其疏;字不得减,乃知其密。在书稿校对过程中,才觉汗颜,内容多有疏漏,文辞多有不通。虽已多次尽力修改,但难免挂一漏万,敬请读者批评指正,借此契机,不断提升。

刘 冰

2023 年 10 月